U0930520

猴面包树

Artists' Lives

Michael Peppiatt

艺术家的生活

[英] 迈克尔·佩皮亚特 著
孙晓雪 译

中央编译出版社
CCTP Central Compilation & Translation Press

目录
Contents

第一部分
PART I

第二部分
PART II

第三部分
PART III

第四部分
PART IV

第五部分
PART V

引言
Introduction

“我花了四年时间画得像拉斐尔一样，却花了一生的时间才画得像个孩子。”

——毕加索

我们当中那些真正怀着兴趣欣赏艺术的人——有望是大多数拿起这本书的人——脑海中已经构建起了一座艺术家的万神殿。这座万神殿中，群星璀璨，每位艺术家的伟大成就在这里都得到了永恒的镌刻。当然，随着时间的缓缓流逝，殿堂内的座次也许会悄然变动：一些曾经熠熠生辉的名字可能会淡出人们的视线，缓缓移至殿堂的阴影之中，甚至被时代的新浪潮彻底淹没，而那些新兴的明星则乘势而起，占据光辉的显位。例如，早期对古斯塔夫·莫罗[1]或斯坦利·斯宾塞[2]的崇拜，可能会让位给对古斯塔夫·克里姆特[3]或卢西安·弗洛伊德[4]的偏爱；反过来，大型展览中毕加索的陶瓷作品或许会

---

1 古斯塔夫·莫罗（Gustave Moreau，1826—1898），19世纪法国著名的象征主义画家。作品多以神话和圣经故事为题材，以其明亮的色彩效果和充满梦幻的激情著称，对后世艺术家，尤其是象征主义和超现实主义画家产生了重要影响。如无特殊说明，均为译者注。

2 斯坦利·斯宾塞（Stanley Spencer，1891—1959），英国著名的画家，以创作现实主义和超现实主义风格的作品而闻名。斯坦利·斯宾塞的作品通常以宗教和战争为主题，呈现出强烈的个人信仰和情感；尽管创作过程中并未受到广泛认可，但随着时间的推移，其作品已成为英国艺术史上的经典之作，也使斯宾塞被认为是20世纪最重要的英国画家之一。

3 古斯塔夫·克里姆特（Gustav Klimt，1862—1918），奥地利著名的象征主义画家，被誉为“维也纳分离派”的奠基人和代表人物。其作品主要涉及油画、壁画、素描和装饰艺术设计等领域，以独特的象征主义风格和华丽的装饰技巧而著称。

4 卢西安·弗洛伊德（Lucian Freud，1922—2011），英国著名画家，著名心理学家西格蒙德·弗洛伊德之孙。其艺术创作主要集中在肖像画和裸体画领域，以独特的绘画技巧和对人物心理的深刻挖掘而著称，被认为是 20 世纪最伟大的现实主义艺术家之一。

让我们短暂地思考，我们一直以来赋予这位马拉加大师的荣誉地位是否过于稳固。审美就其本质而言是不断变化，甚至是变化无常的，偶尔也会受到蹩脚展览或负面评论的影响。一些艺术运动，或是一些微小的重新评价，总是在进行之中；甚至一个人自己转瞬即逝的情绪，无论是阴郁还是欣喜，都会影响到欣赏的本质，给之前看过十几遍的提香[1]或罗丹[2]投下一缕阳光或突然的阴影。这些不断的重新评估并非短暂的冲动，或单纯的心血来潮。因为在这个过程中，观众和被欣赏的作品都在不断被重新定义。有时，这种重新评估似乎有着迫切的必要性，比如，是否仍然对多年未见的马蒂斯[3]的《钢琴课》持有那种神秘的迷恋；或者，是否继续对赛·托姆布雷[4]

1　提香（Titian，1488—1576），全名提齐亚诺·韦切利奥（Tiziano Vecellio），意大利文艺复兴时期威尼斯画派的代表画家。

2　弗朗索瓦–奥古斯特–雷尼·罗丹（François–Auguste–René Rodin，1840—1917），19世纪末至20世纪初最重要的法国雕塑家之一，被公认为现代雕塑的奠基人。

3　亨利·马蒂斯（Henri Matisse，1869—1954），法国著名画家、雕塑家和版画家，野兽派的创始人之一。

4　赛·托姆布雷（Cy Twombly，1928—2011），美国著名抽象派艺术大师，原名埃德温·帕克·托姆布雷（Edwin Parker Twombly），“赛”（Cy）是其父对他的昵称。托姆布雷的作品以其独特的视觉效果和复杂的象征意义而著称，通常被认为具有强烈的个人情感和记忆，反映了他对时间、空间和人类经验的思考。

的图形魅力或克里斯蒂安·沙德[1]的后期作品有着免疫(就像我的情况一样)。但即使被保持在公认的品位标准之内，任何一个有价值的万神殿都只能是高度个人化的，这是由于复杂而亲密的重新评估过程一直在不断进行着。在此过程中，人们会不断地在新的发现与逝去的幻想之间穿梭往返。

然而，在多年的发展历程中，一种相对稳固的等级制度已经初步形成，各个级别之间的竞争不再激烈。人们身边的顶级艺术家们——那些最能锻炼我们的眼睛、最能定义我们的情感的艺术家们——变得越来越突出。他们如同坐在议会室中，形成了一种让人想起(在我的脑海中)弗朗西斯科·德·戈雅[2]之《菲律宾军政府》的画面。在不断闪烁的灯光中，他们争论着各自艺术的特点，以及它对形成那种难以捉摸的概念——部分本能，部分教育，即所谓的“品位”所产生的影响。因此，一段时间后，无论走到哪里，人们都会随身携带这个少数被选中者的作

1 克里斯蒂安·沙德（Christian Schad，1894—1982），德国表现主义画家，以极端的肖像画和有关战争、宗教和性别主题的作品著称。他在第一次世界大战期间的作品尤为引人注目，被认为是表现主义的杰出代表之一。

2 弗朗西斯科·德·戈雅（Francisco de Goya，1746—1828），西班牙浪漫主义画派先驱，19世纪最重要的西班牙艺术家之一。作品以其独特的现实主义风格和对人性、社会以及政治的深刻洞察而著称。

品集，就像一个可移动的祭坛，一种对信仰的象征，不断地对其进行参考，尤其是在参观展览或博物馆的时候。

与这种选择为伴，并与之进行交流，无疑是艺术评论家或艺术史学家所享有的一项殊誉。我们择定自己的英雄，并与他们一起生活——他们是我们的参照点，是我们的试金石。《纽约时报书评》的一位编辑曾告诉我，他每天早上很早就开始阅读一位最喜欢的希腊或拉丁作家的原著。“在那之后，”他补充道，“没有人能破坏你的一天。”我特别喜欢这位上了年纪、学识渊博的古典主义者与埃斯库罗斯[1]或奥维德[2]独处时的画面，在他曼哈顿城中公寓楼下的街道上，回荡着垃圾车铿锵的声响和警车悲鸣的旋律。实际上，这一切深深地触动了我，以至于在纽约逗留的两个星期里，我每天早晨都会尽可能地去模仿他，开始在沉思中欣赏大都会博物馆自己最喜欢的一件作品。我的朋友所言甚是，第一次参观时，我就有了这样的感悟。当你怀着敬畏之心驻足在宏伟的亚述雕塑

1 埃斯库罗斯（Aeschylus，约公元前525年—公元前456年），古希腊著名的悲剧诗人，被誉为“悲剧之父”。

2 奥维德（Publius Ovidius Naso，公元前43年—公元17/18年），古罗马诗人。

中心，你就会瞥见阿述尔纳西尔帕二世[1]宫廷里的雄伟壮观（它比中央车站还要早许多许多个世纪），此刻，这座城市的一切琐碎问题——交通堵塞、粗鲁的举止、飘舞的大雪——都无法触及你的内心。与伟大的艺术的沟通，带有一种特殊的不可侵犯的力量。

或许，这就是艺术与生俱来的魅力——它强大的吸引力，以及它与宗教如此接近的特质。它几乎让你忘却自我，回归过去，在想象中徜徉。它提升了你，改变了你：日常不再是日常，而是具体的、增强的、神圣的存在。即使你对这些栩栩如生的雪花石膏浮雕一无所知——它们曾经在公元前八世纪以鲜艳的色彩被绘制并镶嵌在尼姆鲁德[2]巨大的西北宫殿的墙壁上——你也会意识到，你所处的环境具有如此强大而令人信服的影响力，它理应（像任何事物一样）被称为“神圣的”。

我心中的万神殿——以下所选作品即取材于此——

---

1 阿述尔纳西尔帕二世（Ashurnasirpal II，公元前883年—公元前859年在位），古代美索不达米亚地区的一位重要统治者，亚述帝国的国王。在位期间，通过一系列的征服战争，扩大了亚述帝国的疆土，使国家变得空前强大，领土扩张至包括现今的伊拉克、叙利亚、黎巴嫩、约旦、以色列和巴勒斯坦等地区。

2 一个位于伊拉克北部的古城遗址，位于底格里斯河东岸，距离摩苏尔约30千米。尼姆鲁德在古代是亚述帝国的一个重要城市，曾经是亚述帝国的首都之一。城市最早建立于公元前13世纪，在亚述帝国的历史上扮演了重要角色，尤其是在阿述尔纳西尔帕二世统治时期。

并未将这些亚述雕塑置于最醒目的位置上，尽管他们与另外几十件古代艺术品、埃及葬船模型、青铜人像、希腊石头神庙等并列处于阴影之中。然而，前排的位置均被上一个世纪的艺术家和英雄们占据。如果时光的流转有所不同，我或许会很乐意将关注的焦点投向任何其他伟大的艺术时期，无论是米诺斯时期、中世纪还是19世纪。之所以没有这样做，是因为当我还年轻时，曾过于沉迷于生活的琐碎，寻找自己在其中的定位，因而无法对艺术产生真正的兴趣。

当这种兴趣最终降临，它并非源于一个令人难忘的视觉顿悟，如一幅普桑[1]作品中令人目眩的造型和色彩图案一下子照亮了博物馆的黑暗角落；也不是源自薰衣草田中一座罗马式修道院的雕刻外墙上安静的形状组织。相反，它是在日常生活中的一次偶然事件中悄然萌生的。写到此处，我突然意识到，或许正因为如此，我对艺术的兴趣才会深深植根于对艺术家本人——他们的思想感情，他们的生活，以及他们所塑造的形象——更广泛的迷恋之中。实际上，唤起我对艺术兴趣的原因并不是（按

1　尼古拉斯·普桑（Nicolas Poussin，1594—1665），17世纪法国巴洛克时期重要画家、法国古典主义绘画的奠基人。

常规来说，应该是）在学生时代与正统艺术史的擦肩而过，而是一种非常普通，甚至可以说是低俗生活中的邂逅：一家散发着被打翻的啤酒、消毒水气息的苏豪区酒吧，刚刚过了开门时间。那是1963年6月，我即将经历一次改变一生的经历，它让艺术变得像一段恋情一样重要，甚至像一桩你被卷入其中的神秘谋杀案那样紧迫。

我漫无目的地站在那家酒吧里，即将遇到一个无论他的艺术有多么与众不同、令人难以忘怀，他的生活都比其作品所描绘的图像更加残酷、更加离奇，在各个方面也都更加极端的男人。那时，我尚未看到这些图像——事实上，那时我对画家的名字几乎一无所知——当我第一次看到这些画作的时候，我觉得它们是可怕的、堕落的、令人厌恶的。但那时已经为时过晚：我已经被一种强大的存在吸引住了，即使是它所产生的恐怖艺术，也丝毫没有减少我对这个男人超凡脱俗的人格的迷恋（尽管我记得我曾热切地希望生活不要去模仿我刚刚看到的艺术作品）。

自从和弗朗西斯·培根[1]那场决定性的初次见面以

1　弗朗西斯·培根（Francis Bacon，1909—1992）生于爱尔兰的英国画家，以其作品中粗犷、犀利、强烈的暴力和噩梦般的图像著称。他擅长运用粗犷强劲的笔触来表现画面中人物的恐怖、荒蛮、孤寂、兴奋和愤怒。培根的作品中，扭曲、变形和模糊的人物画使他成为战后最有争议的画家之一。

来，我常常怀疑，是否只是因为他的榜样，我才对艺术家们的生活和他们的艺术产生了同样的接纳度。我短暂的艺术史研究已经让我相信，自己不可能成为温德[1]或维特科尔[2]，甚至沃尔夫林[3]或沃林格[4]。即使是我对埃尔温·帕诺夫斯基[5]的敬佩之情，也源自我深知，即便是作为他们辉煌成就的一个注脚，自己也无法成为那些深入挖掘艺术史、博学多才的学者之一。我的性格偏向于轻松自在，不热衷于理论的深入推演，而是倾向于让艺术更加平易近人，并揭示其背后文化和传记的起源。同时，我对那些我所认为的二流艺术作家并不感冒，他们过于专注于作品本身，抛弃了所有的背景信息，只是进行纯粹的形式分析。尽管此类分析有时能带来启示，但我认为它无非是以牺牲整体——那更广阔的视野——为代价，去追求局部的细节。那些形式和构图的枯燥分析，自诩具备科学般的严谨性，确实有其适用之处，能够有效

1 埃德加·温德（Edgar Wind），德国艺术史学家。

2 鲁道夫·维特科尔（Rudolf Wittkower），德裔美国艺术史学家。

3 海因里希·沃尔夫林（Heinrich Wölfflin），瑞士艺术评论家、美学家。

4 威廉·沃林格（Wilhelm Worringer），德国艺术史学家、美学家。

5 埃尔温·帕诺夫斯基（Erwin Panofsky），德裔美国艺术史学家、评论家。

地对抗那些未经深思熟虑的艺术情感宣泄。事实上，罗莎琳德·克劳斯与琳达·诺克林等艺术史学家均以各自的方式揭示了以传记为基础的阐释所具有的简化性和其存在的问题。但是，尽管严格的形式和图像分析可能会让人眼前一亮，但它却往往不能触及人类的内心，使人们心跳加速，而这正是我长期以来的主要兴趣之所在。当你面对一块古代楣板的碎片时，关注其微小的细节是有意义的，因为这样的细节分析能够弥补其被剥夺的更广阔背景。但是，如果一件作品的母体和制作者都是已知的，我们又为何要剥夺对它们进行深入研究的机会呢？正如乔治·瓦萨里[1]在撰写《艺苑名人传》一书时所说的那样，对一位艺术家最有说服力的描述应该是将其生平与作品融为一体，以任何看似合适的比例逐一呈现。同样显而易见的是，许多致力于艺术史的人之所以踏入这一领域，正是因为他们对艺术史上伟大人物及其背后的故事充满好奇，进而探索了它们更为知识化、社会历史化的层面。

然而，在我深入了解培根的作品之前（20世纪60年代初，公

1　乔治·瓦萨里（Giorgio Vasari，1511—1574），米开朗琪罗的朋友，文艺复兴时期意大利艺术理论家。

开展出的培根作品少之又少)，我就已经了解了培根——他的光环、他的背景、他对存在的总体态度——这意味着我对其画作的反应总是深受我对此人认知的影响。凡是见过培根者，都会被这个看似风度翩翩、和蔼可亲的公子哥与其作品画面中那跌宕起伏的慌乱暴力之间所形成的强烈反差而折服。这里存在着一种完全的割裂，一种杰基尔-海德式的谜团[1]直击你的双眼，二者何以能够相通呢？答案只能在艺术家自己所说的“生活的暴力”中找到，在他自己神秘的传记中找到，在他对自己作为一个过度敏感的孩子所遭遇一切的反应中找到(他目睹了“动乱”[2]和两次世界大战)。由于他的性取向，培根注定始终是一个极端的、备受煎熬的局外人。

“认识你自己，切勿妄图让上帝来审视；

---

1 源自英国作家罗伯特·路易斯·史蒂文森（Robert Louis Stevenson）的经典小说《化身博士》。这部小说描绘了主人公杰基尔博士通过药物实验将自己的性格分裂成两个截然不同的人格：一个是善良正直的杰基尔，另一个则是邪恶残忍的海德先生，“杰基尔-海德谜团”这一术语因此被用来形容一个人身上同时存在的两种截然相反的性格或行为特征，这两种特征可能相互矛盾，甚至对立。这种现象在某些情况下也被称作“双重人格”或“双重自我”。

2 指1968年至1998年的一段冲突和暴力时期，通常被称为“动乱”或“北爱尔兰动乱”。冲突发生在希望实现爱尔兰统一的准共和党人和希望维持北爱尔兰作为联合王国一部分地位的准效忠派之间。

人类的正确研究对象就是人类自己。”

——亚历山大·蒲柏[1]，“书信二”，《论人》（1733年）

尽管这些文章是在不同的环境下写作的，目的也不尽相同，但某些主题很快就显现了出来。许多现代艺术家都认为自己是一名局外人或被视为局外人，而在这些精选文章中出现的第一位艺术家则更是如此。文森特·凡·高的一生就像一场他永远无法从中醒来的噩梦：挫折、孤立和屈辱无休止地循环。通过他最伟大的画作，我们可以从画笔的每一次挥洒中感受到这一切，它们就像记忆的痕迹一样嵌入在颜料的纹理之中。绘画是凡·高对于自身生命之缺陷的一种胜利，他将这些缺陷融化在纯粹而狂喜的行动当中，将空白的画布转化为色彩，转化为观察与情感的深层漩涡。在凡·高的作品中，你永远不必去寻找生命，因为他的一生都存在于其中，在色彩的交锋中，在笨拙的形式中，在疯狂的笔触中。比任何其他艺术家更生动地显示出其生命就是其作品，其作品就是其生命：它们自由地流淌在一起，直到形成一

1 亚历山大·蒲柏（Alexander Pope，1688—1744），18世纪英国诗人。

个整体。当你从一幅画作转向另一幅画作的时候，你几乎可以在背景中听到凡·高的声音，仿佛在诵读他写给兄弟提奥的书信，创造出一个连续不断的背景评论。

本选集下一篇文章的诞生——关于阿里斯蒂德·马约尔和“红色”伯爵凯斯勒——背后有一个非常有力的理由。我曾有幸为巴塞罗那的马约尔雕塑展撰写序言。尽管我对画家的生平及其作品了如指掌，但直到深入了解到这位质朴的加泰罗尼亚雕塑家（他对女性形态的终身痴迷）与他那位优雅的同性恋赞助人哈里·凯斯勒（Harry Kessler）伯爵之间的关系，我才找到了探讨这一主题所需的直接切入点。这两位性格和品位迥异之人，一起踏上了他们共同的、常常令人困惑的希腊之旅，而以过度敏感而著称的雨果·冯·霍夫曼斯塔尔[1]的加入更是为我的写作提供了素材。我本可以对马约尔宁静的形式做一番乏味却具有价值的阐述，但我觉得，从传记的角度出发，更能让我贴近这位充满热情的乡土艺术家。刚抵达雅典卫城（我欣然得知），他就攀登上去拥抱了厄瑞克忒翁神庙门廊上的女性

1 雨果·冯·霍夫曼斯塔尔（Hugo von Hofmannsthal，1874—1929），奥地利作家。

雕像，直至被现场的警卫像对待一个外来的萨蒂尔[1]一样拉扯下来；这件趣事本身就生动地描绘出马约尔在同时代人心中形象的一个侧面。虽然这种叙述方式带有一些轻松且无厘头的色彩，但在《毕加索的裤子》一文中，这种风格表现得更为明显。在我受男士时尚网站之托撰写关于毕加索的文章时，我突发奇想，关于这位伟大西班牙人的一切似乎都已被人谈论过，但他独特的着装风格却始终引人注目，无论是在他想要给人留下深刻印象的时候（如“公爵夫人时期”[2]），还是在他在镜头前戴帽子和开玩笑的时候，他的装扮总是与众不同。

一种更为庄重的氛围再次降临，这是我整个写作生涯中最为关注的主题之一——文学与艺术之间的交叉感染。在这本选集中，我们不仅概述了胡安·米罗（Joan Miró）和阿尔贝托·贾科梅蒂（Alberto Giacometti）与他们那个时代的诗人之间的交往，还描绘了一位至今仍被低估的“画家-

---

1 希腊神话中的一种半人半马生物，常常被描绘成酒神狄俄尼索斯的随从，具有粗野、放荡和纵欲的特征，对酒和女性有着特别的喜好。

2 指19世纪末到20世纪初的法国，这个时期被认为是法国贵族阶层的黄金时代，尤其是公爵夫人们的社交活动达到了巅峰。在这个时期，巴黎的社交界被一些富有、有权、有影响力的公爵夫人们所主导，她们经常举办奢华的宴会、舞会和聚会，吸引了大量的艺术家、作家和政治家。在这个时期，毕加索受到了这些公爵夫人们的赞助和影响，作品风格变得更加奢华和精致。同时，毕加索也通过与这些公爵夫人们的交往，进入了巴黎的上流社会，对他的艺术生涯产生了深远的影响。

诗人”天才亨利·米修(Henri Michaux)的肖像，并分析了R. B. 基塔伊(R. B. Kitaj)如何凭借他着魔般的文学想象力，如同撰写小说一般构建了自己的画作。从巴尔蒂斯和萨尔瓦多·达利到培根和弗洛伊德，文学对于在这里讨论的众多艺术家来说，都具有持久的意义。后两位艺术家的密友弗兰克·奥尔巴赫曾形象地说：“绘画是一种由教养而产生的活动，不像是在街上吐痰。”由于形式分析在阐明艺术与文学之间错综复杂的交叉是如何发生的方面有其局限性，因此传记背景就显得尤为重要。如果没有适当提及米罗与保罗·艾吕雅[1]的生活之相互作用，就不可能描述他们在插画书《无所畏惧》中实现的想象凝聚力。正如超现实主义和存在主义对阿尔贝托·贾科梅蒂(Alberto Giacometti)的重要性，他与安德烈·布勒东[2]、让–保罗·萨特[3]和让·热内[4]的深厚友谊，都是理解其作品的关键之

1 保罗·艾吕雅(Paul Éluard，本名：伊曼纽尔·保罗，Emanuel Paul)，法国诗人，超现实主义运动的代表人物之一。

2 安德烈·布勒东(André Breton，1896—1966)，法国诗人、评论家，超现实主义运动的创始人之一。

3 让–保罗·萨特(Jean–Paul Sartre，1905—1980)，20世纪法国最重要的哲学家、文学家和社会活动家之一，存在主义哲学的代表人物。

4 让·热内(Jean Genet，1910—1986)，法国著名作家。作品以独特的风格和主题而闻名，被认为是战后法国文学的重要代表之一。

所在。同样，LSD[1]和墨斯卡林[2]对亨利·米修的影响，或是“局外人”艺术[3]对让·杜布菲(Jean Dubuffet)的影响——这些传记中的核心元素——对于评价那些被其吸收与改造过的作品也是至关重要的。

尼古拉斯·德·斯塔埃尔(Nicolas de Staël)，这位充满魅力的俄罗斯贵族，选择在昂蒂布的十一楼公寓中结束自己的生命，其悲剧的原因至今仍然成谜。这一传记中的事实，如同一个巨大的问号，悬挂在斯塔埃尔的作品及其评价之上。他的创作因此常常被解读为光明与黑暗、狂喜与绝望、抽象与具象之间的永恒斗争。斯塔埃尔的画作在和谐与混乱之间摇摆，在其最尖锐的时刻甚至触及了20世纪中期欧洲艺术的主要矛盾——在崩溃的边缘寻找短暂的平衡。几十年来，一位达豪集中营的幸存者一直在创作威尼斯的迷人景色，描绘朱代卡岛上船只的穿梭，或圣马可广场那阴沉而闪烁的室内场景。然而，随着时间的推移，他发现自己再也无法压抑那些大屠杀的

1 麦角酸二乙酰胺(LSD)，是一种强烈的半人工致幻剂。

2 一种从仙人球中提取的致幻剂。

3 最早由法国艺术家让·杜布菲在20世纪40年代提出，用以描述他认为被艺术界边缘化的艺术家的作品。

恐怖记忆——苍白、枯槁的尸体，死亡的堆叠，废墟的堆积——这些记忆在他的作品中爆发出来，取代了那些人间天堂的景象，映射出地狱般的致命平庸。穆希奇[1]是其所在世纪的真实见证，但作为一名艺术家，正是其生活的彻底颠覆，使他在艺术史上产生了如此深远的影响。这次颠覆源自一次关于他加入党卫军的提议，结果他在一名纳粹军官面前大笑了起来——这一瞬间的反应最终导致他被驱逐到了达豪集中营。

来自20世纪的巴尔干半岛的另一颗艺术之星是黑山艺术家米奥德拉格·朱里克（Miodrag Đurić），他在朋友圈和艺术界更为人所知的名字是“达多”（Dado）。达多的画笔如同地狱的出口，畅所欲言地描绘着那些阴暗的想象——有时他的笔触犹如滴水的露珠，仿佛音乐从莫扎特的手指间自然流淌一般。在第二次世界大战期间，他在家乡切蒂涅目睹的早期记忆，为他的整个创作奠定了基调：死去或即将死去的人被绑在树上，溃烂无处不在，无论是在无腿的孩子身上，还是在腐烂的老人身上（其中许多死者以达多的孩子为原型，而老人则以他巴黎和纽约的经销商为原型）。然而，这些灾难

1 佐兰·穆希奇（Zoran Mušič，1909—2005），出生于斯洛文尼亚与意大利交界处的戈里齐亚伊，斯洛文尼亚有史以来最具影响力的艺术家之一。

性的场景却发生在一片祥和的蓝天之下。达多自己的生活也忠实于这一构想，他与他的大家庭生活在诺曼底乡间的半木结构房屋里，除了屋顶漏雨、房门松动，以及艺术家明艳的厄运壁画布满了每一面内外墙之外，这所房屋可能是银行家们的退休梦想。与斯塔埃尔、穆希奇（或者像贾科梅蒂和培根）一样，达多也逃不出一种极端的幻象，这种幻象深深地烙印在了他的人生与艺术上。就像其他艺术家的幻象那样，这在我心中引起了深深的共鸣。我常常在想，我们的理解和友谊在多大程度上与我们每个人都在战争阴影下成长这一事实有关。

> 对于我而言，艺术的题材是人体石膏，
> 风景不过是躯干上的底色；
> 我愿意放下塞尚的苹果，
> 只为换取一幅小小的戈雅或杜米埃[1]。
>
> ——W.H.奥登[2]，《致拜伦勋爵的信》，1936年

---

1 奥诺雷·杜米埃（Honoré Daumier，1808—1879），法国著名画家、雕塑家。

2 威斯坦·休·奥登（Wystan Hugh Auden，1907—1973），英裔美国诗人、戏剧家、评论家，继艾略特之后最重要的英语诗人。毕业于牛津大学。20世纪30年代成为新一代诗人代表和左翼青年作家领袖。

确实，它并非奥登作品中最为卓越的诗篇，但他的立场是合理且充满情感的。我自然不会赞同将塞尚的苹果全部赠予他人，尽管我对他的静物画充满了赞赏，我仍更倾向于看到那些苹果不仅是摆放在桌面上，构成一幅空间构造，而是悬挂在树枝间，被绿叶环绕，甚至可能被鸟儿轻啄。并且，我更欣赏的是那棵树与其他树木共同构成的景观。我们可能隐约窥见其背后的画面，那个它生长的环境，以及其中人类活动的痕迹。换句话说，我再次主张，完整优于孤立，整体超越细节，全局胜过局部。

在我看来，奥登的诗句似乎概括了我在这篇简短的前言兼个人简历中试图表达的部分观点。我从未想过以下这些文章和目录引言（其中一些可以追溯到20世纪60年代）会被收录到一本文集之中。无论是长文还是短文，无论是为报纸、杂志还是展览画册而撰写的文章，它们都渗透着一些相似的主题。总的来说，这些文章中讨论的艺术家多年来一直是我最敬佩的对象。偶尔，我会亲自了解他们，甚至为他们撰写一本书或举办一个展览，就像我为马约尔、沙德、培根和贾科梅蒂、米罗、塔皮埃斯和斯塔埃尔、穆希奇、达多和马松所做的那样。还有一些则是源于某些特定的出版物曾委托我撰写关于他们的文章。然而，回顾这份名单，令人欣慰的是，没有一位艺术家是我会否认的，尽管这个选择有着近六十年的时间跨度。

在写作过程中，我并未自觉地意识到，这些对于“艺术家们生活”的描绘，旨在让艺术与艺术家们焕发出活力。尽管我对探究各位画家的早餐习惯不甚热心，但对于一些有趣的故事，比如毕加索经常感叹，再也没有哪种汤能与他在马拉加童年时记忆中的汤相提并论，我还是颇感兴趣的。同样令我着迷的是贾科梅蒂的兄弟迭戈所描述的那些情景：他和哥哥在20世纪20年代初首次搬至巴黎，在蒙帕纳斯[1]后的阿莱西亚找到工作室的那段时光。索尼娅·德劳内[2]以及阿波利奈尔[3]或巴尔蒂斯唤起的里尔克[4]也以一种意想不到的方式揭示了自己的生活和作品，这些都让我如痴如醉。

同样地，通过与塔皮埃斯在巴塞罗那的夜游，我意识到，自己在工作室里遇到的这位充满东方哲学和量子物理学知识的智者，只是这位魅力四射的艺术家之众多

1 位于法国巴黎左岸的一个地区，靠近塞纳河。在19世纪和20世纪初期，这里是艺术家和作家聚集的地方，曾经孕育出许多杰出的艺术作品。

2 索尼娅·德劳内（Sonia Delaunay，1885—1979），法国奥费主义艺术家。

3 纪尧姆·阿波利奈尔（Guillaume Apollinaire，1880—1918），法国著名诗人、小说家、剧作家和文艺评论家，其诗歌和戏剧在表达形式上多有创新，被认为是超现实主义文艺运动的先驱之一。

4 赖内·马利亚·里尔克（Rainer Maria Rilke，1875—1926），奥地利诗人。

面貌中的一面。当我们在这座城市中品尝着美味的加泰罗尼亚葡萄酒时，他既能放松心情，也能幽默地调侃时事。与此同时，雷蒙·马松（Raymond Mason）的雕塑作品也从来没有像他对我描述的自己从工人阶级家庭长大、在巴黎度过快乐流亡的头几年一样，令人信服地揭示出它们的秘密。无独有偶，在一次晚宴上，坐在亨利·米修（Henri Michaux）身边的我，也清楚地感受到，尽管这位尖刻的作家/画家当时已年逾古稀，但饭桌上的谈话依然如同他的写作和绘画一样，犀利、充满挑战性，且让人捉摸不透。

对我而言，艺术家们的人生可能并不像他们的作品那样引人入胜（毕竟，除了与培根的那次邂逅，通常首先是作品吸引了我），但它无疑是深入探讨图像之产生和演变方式的关键部分。生活是整个艺术论述中不可或缺的一环，它与艺术之间的复杂关系之所以至关重要，是因为它们以微妙且常常是自省的方式互相影响。这也许解释了为什么我从未与抽象艺术建立过亲密的联系：在我看来，抽象艺术所承载的触觉人性太过分散，太过缥缈，变成了一种形式和色彩的词汇——总之，过于抽象化。这让我想起了逻辑实证主义[1]。自学生

1 又称逻辑经验主义，是一种以经验为根据、以逻辑为工具进行推理，用概率论来修正结论的哲学流派。

时代起，我便不断地与其进行抗争，直到我意识到，我所追求的不是关于思想与语言的哲学，而是关于情感、生存和人生的哲学。在这样的探索中，我发现了存在主义的领域。同样地，贾科梅蒂和培根这两位画家的深刻启示也不是偶然发生的。在抽象艺术长期占据主导地位的时代，他们比任何人都更有力地保持了具象艺术的活力和意义。更进一步说，作为战后（二战结束时）成长起来的一代，我被他们那种鲜明而无情的意象强烈吸引，也绝非一个偶然的现象。

在我绘制自己艺术世界的成长轨迹，并将我的审美偏好刻印在桅杆之上时，我才发现，在这些文章的起源当中，我可能忽略了其中最重要的，也是最早的组成部分：我的平行文学万神殿。我对艺术写作的终身兴趣，首先源自对于写作本身的热情。显然，从《圣经》和莎士比亚的作品开始，我们就吸收了众多作家的精华。但当我开始寻找自己的“声音”时，我仍被乔伊斯[1]的冗长辉煌

1　詹姆斯·乔伊斯（James Joyce，1882—1941），爱尔兰作家、诗人。

和贝克特[1]的疏密有致所吸引，被艾略特[2]挥之不去的绝望和博尔赫斯[3]神奇的讽刺所吸引。当然，还有许多其他作家的作品在我耳边回响。从雅各宾时期剧作家的黑暗手法，到司汤达[4]的纯粹“视觉性”，再到普鲁斯特[5]的无尽微妙（然后是朱娜·巴恩斯[6]的怪诞奢华，以及其他一切），我可以一直列举下去。但是，有四位作家却是我写作时的“众神”；并且，正如前述，我对于这两座神殿之间的联系保持着特别的敏感性，比如艾略特对培根的推崇，或者贝克特对贾科梅蒂的亲近。

如果说以下文章本质上是艺术家们在其时代工作的画像，那么它们也如同双面镜一样，为在其职业生涯之不同时刻写下这些文章的那个笔者绘制了肖像。正如这些文章所揭示的那样，他的职业生涯主要是在巴黎度过

---

1 塞缪尔·贝克特（Samuel Beckett，1906—1989），爱尔兰裔英国作家、诗人。

2 托马斯·斯特尔那斯·艾略特（Thomas Stearns Eliot，1888—1965），英国诗人、剧作家和文学批评家，诗歌现代派运动领袖。

3 豪尔赫·路易斯·博尔赫斯（Jorge Luis Borges，1899—1986），阿根廷作家、诗人和文学批评家。

4 司汤达（Stendhal，1783—1842），法国作家、记者和政治家，19世纪法国现实主义文学运动的代表之一，浪漫主义文学运动成员。

5 马塞尔·普鲁斯特（Marcel Proust，1871—1922），法国小说家，意识流文学先驱。

6 朱娜·巴恩斯（Djuna Barnes，1892—1982），美国诗人、画家、小说家和戏剧家。

的，即使有关文章偶尔会把他带往像黑山和圣保罗这样遥远的地方。

因此，所有的肖像在某种程度上都属于自画像的范畴，而最终，也许没有比通过为他人绘制肖像更加自然、更加无意识的自画像了。我很高兴，这些文字在日报或月刊上昙花一现后，经过几十年的筛选，作为一本本磨损、泛黄的副本流传了下来——它们惊讶地发现自己仍然活着，甚至更惊讶地发现自己获得了清晰、崭新的生命。在必要的地方，我对这些文章进行了一些删改和增补，但我希望它们仍能保持最初写作时的热情、困惑和信念。由于有些文章的主题相似，我因此进行了相应的分组。

被人读过一次，乃是一种莫大的荣幸；能让人重新阅读，则是每位作家的梦想。

第一部分

PART I

ARTISTS

I

Vincent van Gogh: Between Shadow and the Sun

文森特·凡·高：阴影与光明

19岁的文森特·凡·高，海牙，1873年，雅各布斯·德·罗乌 摄

还有什么比对文森特·凡·高的敬意，更能成为一部以艺术家生活为主题的作品之开篇呢？在我所接触过的所有艺术家中，他是唯一一个因其生活之辛酸（其崇高理想与悲惨的日常生活之间的鸿沟）而使我动容的人。这一点在凡·高写给弟弟提奥的信中表现得淋漓尽致。那些文字如同他本人的声音，在我们的耳边轻轻回响，仿佛他正亲自向我们倾诉着内心的世界。与此同时，我不认识其他任何一位艺术家能够如此直接、如此迫切地与我们的眼睛进行对话。凡·高的笔触绕过了任何意义或叙事，在瞬间传递着讯息。他的画面以一种近乎难以忍受的强度脉动着，在你还没有来得及有意识地接受它们之前，就已经在你的无意识中强行占据了视线，就像刺眼的阳光，或者像瓦格纳歌剧的第一个乐章（尽管两位创作者之间存在着种种差异）。从此，你臣服于凡·高，他的艺术对你产生的影响会成为你评判后续所有图像的感官尺度。

这篇文章是在法国一家学术出版机构的邀请下撰写而成的，并随后被翻译成法文。本书中它首次以英文形式与读者见面。

没有哪位艺术家能比文森特·凡·高更有力、更普遍地传递信息。无论在哪家博物馆，无论展出的其他画家有多么杰出，他的画作总是能够脱颖而出，即刻吸引众人的眼球。愈是单纯的题材—— 一双破旧的靴子、一只向日葵花瓶——凡·高的作品就越显得充满活力，仿佛在颜料中注入了生命的紧迫之感，艺术与生活之间的界限也仿佛前所未有地发生了模糊。在欣赏凡·高的作品时，我们就像穿越了时空，亲临艺术家生活的那个特定瞬间，以一种难忘且令人不安的直接方式，分享着他那极度的激情与绝望。

凡·高的一生戏剧性地诠释了激情与艺术的交织，但唯有那些技艺精湛的艺术家才能如此强烈地传达出这些情感。他的独特之处不在于他所表现的人类悲剧，而在于他那份独树一帜的能力，能够展现自己激情与预感的深度。艺术，成为了凡·高表达情感的唯一途径。他试图通过艺术来处理自己内心的原始情感。为了抵消其画作引起的怀疑以及他本人非常真实的疑虑，凡·高产生了一种狂躁的动力，对自己的特殊力量抱有终极的信念，这使得他能够从遇到的每一位艺术家和每一场新的艺术运动中汲取对自己的创作最有帮助的元素。

因此，当我们回顾凡·高的一生时，我们发现了一本仿佛出自凡·高本人之手风格的传记。这本传记清晰地描绘了凡·高艺术生涯的发展轨迹：从早期作品的暗淡与构图上的笨拙，到受到日本艺术、印象派和点彩派的关键影响，再到他生命末期所创作的独具个人风格的漩涡状轮廓和表现主义笔触。令人惊叹的是，这一系列风格的演变竟发生在短短十年之内（1880年至1890年凡·高去世）。他的许多最为著名的画作都是在人生即将落幕之际完成的。

在凡·高的案例中，生活与创作是紧密相连的，二者在相互映照和强化的过程中难以割裂。凡·高的艺术就像是在持续不断的风暴和威胁中进行着的高空走钢丝惊险表演。他将这种紧张感表达得如此直接，以至于其作品仿佛是从崩溃的边缘被奋力挽救回来一般。即便如此，它们依旧构成了一种独特的绘画语言，传达了一种前所未有的愉悦和预感。凡·高的画作，以其对内心动荡的惊人现代意识，为从蒙克到培根，从野兽派到德国表现主义者的艺术家们开启了一片新的艺术视野。下面这篇文章即将探讨的，也正是他给艺术史留下的这份永恒遗产：

我的生命蓝图是创作尽可能多的油画和素描。当我的生命篇章落幕时，我希望能带着满腔的爱与渴望回望，心想：哦，那些我本可以创作出的画作！

——书信405，致提奥·凡·高，新阿姆斯特丹

1883年11月11日，星期日[1]

踏入任何一座收藏有19世纪晚期绘画的杰出美术馆，最引人注目的作品很可能便是凡·高的画作。这并非因为他的题材特别引人入胜——恰恰相反，他的题材往往是最简单至极，甚至（可以想象）是最丧失文化传统的。这也不是因为他的画作明显地表现出了风格上的革新或技术上的精湛：事实上，它们看起来常常笨拙或夸张，与德加[1]和修拉[2]这些技艺精湛的艺术家相比，凡·高就像是一个笨拙的乡巴佬，在高雅的晚会上显得格格不入。他的作品质量参差不齐，灵感经常源于他人，范围也相对有限。然而，在其短暂的绘画生涯结束一个世纪之后，他的作品却仍然具有如此广泛的吸引力和魅力，在现代艺术史上可谓绝无仅有。这不禁令人好奇，究竟是为何？

凡·高的画作拥有一种独特的质感，一旦触动观众的视觉感知，便永不会丧失其令人不安和激动的力量。它们在观众心中激发出一种即时的、生理上的反应，比绝大多数审美体验都要迅速和强烈，仿佛神经被

1 埃德加·德加（Edgar Degas，1834—1917），法国画家、雕塑家，印象派的重要代表之一。

2 乔治·修拉（Georges Seurat，1859—1891），法国后印象派画家，点彩派代表人物。

颜料中某种特殊的粗糙感所触动。他的画作更像是一场急切的告白，而不是其他同期作品中的喧嚣。当莫奈的生动构图或塞尚的严谨纪念碑式风格要求我们的注意力遵循更为有序的轨迹时，凡·高却不断地拉住我们的衣袖，迫使我们直面一种狂躁的景象。仿佛这位荷兰画家在早期的传教使命失败后，正试图在画作中弥补失去的时光：如果世界不愿倾听，他便要让它的存在被目睹。凡·高的画作能够以超乎寻常的速度跃然纸上，其魔力和永恒的神秘在于它们的力度。这种力度曾为宗教绘画所专属，但自文艺复兴以来，宗教绘画便逐渐在艺术中失去了其地位。凡·高最伟大的成就或许在于他恢复了艺术中的狂热。绘画成了他在别处追寻的信仰，而他则本能地知道如何将这种非凡的信念——经历了种种考验和磨难——传达得淋漓尽致。

凡·高的一生，始于痛苦的迷茫，然后他逐渐将专注投入到绘画之中。这种强烈的情感赋予了他将传统意义上的“圣像”所具有的悲怆注入一只残旧靴子的能力。或许有人会觉得凡·高的一生平淡无奇，缺乏色彩，但他的画作却是对他生活的巨大反响。从某些外在角度看，凡·高的一生确实显得平淡无奇。然而，正是其生活的深刻内涵在他非凡的画作和书信中得到了充分体现，才使得他的一生散发出了无可比拟的相关性和凄美感。自凡·高离世后，围绕他的神话就从未褪色，艺术家的生平和作品同样引起了人们的兴趣和猜测——当然，如果凡·高没有创作出那些如此令人魂牵梦绕的画作，他的整个人生或许会在历史的长河中静默消逝，不被世人所知。

艺术家中，很少有人像凡·高那样，生活和创作如此紧密地交织在一起。无论是草图、素描，还是油画习作和完整的成品，凡·高的每一次创作都记录了他的生活点滴。无论是一杯苦艾酒、一片新发现的风景、一张触动艺术家深情怀缅的面孔，还是一枝绽放的杏花所带来的喜悦。这些作品，宛如最详尽的日记，日复一日，瞬间捕捉了凡·高内心世界的丰富和多彩。正如作品是最完整、最深刻的自传一般，凡·高的一生也毫无保留地投入于实现自己的艺术。凡·高很早就意识到，无论他多么渴望过上平凡的生活，拥有妻子、家庭，甚至是亲密的伴侣——除了与他长期备受煎熬的兄弟提奥的亲情之外——都是遥不可及的。这是一种痛苦的觉醒，但随着时间的推移，凡·高最终接受了这个现实，因为他明白，只有摆脱了这些命运的束缚，他才能将所有的抱负和精力集中在艺术上。因此，如果我们未能将凡·高的生活与作品视为紧密相连的整体，那么对于凡·高的任何描述都将无法完全捕捉到其中的真谛。

“然而，在我前行的道路上，我必须继续前进。如果我停滞不前，如果我不学习，如果我不继续尝试，那么我将陷入迷茫，甚至遭遇不幸。这就是我所看到的，要继续，继续，这是必要的。

你可能会问，你的最终目标是什么？那个目标会逐渐变得清晰，会慢慢地成形，就像草图变成素描，素描变成画作一样。”

——书信155，致提奥·凡·高，屈埃姆

1880年6月22日星期二至24日星期四前后

凡·高的早期生活并未预示出他日后璀璨的艺术生涯。1853年3月30日，他出生于荷兰北布拉班特省村庄津德尔特的一个牧师官邸——恰逢父母的第一个孩子去世一年后，孩子的名字也叫文森特·威廉·凡·高(Vincent Willem van Gogh)。文森特是家中三男三女中的长子，其父是荷兰归正会牧师。母亲和父亲都不太理解儿子桀骜不驯、沉默寡言的性格，也不理解他后来对艺术的追求。从幼年开始，他就对大自然产生了浓厚的兴趣，对鸟类、昆虫和植物进行了细致的描绘，但在其他方面并不怎么出众。

16岁那年，文森特在接受了零散的教育之后，前往巴黎古皮尔画廊的海牙分部开始了自己的学徒生涯。这家机构刚刚接管了文森特叔叔的画廊，而作为一个初出茅庐的艺术品经销商，文森特的努力工作得到了认可。1873年，他被调到了该公司位于伦敦的分部。与此同时，他的弟弟提奥——这个他曾发誓要和他保持终生友谊的人——也在布鲁塞尔的古皮尔画廊开始了他的职业生涯。在伦敦，文森特对康斯特布尔[1]和透纳[2]以及他在《图画报》等杂志上看到的黑白插画产生了钦佩之情。更不幸的是，他还无助地坠入了爱河，导致自己在画廊的表现每况愈下。随后，他被强行调往了巴黎，在那里，他和雇主都清楚地意识到，他已经对艺术品经销行业失去了兴趣。1876年4月被解雇后，文森特回到了英国。他在那里先是尝试成为一名没有报酬的教师，后来又成了一名卫理公会传教士的助手，"在伦敦近郊，他偶尔会获得传教的机会，这让他感到非常满足"。

---

1 约翰·康斯特布尔（John Constable，1776—1837），英国皇家美术学院院士，19世纪英国风景画家。

2 约瑟夫·透纳（Joseph Turner，1775—1851），英国画家，19世纪最重要的浪漫主义风景画家之一。

1877年，前景堪忧的凡·高返回荷兰，在多德雷赫特的一家书店工作。正如他的妹妹伊丽莎白所言，那时的凡·高已经“虔诚到疯狂”，会去各种教派的教堂，撰写布道文章。他开始学习各种课程，为神学研究做着准备，但事实证明这又是一个错误的开端。经过短暂的布道训练后，凡·高前往了比利时南部的博里纳日矿区。在接下来的两年里，他与矿工及其家庭深度融合，自愿过着艰苦的生活，放弃了所有财产，睡在稻草上，几乎不吃东西。他的父母心灰意冷，父亲甚至谈论过要把他送进精神病院。然而，在这个过程中，凡·高创作了许多作品，有的粗犷却富有生气，有的则展现了绘画者的敏锐直觉，这些都成了他成长为艺术家的重要基石。提奥曾经建议他成为一名画家，当他的宗教热情开始冷却后，文森特于1880年10月搬到布鲁塞尔学习艺术，并与画家安东·凡·拉帕德[1]结识，这激发了他对伦勃朗[2]和

---

1 安东·凡·拉帕德（Anthon van Rappard，1858—1892），19世纪荷兰画家，以描绘海牙和周围地区的风景而闻名。凡·拉帕德与文森特·凡·高有密切的友谊，其作品在风格上有时会相互影响。

2 伦勃朗·哈尔曼松·凡·莱因（Rembrandt Harmenszoon van Rijn，1606—1669），欧洲巴洛克绘画艺术的代表画家之一，17世纪荷兰黄金时代绘画的主要人物，被称为荷兰历史上最伟大的画家。

让-弗朗索瓦·米勒[1]农民画的热情。

1881年4月，凡·高回到埃滕与父母同住。他聚精会神地研究透视与解剖，一面临摹米勒的作品，一面绘制当地人的画像。这种努力得到了画家安东·莫夫[2]的鼓励。在后者的悉心指导下，凡·高创作出了他的首批水彩与油画静物作品。但他与寡居的表妹基·沃斯之间无果的恋情，却再次打碎了那段宁静且成果颇丰的时光。年末，与父亲的一次剧烈争执导致了凡·高与家庭的决裂。他前往海牙，租下一方小室，师从莫夫钻研画艺。自那时起，他的经济来源开始依赖于弟弟提奥。兄弟二人通过书信往来，交流各种议题，直至凡·高生命的最后一刻。此外，凡·高还公开与他的一名模特——一位名叫西恩的怀孕妓女——同居，并为她绘制了许多作品：其中一些，如《悲伤》，是他第一批真正个人化的作品。在给弟弟的信中，凡·高写道："我想画出一些能打动人心的作品。"（书信249，1882年7月21日星期五或前后，海牙）

尽管凡·高对西恩和她新生的孩子存有深深的不

1　让-弗朗索瓦·米勒（Jean-François Millet，1814—1875），19世纪法国著名的现实主义画家和雕塑家，以描绘农民劳动和生活场景而著称。

2　安东·莫夫（Anton Mauve，1838—1888），荷兰画家，19 世纪荷兰画坛的领军人物之一，也是海牙画派的代表人物。

舍，但这段感情终究无法长久，这也成了凡·高一生中唯一一次体验到的家庭幸福。在与西恩告别之后，他前往了德伦特，那里偏远的农舍和泥炭田吸引了如凡·拉帕德和莫夫等众多画家。德伦特的忧郁景致深深触动了他，激发他创作出了许多生动的作品。然而，与世隔绝和物资缺乏的生活也让凡·高开始思考，或许回到父母身边才是最好的选择。那时，他们已经在埃因霍温附近的一个叫纽南的村子里定居了下来。

尽管与父母的关系紧张［文森特向提奥吐露“他们不愿意把我接到家里，就像不愿意家里养一条毛茸茸的大狗一样”（书信413，1883年12月15日，星期六前后）］，凡·高还是毅然决然地开始了创作。他以米勒为楷模，专注于描绘当地农民在田间劳作和织布机前织布的场景。为了将音乐的和声与德拉克洛瓦[1]的色彩理论联系起来，他继续博览群书，并努力学习钢琴演奏。到了1884年的年底，凡·高开始对农民的头部和手部进行长时间深入的研究，最终创作出了自己荷兰时期的代表作《吃土豆的人》。就在凡·高凭借记忆完成这幅复杂的人物画前不久，他的父亲因中风去世了。尽管父亲的离世

1　欧仁·德拉克洛瓦（Eugène Delacroix，1798—1863），19世纪法国杰出浪漫主义画家，作品以其丰富的色彩和充满动感的构图著称，对后世艺术家产生了深远影响。

给他带来了极大的打击，但他依然坚持努力工作。在难以找到模特的情况下，他转向了风景画的创作，灵感主要源于他在阿姆斯特丹刚刚开放的阿姆斯特丹国立博物馆中所看到的藏品。

1885年的年末，凡·高感到需要拓宽视野，于是从纽南出发，前往安特卫普港。在那里，他不仅游览了码头和舞厅，还参观了博物馆。鲁本斯[1]的那些伟大的人物作品尤其给他留下了深刻的印象。凡·高在皇家美术学院进行了注册，以便以低廉的价格找到模特，但他的敏锐图形天赋并未得到该校老师们的欣赏。备受病痛折磨的凡·高还被诊断出患有晚期梅毒。离开安特卫普前，凡·高创作了一幅怪诞的作品——画中人物是一具正在抽烟的骷髅。有一段时间，他甚至考虑过搬到巴黎，与那时已经成为艺术品经销商的提奥共同生活。1886年3月，凡·高突然出现在巴黎北站，并给弟弟留下了一张便条，邀请他在卢浮宫见面。提奥收留了他，不久之后，兄弟俩便搬进了蒙马特[2]莱比克街的一间更大的公

1 彼得·保罗·鲁本斯（Peter Paul Rubens，1577—1640），17世纪佛兰德斯画派代表画家。

2 法国巴黎市第十八区的一个街区，位于巴黎市中心偏北，19世纪末，随着巴黎城市扩张和现代化进程，蒙马特逐渐发展成为艺术家的聚集地，被誉为巴黎的“艺术之心”。

寓，其中一个房间可以用作画室。文森特开始在费尔南德·科尔蒙[1]的工作室学习，根据真人模特和石膏模型作画，并结识了埃米尔·伯纳德[2]和亨利·德·图卢兹-劳特累克[3]，后者后来用粉彩为他绘制了一幅令人难忘的肖像。在此期间，他还遇到了其他几位重要的艺术家，包括卡米耶·毕沙罗[4]、乔治·修拉、保罗·西涅克[5]，当然还有保罗·高更[6]。

在巴黎期间，凡·高很少写信，这使得我们对艺术家这段短暂的绘画生涯了解相对较少。然而，可以肯定的是，这段经历彻底改变了凡·高的思维方式和绘画方式。因为在那里，他直接接触到了现代艺术的最新发展，

---

1 费尔南德·科尔蒙（Fernand Cormon，1845—1924），19世纪末20世纪初法国现实主义画家、雕塑家，作品以描绘农民等劳动者的生活为主，展示了他对这些群体的深刻关注和敬意。

2 埃米尔·伯纳德（Émile Bernard，1868—1941），法国后印象派画家，与保罗·高更、乔治·修拉等艺术家共同被认为是象征主义和新印象派的先驱。

3 亨利·德·图卢兹-劳特累克（Henri de Toulouse-Lautrec，1864—1901），法国著名的后印象派画家、海报设计师，作品以描绘巴黎夜生活、舞者和妓女等为主题，以其独特的色彩和线条描绘出了其所在时代的繁华与颓废。

4 卡米耶·毕沙罗（Camille Pissarro，1830—1903），法国印象派画家，其创作对印象派的发展产生了重要影响。

5 保罗·西涅克（Paul Signac，1863—1935），法国著名画家，新印象派和点彩派创始人之一。

6 保罗·高更（Paul Gauguin，1848—1903），法国后印象派画家、雕塑家，与凡·高、塞尚并称为后印象派三大巨匠。

尤其是印象派和后印象派的作品，使他意识到自己在荷兰训练出来的深色调色板已经过时。凡·高开始有意识地通过绘制一系列静物以及从卧室窗户看到的巴黎景色来调整自己的色域。他还尝试了肖像画和风景画，吸收了印象派和点彩派的技法，融入其极具个人风格的作品之中。在安特卫普收集的日本版画对凡·高风格的成熟形成了另一种强大的影响。然而，与大城市的接触、与城市艺术家们的纷争，再加上过量的苦艾酒和过度劳累，凡·高本已脆弱的健康开始受到损害。在那些日子里，他一直梦想着南方明亮的色彩和阳光。突然间，凡·高决定搬到普罗旺斯的阿尔勒，这让他备受煎熬的兄弟终于松了一口气。

*

我希望你能在这里待一段时间，在这里，你会感受到——随着时间的推移，你的视觉会发生变化，你会用更加日本化的眼光来看待事物，你会以全新的方式来感受色彩。我也相信，正是通过长时间地在这里生活，我才能展现出我真正的性格。日本人画得飞快、极快、如闪电般迅速，这是因为他们的神经更加细腻，手感更加纯熟。

——书信620，致提奥·凡·高，阿尔勒，1888年6月5日前后

1888年2月，凡·高抵达被大雪覆盖的阿尔勒。然而，在刚刚找到一间旅馆房间并买到一些颜料后，他便立即投入创作之中。艺术家绘制了好几个版本的《阿尔勒吊桥》。随着当地果园开始开花，还创作了一系列充满狂喜的果树花开习作。5月，凡·高开始租用“黄房子”，但由于资金短缺，直到第二年9月才住了进去。在这期间，他住在火车站咖啡馆；店主之妻吉努夫人成为了其肖像画《阿尔勒的女人》的模特。同时，凡·高还开始使用芦苇笔进行写生。芦苇笔让他产生了使每个符号都充满表现力的欲望，并使他创作了许多优秀的作品。

同是在5月，他将在那里创作的第一批画作寄给了提奥，并与提奥恢复了频繁的书信往来。例如，当他在6月份前往卡马尔格地区海边的圣玛丽-德拉梅尔时，他曾向自己的弟弟描述了一次充满色彩的夜间漫步，文字如下：

某天傍晚，我漫步在荒无人烟的海边。那不是快乐的，也不是悲伤的，而是美丽的。天空呈现出深蓝色，云朵的颜色比原生蓝更深，是一种浓郁的钴蓝色，还有一些是浅蓝色的——就像银河的蓝色。在蓝色的背景下，星星闪烁着，明亮的、绿色的、白色的、浅粉色的——比在家里——

甚至比在巴黎都更明亮、更闪耀、更像宝石。因此，谈论猫眼石、绿宝石、青金石、红宝石、蓝宝石似乎是公平的。大海是非常深的群青色——沙滩在我看来是淡紫色和淡红色——还有灌木丛。

——书信499，致提奥·凡·高，圣玛丽-德拉梅尔，

1888年6月3日（星期日）或4日（星期一）或前后

在短暂的逗留期间，他创作了许多生动的油画和芦苇笔画，描绘了渔船和渔民的小屋。

除了《田野麦垛》等一系列描绘收获场景的大型油画作品之外，凡·高还创作了《播种者》，在这幅画中，他又回归到自己早年对农民场景的兴趣，但却使用了完全不同的高饱和度互补色调。此外，凡·高还画了几幅出色的肖像画，尤其是约瑟夫·鲁林（这位邮政代理在凡·高随后的崩溃期间一直是他的坚定朋友）、园丁帕蒂斯·埃斯卡利耶和比利时诗人欧仁·博赫。在夏天，他创作了四幅《向日葵》，作为黄房子大型装饰方案的一部分。在理想主义与孤独感的交织下，他希望将黄房子打造成一个“南方工作室”，让志同道合的艺术家们在这里共同生活和工作。凡·高特别渴望高更能够加入他在阿尔勒的生活中来，因为他非常欣赏高更的作品和个性。当高更最终

接受时，凡·高欣喜若狂。在等待高更到来的日子里，他搬进了黄房子，并用提奥寄给他的钱置办了家具，尽管身体不好，但仍然在坚持刻苦作画。在完成其新住宅的著名景观后，凡·高制作了他的《僧侣自画像》（他打算用这幅画与高更互换后者的自画像），还有一幅《夜间咖啡馆》。在第二幅画中，他也使用了强烈对比的色彩，其令人不安的气氛和噩梦般的视角暗示了过量苦艾酒的潜在影响——在与友人鲁林的饮酒狂欢中，凡·高对此深有所感。

随着高更的最终到来，凡·高的内心似乎得到了某种程度的慰藉。尽管他心中仍有些许忐忑，不确定这位朋友是否会喜欢阿尔勒，以及他们有些奇怪的家庭安排是否足以让他留下来。在最初的几个星期里，这两位艺术家似乎从彼此的陪伴中受益颇多。每当户外作画不再适宜，他们便在黄房子狭小的空间里共同创作。对凡·高来说，用画笔描绘自己的生活已如同呼吸般自然，而高更则鼓励他尝试记忆中的画面。在朋友的启发下，凡·高创作出了《埃顿花园的记忆》等令人难忘的作品。然而，高更的直接影响却让凡·高感到不安和脆弱，没过多久，这两位极富主见的艺术家便陷入了无休止的争吵之中。对于高更而言，这种情况是可以理解的——他时常从梦中醒来，发现自己床边站着凡·高，默默地凝视着他。12月23日，也就是高更抵达两个月后，两人之间爆发了一场戏剧性的争吵。根据高更的叙述，凡·高在激烈的争吵中，一度威胁要割喉，甚至将利刃逼近了自己的颈部。次日清晨，凡·高的耳朵被部分切断，鲜血不止，生命似乎岌岌可危。幸运的是，在费利克斯·雷伊医生的悉心照料下，凡·高奇迹般地康复。随后，凡·高以他的笔触捕捉了雷伊医生的形象，并在他的画布上留下了两幅令人难以忘怀的自画像。在画面中，他的耳朵缠绕着绷带，展现了那段痛苦时期的独特印记。然而，凡·高的精神疾病并未因此得到根治。他开始坚信自己中了毒，耳边回荡着种种幻听，不久便被再次送入了医院。当地居民对这位天才画家的命运深感忧虑，他们向市长请愿，希望将凡·高送回亲人身边，或是置于疯人院接受照料。最终，凡·高意识到了自己已经无法独立生活，随即做出了一个艰难的决定——把自己送进附近的普罗旺斯圣雷米疯人院。

*

我正在艰难地完成几天前开始的一幅画，一位收割者，全黄，涂着厚厚的颜色，题材却非常优美而单纯。

在这位坚韧的收割者身上，我捕捉到一个模糊的身影，在炎炎烈日下像魔鬼一样挣扎着，以达到他劳作的终点，我在其中看到了死亡的形象，在这种意义来说，人类就像被收割的麦子。所以，如果你喜欢，这与我之前尝试的那个播种者是背道而驰的。但在这种死亡中没有什么悲伤，它发生在阳光灿烂的白昼，金子般的阳光照耀着世界的每一个角落。

——书信800，致提奥·凡·高，普罗旺斯圣雷米疯人院，

1889年9月5日星期四和9月6日星期五

在圣雷米，凡·高拥有两个房间，一间供他休息，另一间则是他的画室。他迅速投入工作，将自己从窗口看到的风景一一描绘于画布之上，疯人院花园中的花卉，尤其是鸢尾花与丁香花，也成了他笔下的常见主题。到了1889年6月，距离入住精神病院还不满一个月，凡·高便创作出了他最著名的作品之一——《星月夜》。画中白色和金色的球体照亮了苍穹，守护着沉睡的普罗旺斯村庄，带来了一种令人狂喜的美感。偶尔，在监护之下，艺术家被允许在精神病院外进行创作，但无论监禁如何严厉，他对绘画的渴望从未受到遏制。他描绘的柏树和橄榄树在画布上以一股炽热的火焰般的力量扭曲

伸展，仿佛从画面中辐射出了无穷的能量。

7月，凡·高再次遭遇了一场严重的疾病，这场病痛让他连续六周都无法动笔创作。康复之后，他的画布上出现了灵感源自米勒木刻画的收获场景、受德拉克洛瓦启发的《圣母怜子》，以及两幅令人难忘的自画像。9月，在提奥的协助下，他的数幅作品，包括《罗讷河上的星夜》(完成于阿尔勒)和《鸢尾花》在巴黎独立艺术家协会的展览中亮相。到了1890年1月，他的五幅作品又在布鲁塞尔的艺术家团体“二十人”的年展上展出。同月，评论家阿尔贝·奥里耶在《法兰西商报》上发表了一篇赞誉有加的文章；凡·高对这份认可感到非常高兴，不过，他也在信中向奥里耶透露，他相信阿道夫·蒙蒂切利[1]和高更在艺术上的成就远比他自己的更为重要。当凡·高得知提奥喜为人父的消息时，他为孩子的婴儿室创作了一系列杏花画作。受高更一幅画的启发，他还完成了五幅玛丽·吉努的肖像画，题为《阿尔勒的女人》，并获准将其中一幅画作作为礼物赠予阿尔勒的吉努夫人。然而，后来的凡·高却被发现在街头四处游荡，无

1 阿道夫·蒙蒂切利(Adolphe Monticelli，1824—1886)，法国早期印象主义画家。

目的地漂泊，让人深感怜悯。

随后，凡·高迎来了他漫长的疾病期。尽管身体不佳，他依然创作了大量作品，主题源自他称之为“北方的回忆”的在纽南度过的时光。康复期间，凡·高在信中向提奥表达了自己在圣雷米感到的“无聊和悲伤”(书信868，致提奥·凡·高，普罗旺斯圣雷米，1890年5月4日，星期日)，“我仅存的理智和工作能力绝对处于危险之中”(书信866，致提奥·凡·高，普罗旺斯圣雷米，1890年5月2日，星期五或前后)。他恳求弟弟将他转移到巴黎附近。保罗·加歇医生，一位收藏家和业余画家，与众多艺术家有着紧密的联系，答应在凡·高搬到瓦兹河畔奥维尔附近居住后负责照料他的病情。在离开疯人院之前，凡·高再次迎来了灵感的爆发，创作了另一幅夜景画作，以及华丽的《黄色背景衬托的花瓶里的鸢尾花》。

大家商定下来，凡·高在前往奥维尔的途中将在巴黎停留。当提奥的妻子乔安娜第一次见到他时，她惊讶地发现，这是一个体格强壮、宽肩膀的男子，他的健康状况似乎比她的丈夫还要好。面对前景的改变，凡·高明显地感到振奋。他在弟弟家中逗留了三天，并将公寓里积压的大量作品一一取出，重温旧时光。他也非常高兴地见到了自己的小侄子文森特·威廉。然而，尽管如此，我们的艺术家仍认为巴黎的生活太过沉重，因此并没有延长自己的停留。

*

在动荡的天空下，是一望无际的麦田，我想表达的是悲伤，是极度的孤独。

——书信898，致提奥·凡·高和乔安娜·凡·高–邦格尔（Johanna van Gogh–Bonger），

瓦兹河畔奥维尔，1890年7月10日前后

奥维尔给凡·高留下了深刻的印象。长久以来，他渴望着一种唤起自己荷兰童年时代记忆的更为北方的氛围，而这个乡村的茅草屋顶尤其让他感受到了家的温暖。凡·高对加歇医生也怀有好感，但他注意到医生的精神状态似乎与他一样脆弱（后来他认为加歇实际上比他“病得更重”）。6月初，凡·高在抵达巴黎不到一个月的时间里，便为加歇绘制了一幅引人注目的肖像。在给高更的信中，他称这幅肖像为“我们这个时代最悲伤的表达”（书信RM23，致保罗·高更，瓦兹河畔奥维尔，1890年6月17日星期二前后）。凡·高在当地拉沃家族经营的客栈住了下来。在那里他可以自由出入，随心所欲地绘画，或前往加歇家做客，欣赏医生收藏的印象派画作，或是在花园里忙碌。然而，大多数时间，

他还是专注于通过绘画和摄影来捕捉自己对周围生活的感受。在描绘了奥维尔狭窄的街道和茅草屋顶之后，凡·高走出村庄，爬上四周环绕的麦田，在低沉、没有阳光的天空下，捕捉到了麦田的绿色和金色。

这期间，提奥和乔安娜曾带着年幼的文森特前来看望他。还有一次，凡·高去了巴黎，提奥则邀请了包括图卢兹–劳特累克和阿尔贝·奥里耶在内的几位朋友；然而凡·高很快就感到厌倦并离开了。他的兄弟坦诚地说，自己一直在考虑辞去稳定的工作，自立门户成为一名艺术品商人，这让凡·高感到非常不安。他完全依赖于提奥，离开时不仅对弟弟的未来充满了担忧，也对自己的未来感到忧虑。此后，凡·高的行为似乎变得越来越让人难以捉摸。有一次，他因为自己拥有的一幅阿尔芒德·基约曼[1]的作品没有装裱而对加歇医生大发雷霆。当得知提奥没有先来看望他，就直接带着家人去荷兰度假时，他似乎也变得极度沮丧。

1890年7月27日，星期天，凡·高与加歇夫妇共进午餐后，似乎打算返回工作。傍晚时分，拉沃一家人则

1 阿尔芒德·基约曼（Armand Guillaumin，1841—1927），法国印象派画家。

在焦急地等待他归来共餐。当凡·高回到客栈时，阿瑟·拉沃跟随凡·高进入了他的房间，听到凡·高坦白自己向胸部开了一枪。加歇医生和另一位当地医生随即被召来，但他们决定不去尝试取出穿透心脏下方的那颗子弹，只是对伤口进行了简单的包扎。提奥闻讯从巴黎赶来，试图让哥哥相信他自己能够存活下来，但文森特只是简单地回答了一句："悲伤会持续下去。"在兄弟生命垂危之际，提奥将凡·高紧紧拥入怀中。7月29日凌晨一点半左右，文森特·凡·高与世长辞，年仅37岁。

六个月后，凡·高的弟弟提奥在极度悲痛中去世。他的遗孀乔安娜曾与文森特见过几面。在文森特留给提奥的众多作品（约550幅油画和数百幅素描）中，乔安娜挑选出一部分，并举办了一些小型展览，为文森特建立起了身后的声誉。此外，乔安娜还开始阅读和整理文森特的大量信件（最初是为了拉近与亡夫的距离）。她的儿子文森特·威廉继续了这项工作。而威廉则活得足够长，并于1973年主持了阿姆斯特丹凡·高博物馆的开馆仪式。今天，整个故事已经走过了一个完整的循环。凡·高也从一个除了他忠实的弟弟之外被所有人忽视的疯子，变成了数百万人痴迷的兴趣和灵感的源泉。

然而，凡·高的生活和作品至今仍充满了谜团。尽管关于凡·高现象的诸多流行传记、学术分析和展览层出不穷，但核心谜团始终未曾得到明确解释。这位自学成才的牧师之子，在短短十年时间里，在如此严酷的条件下，是如何创作出至今仍能引起人类深切同情、振奋和不安的作品的呢？是什么信念支撑着他在疾病、忽视和绝望中生存了下来，创作出如此多令人惊叹的杰作，而且几乎每日都在进行创作？这位崇高的新色彩视觉的发明者，同时也是一位在危机中吞食自己颜料的残疾人，这是一种怎样的可怕矛盾？为什么他过早地结束了自己的生命？为什么在我们面前的所有画作和信件中，我们对他在生命最后那段日子里的精神状态却知之甚少？这些问题，如同凡·高在他疯狂的笔触中传达的紧迫感，在被眼睛吸收之后，仍在我们脑海中久久回荡。

然而，凡·高之所以让我们如此着迷，其实并无神秘之处。他的目光始终深刻地关注着人类的处境、命运以及我们自身的存在，这正是他吸引我们的原因。凡·高的奇迹不在于他屈服于情感上的冲突和精神上的动荡，而在于他长期生活在这些冲突和动荡之中，却依然创作出了非凡的图像。这些图像之所以引人注目，不仅因为其悲怆之情，更因其绘画上的创造性和犹如刀锋般的控制力，使其显得尤为突出。归根结底，凡·高心中那混乱的秩序，恰恰是他历久弥新的天才之所在。

❶ 所有艺术家书信的引文均来自凡·高博物馆授权英文译本，可在<https://vangoghletters.org>查阅。

原题为“文森特·凡·高：阴影与光明”，珍妮·布尼奥坦德与迈克尔·佩皮亚特，《文森特·凡·高》（巴黎：SCEREN-CNDP，2003年，“造型艺术动态”收藏）。

2

Aristide Maillol and the Red Count

阿里斯蒂德·马约尔 与红色伯爵

或者说，德国外交官兼收藏家哈里·凯斯勒伯爵如何改变了这位法国雕塑家的职业生涯，并使自己成为举足轻重的当代艺术赞助人。

阿里斯蒂德·马约尔，马尔利勒鲁瓦，1934 年，约瑟夫·布雷滕巴赫　摄

在20世纪90年代末我开始为巴黎新成立的马约尔美术馆策划展览（“伦敦画派：从培根到贝凡”是我在那里策划的众多展览中的第一场）之前，阿里斯蒂德·马约尔的名字从未赫然出现在我的生活之中。马约尔美术馆坐落于格拉内勒街一栋令人印象深刻的古典联排别墅底层，由马约尔杰出的模特迪娜·维尔尼女士创立——她后来成为一名非常成功的艺术品商人。不久之后，我便有幸结识了加泰罗尼亚储蓄银行基金会的负责人。该基金会在巴塞罗那安东尼·高迪·科尔内特[1]蔚为壮观的米拉之家[2]拥有自己的展览空间。这位负责人对马约尔兴趣甚浓，不仅因为后者作为雕塑家所取得的辉煌成就，更在于他们是同根同源的加泰罗尼亚人——对独立运动有着共同的情感联结。他感到无比欣喜能在高迪的杰作中策划一场马约尔的特展。在翻阅马约尔相关的文献资料时，我偶然发现了这位雕塑家生命历程中一段举足轻重的关系，并对此感到非常好奇。无论是从艺术还是从人性

---

1 安东尼·高迪·科尔内特（Antoni Gaudí i Cornet，1852—1926），西班牙著名的现代主义建筑师、设计师，被誉为加泰罗尼亚现代主义最伟大的代表人物。大部分作品位于加泰罗尼亚自治区首府巴塞罗那，其中包括他的主要作品圣家族大教堂。

2 一座位于西班牙巴塞罗那的现代主义建筑，安东尼·高迪设计的杰作之一，官方名为“Casa Milà”。“La Pedrera”这个名字在西班牙语中意为“采石场”，反映了建筑的石材外观。这座建筑建于1906年到1912年之间，是一座住宅，原本是为一位富有的巴塞罗那商人及其家人而建，被认为是现代主义运动的代表作品之一，1984年被列为联合国教科文组织世界文化遗产。

的角度来看，这段关系都极具启示性，这让我最终决定将其设定为论文目录的中心议题。

在这段关系中，两位主人公是如此截然不同。一位出身于显赫富有的名门望族（甚至有传言称他是德皇威廉一世的私生子），操着与其母语德语一样流利的英语和法语。他与那个时代的所有大人物均有往来，经常从一个首都奔赴另一个首都，从一个项目迁转另一个项目。此外，他还是一名优雅、谨慎的同性恋者，为人慷慨大方、无可挑剔。另一位主人公则深深扎根于其家乡加泰罗尼亚的土地之上，就像是自己祖先一直种植的那些虬曲粗壮的葡萄树那样，习惯了贫穷与吝啬，在举止和衣着上都带着农民风范。他沉默寡言，脑子里只有一个伟大的想法——对女人们有着无尽的憧憬，并且还拥有一种独特的天赋——不仅能用雕塑，还能用铅笔、颜料甚至挂毯将她们塑造为理想和谐的视觉形象。从1904年第一次见面，到第一次世界大战，再到20世纪30年代末，虽然他们似乎是水火不容的个体，但是在艺术上的共同信仰却将他们紧密联系在了一起。他们的相遇，彻底改变了彼此的生活，也永远地改变了他们的命运。

在20世纪上半叶的国际艺术圈、政治圈或是上流社会，任何人都会立即认出哈里·凯斯勒这个名字——可能还有他纤雅的轮廓与精致的五官——由于出身贵族，却拥有进步的社会主义信仰，因此在20世纪20年代，人们曾戏称他为“红色伯爵”。凯斯勒——他的名字哈里·克莱门·乌尔里希已经说明了一切——曾在多个国家接受教育。他无处不在，却又无迹可寻，经常游走于魏玛和柏林、巴黎和伦敦、罗马和纽约之间，无论是委托出版书籍与艺术作品、组织展览、执行微妙的外交任务，还是在重要的国际辩论中进行发言，与最具影响力的政治家们私下会谈，他都非常投入，充满热情。无疑，正是这种博学多才的特点，加上他对所从事的一切带有极大热情，使得凯斯勒与马约尔相比，不易给世人留下固定的形象。如果他能像他的朋友马约尔那样，将自己无可辩驳的天赋与魄力集中投入到一项单一而伟大的事业中，那么他很有可能成为一名在今天看来更具知名度的历史人物。

当然，没有谁能比凯斯勒更能敏锐地感知和观察他所处时代的光辉与苦难。他一再试图影响这一切，并将这些生动地记录在自己的日记之中。这本日记逐渐变得详尽且庞大，完整出版时可能会有数千页之多。[1]英国诗人W. H. 奥登从来都不是一个容易被打动的人，但他还是会将精通多种语言、环游整个世界的凯斯勒称为“可能是有史以来最具国际性的人士”。更为重要的是，他是“那个时代的重要见证者”，似乎与除了T. S. 艾略特和温斯顿·丘吉尔之外（尽管凯斯勒与这位伟大的英国政治家就读于伦敦郊外的同一所预科学校）所有的同时代重要人物都有过一面之缘。❷让每个与凯斯勒接触过的人感到震撼的是，他不仅对当时的政治事件和人物了如指掌，而且对所有艺术作品中最具独创性的细节都有一种敏锐的洞察。在将现代主义引入威廉时代高度保守的德国统治阶级的过程中，凯斯勒发挥了极为重要的作用。而在游走于各个首都的同时，他也成了新美学在全欧洲的推动者和催化剂。

凯斯勒的一些巴黎故友（尤其是画家埃米尔·伯纳德和作家安德烈·纪德[1]）曾向他提到过一位名叫阿里斯蒂德·马约尔的与众不同的艺术家，但最终说服伯爵与其见面的，还是他的老朋友奥古斯特·罗丹对马约尔之“我们最强大的雕塑家”的慷慨称赞（需要补充的是，罗丹当时在国际上已备受推崇，毫不惧怕来自其他任何人的竞争）。事实上，凯斯勒从马约尔那里获得了一件小型黏土模型，并一直将其随身携带。他在日记中描绘了自己是如何感受到“从其简单的形式中产生了一种奇特的、不断增强的魔力……它让我越来越为之着迷”。我们还能从他的日

---

1 安德烈·保罗·吉约姆·纪德（André Paul Guillaume Gide，1869—1951），法国作家，1947年诺贝尔文学奖得主。

记中了解到，他们之间的第一次会面是在1904年8月21日，地点是雕塑家位于巴黎郊外马尔利勒鲁瓦的家中。凯斯勒详细记录了他对这位雕塑家的第一印象："（马约尔）住在一个非常原始的乡村小屋里，房子位于一处开阔的大果园的中央。当我们敲门时（房子没有门铃），他的妻子走到一个小阳台上，朝着花园喊道：'阿里斯蒂德！阿里斯蒂德！'在花园里，出现了一位农民模样的人，他身穿蓝色罩衫，头上戴着一顶宽边工人草帽，用一种非常浓重的乡村土语向我们打着招呼。除此之外，他没有做任何自我介绍，也不太关心我们的名字。他就是马约尔：40岁左右的样子，留着浓密、未经修剪的黑色胡须，长着一双非常明亮、富有表情的蓝色眼睛，精瘦而结实，还有一个显眼且高耸的西班牙式鼻子。"❸

当时，这位法国雕塑家已经43岁了，正处于职业生涯的中期，这一阶段的特点更多的是艰辛和默默无闻，而非风格的突破或公众的认可。实际上，直到那时为止，马约尔一直专注于挂毯和装饰艺术。无论他在这些领域的技艺有多么精巧娴熟，那仍然是马约尔：一位迟熟的艺术家，正在艰苦地寻找一个愿景，一旦找到，将激发他余生所绘、所画、所雕塑的一切。作为一名雕塑家，马约尔的起点是谦逊的，除了一小圈钦佩他的同行艺术家外，很少有人知道他的名字。然而，在与凯斯勒初次见面后不久，马约尔作为雕塑家迎来了一个重要的转折点：在次年的巴黎沙龙上展示了他的第一件大型作品《地中海》的石膏版本。颇具影响力的评论家（亦为马约尔的长期发烧友）奥克塔夫·米尔博以及著名德国艺术史学家朱利叶斯·迈尔-格雷夫的赞扬表明，经过重重考验，马约尔的艺术生涯终于启动了。正如纪德对《地中海》做出的犀利评述：

她是美丽的。她毫无意义。这是一件静默之作。我相信，一个人必须追溯到艺术史的远古时代，才能发现如此完美地无视一切可能会干扰美的表现。

凯斯勒委托马约尔将《地中海》雕刻成石雕，并将他一直在创作的另一个主题——“欲望”以浮雕的形式呈现出来，这为马约尔姗姗来迟的雕塑家生涯带来了首次重大推动。这两项重要的委约不仅巩固了马约尔日益增长的声誉，同时也大大改善了他的财务状况，因为凯斯勒（其财富来自国际银行业和大量土地）对金钱极为慷慨。一年后，马约尔优雅、简单却又饱含情感地回忆道：“多亏了他，我才获得了重生。”

对于凯斯勒而言，造访艺术家的工作室、讨论项目、购买作品以及向朋友推荐其他作品，这些活动并不罕见。他早早地就开始支持德国最为激进和具有创新精神的艺术家们，尤其是乔治·格罗兹[1]和马克斯·贝克曼[2]，以及极富争议的挪威人爱德华·蒙克[3]，后者在多年间为这位风度翩翩的伯爵绘制了一系列肖像。与此同时，作为花花公子和唯美主义者，凯斯勒的艺术热情远不止于绘画和雕塑。他自视为一名作家（他的日记中写满了出版计划），并结识了当时许多著名的文学家。他与赖内·马利亚·里尔克和让·科克托[4]等诗人相识，并与当时极具影响力的奥地利戏剧家雨果·冯·霍夫曼斯塔尔建立了友谊（他曾邀请霍夫曼斯塔尔与马约尔一同前往希腊进行史诗般的旅行）。他还深入参与了从排版和书籍制作到建筑和室内装饰的各种设计工作。在室内装饰领域，他特别欣赏比利时设计师亨利·凡·德·威尔德（Henry van de Velde），并为他提供了赞助。凯斯勒倾向于认为所有艺术形式都存

1 乔治·格罗兹（George Grosz，1893—1959），德国画家，20世纪初德国表现主义运动重要代表人物之一。

2 马克斯·贝克曼（Max Beckmann，1884—1950），德国画家、雕塑家和作家，20 世纪初德国表现主义运动重要代表人物之一。

3 爱德华·蒙克（Edvard Munch，1863—1944），挪威画家，象征主义与表现主义运动的先驱，作品以其强烈的情感表达和独特的绘画技巧而著称。

4 让·科克托（Jean Cocteau，1889—1963），法国诗人、小说家、剧作家、导演和设计师，作品以其独特的风格和形式实验而著称。

在于（至少可能存在于）一种密切的共生关系之中；他在魏玛的主要居所则成了一个优雅的展示厅，展出着凡·德·威尔德、马约尔以及其他他所喜爱的画家，尤其是具有迷人才华的皮耶·勃纳尔[1]和埃米尔·伯纳德。

凯斯勒与马约尔之间的合作伙伴关系堪称典范，历久弥新、成果丰硕。在接下来的十年里，凯斯勒不仅成为马约尔作品的忠实拥护者，其收藏规模亦十分惊人——拥有超过四十件马约尔的雕塑和素描佳作。他还将马约尔的美丽艺术推荐给其他几位重要的德国艺术收藏家，这些人后来也纷纷将马约尔的作品纳入自己的珍藏之中。因此，在他的整个职业生涯中，马约尔在德国的声誉要高于包括他故乡法国在内的任何地方（这一点让这位来自鲁西隆的雕塑家经常抱怨）。此外，凯斯勒还曾委托马约尔创作了一系列木刻作品，为其在魏玛创办的高品质出版社——克拉纳赫出版社（因他本人就住在克拉纳赫大街上）出版了一系列豪华图书，特别是曾邀请马约尔为维吉尔[2]的《牧歌》绘制插画。

在另一方面，凯斯勒在对自己终于找到了一位艺术

1　皮耶·勃纳尔（Pierre Bonnard，1867—1947），法国画家，后印象派和新印象派重要代表人物。

2　维吉尔（Virgil，公元前70年—公元前19年），古罗马最伟大的诗人之一。

理念与他对朴素、自然、古老之美追求如此契合的艺术家而感到欣喜的同时，也对马约尔怀有一个主要的疑虑。在凯斯勒心中，古典美的衡量标准（也是他深藏不露、精心压抑的激情的焦点）乃是男性的身体。凯斯勒深知，身为一个权势显赫的同性恋者，必须谨慎行事——德国高官涉及的一桩公开丑闻让他更加警觉。因此，他对自己的性取向和行为守口如瓶，即使在日记中也绝口不提。然而，他并不能完全掩饰这一切，与他对马约尔的敬仰并行的是，他坚信这位纯粹的雕塑家应将目光投向男性的优雅，如同他对待女性一样。

凯斯勒热衷于向马约尔展示男性的阳刚之美，这无疑也是加深他们友谊的一种方式。在他们初次见面后不久，凯斯勒便邀请马约尔一同前往伦敦旅行。当凯斯勒直接询问马约尔为何从未专注于男性造型时，马约尔机智地以缺乏模特为由进行了回应。他解释说，罗丹可以负担得起他想使用的所有模特，但像他这样囊中羞涩的艺术家，通常只能让他的妻子临时充数。此次伦敦之行的表面目的是实现凯斯勒心中的一个出版计划——他认为马约尔在这方面有着非凡的天赋。因此，他们不仅参观了大英博物馆的古典雕塑（“对我来说是一个启示”，马约尔后来宣称，“我对雕塑和艺术有了更深入的了解”），还研究了特定的字体。在隐秘激情的驱使下，凯斯勒随后带着马约尔来到了伦敦东区（传统上既贫穷又自由）观看拳击比赛——凯斯勒在日记中轻松地写道："拳击之夜。"坐在白教堂[1]拳击台附近，马约尔"以一种令人叹为观止的方式勾勒出了拳击手的素描——它们甚至可与德拉克洛瓦的名作相媲美"。凯斯勒对这一切显然感到非常满意。这次旅行中，他们还参观了英国国家美术馆和多维茨画廊，并在萨沃伊酒店享用了早餐。拳击手们显然给他留下了难以磨灭的印象。马约尔感叹道："我永远不会忘记。"（他大概知道这是他的新赞助人想听到的）他们并非普通人，而是如同神一般的存在。凯斯勒仔细记录了一些他认为有潜力成为模特的拳手的名字，如："'直拳查利'（希腊人，身材苗条如英雄雕像，是马约尔的首选）……以及'黑暗海利'和'杰克其时'。"

返回法国后，马约尔继续为缺乏模特而感到困扰。他开始了《欲望》（描绘了一男一女相拥在一起）和《纳西索斯》的雕像创作，后者汲取了他近期接触到的男性身体为灵感。幸运的是，凯斯勒及时为他找到了一个模特—— 一位名叫加斯顿·科林的专业自行车手和骑师。随着瘦削的"小科林"开始摆出裸体姿势，凯斯勒成了雕塑家工作室中一个

1 位于英国伦敦东部，在19世纪和20世纪初以贫民窟和移民社区而闻名。

日益勤快的常客。他从各种角度为这位17岁的少年拍摄照片，并将这些照片记录在他的日记中。（与此同时，马约尔则更热衷于使用一位女性模特，她除了性感的黑色丝袜外一丝不挂，常常不经意地敞开工作室的大门，从而泄露了克洛蒂尔德的身影——那位透过钥匙孔暗中嫉妒地窥视的妻子。）自那时起，凯斯勒便与这位少年陷入了热烈的恋情，并以雇用他做司机为借口，带他去了诺曼底和海峡群岛旅行。马约尔察觉到凯斯勒内心真正渴望的是一幅科林的肖像，于是摒弃了所有神话的伪装，创作了一件自然主义风格的男孩雕塑《骑自行车的人》。尽管这件作品技艺精湛，但人们仍能感受到马约尔的兴趣并非源于男性青年[1]慵懒的姿态。这件作品仍然太过具体，描述性过强，远未达到马约尔期望的纯粹体积感，所有细节都在其中消失——正如他曾经所说——被海水磨光的鹅卵石。这正是马约尔力图避免的方向：一条已被罗丹探索并标记过的道路。在他的谈话记录中，有一个反复出现的主题，那就是尽可能地将自己的雕塑与罗丹的区分开来。他对罗丹的雕塑充满敬意，似乎已经精确地吸收了罗丹的风格，并据此绘制了自己独特的创作蓝图。❹

1 希腊语，在希腊艺术中（特别是在雕塑中）常常被用来描绘18到30岁年龄段的男性形象，通常展示了年轻男子的健美体魄和英俊面容，体现了古希腊人对于男性美的理想化追求。

尽管凯斯勒在他的日记中没有直接提及他与加斯顿·科林之间的长期关系（这似乎是这位谨慎的伯爵经历过的为数不多的关系之一），但他确实对性以及社会对性的限制进行了广泛的探讨。他不断提及古希腊的例子，在那里，“感性是一切的轴心和极点”。当然，自从约翰·约阿希姆·温克尔曼[1]（他本人也是同性恋者）于1764年发表了其具有深远影响的古代艺术论著之后，德国人对希腊文明的推崇就尤为突出。毫无疑问，深受古典文学熏陶的凯斯勒酝酿此次希腊之行已久，但与马约尔的相遇——在凯斯勒的心目中，马约尔本人在艺术上就像古希腊人一样质朴自然，而且他的家乡巴纽尔斯海湾周围的山丘基本上就是希腊风光——似乎加快了他的计划。❺为了让对希腊——乃至对整个希腊生活和文化精神的探索成为一种更深刻的共同体验，凯斯勒决定不仅带上马约尔，还要带上“琴弦紧绷”的霍夫曼斯塔尔。

我们只能猜测凯斯勒选择这对看似貌合神离的旅伴是出于何种考虑。他起初曾试图邀请莫里斯·丹尼斯[2]、凡·德·威尔德以及名字奇怪的匈牙利画家约瑟夫·利波

1 约翰·约阿希姆·温克尔曼（Johann Joachim Winckelmann，1717—1768），德国启蒙时代重要艺术历史学家、美学家，现代艺术史奠基人。

2 莫里斯·丹尼斯（Maurice Denis，1870—1943），法国画家、设计师和装饰艺术家，纳比派成员之一。

尔–容奈（József Rippl-Rónai）一同前往。作为一名普通的业余爱好者和未来的作家，凯斯勒和他的同代人一样，热衷于创造一种“整体艺术”[1]（他在魏玛的房子里精心设计的室内装饰显然就是为了这个目的而作），他很可能曾经幻想过，当他们沉醉于古希腊的精神时，将会产生一些精彩的合作成果——比如一本文笔优美、图文并茂的书籍。然而，在凯斯勒精心保存的旅行日志中，并未提及这样一个项目。在这些日志中，凯斯勒尽可能多地记录了马约尔对不断变化的景观以及他们所遇到的艺术和建筑的评论和反应，这也是他对这位雕塑家钦佩之情的真实写照。

马约尔总体上感到如鱼得水（正如凯斯勒在他给姐姐的信中所描述的），而霍夫曼斯塔尔则从1908年5月在雅典与另外两人见面的那一刻起，就给人一种阴郁的感觉。这个过于敏感的奥地利人不久便被希腊的光与热击败，不仅如此，他还要（因为马约尔）放弃自己写作时喜欢的德语，转而用法语交谈。总之，希腊让他感到失望：“我曾错误地期望找到一个意大利，结果找到的却是东方”，他后来这样承认道。与此同时，马约尔却乐在其中，因为他不仅发现了许

1 最早由德国作曲家理查德·瓦格纳在19世纪提出，指的是一种综合了多种艺术形式的创作，如音乐、戏剧、舞蹈、视觉艺术等，以创造一种包罗万象的感官体验。

多与巴纽尔斯相似的地方，还发自内心地被希腊艺术的力量和美所打动。在凯斯勒的日记中，一页又一页都充满着马约尔对于他们所看到的雕塑及其相互关系、对雕塑所在的空间以及景观的深刻思考。当他们登上雅典卫城时，马约尔完全被眼前的一切征服了，虽然他只是简单地说了一句:“那是人生最美的日子”，但他的激情难以言表。事实上（凯斯勒记录下一段难得的趣事），这位自尊心极强的法国雕塑家在厄瑞克忒翁神庙中被深深打动了，他爬上去想要拥抱其中的一尊女性雕像——结果遭到了警卫的严厉斥责。

当马约尔狂热地描绘他所看到的雕塑，并开始创作一件希腊男孩的雕塑（凯斯勒可能想征服一个新的少年）时，灾难却继续笼罩着这怪异的三人组。一次，他们乘坐的马车撞到了一名孩子，孩子的命运（在生与死之间徘徊）让他们苦恼了很多天……直到最终康复。酷热（城市服装的厚重加重了这一点）、各种疾病、性格不合、脾气暴躁决定了他们每天的生活节奏——不时爆发出闹剧和激烈的争吵。霍夫曼斯塔尔感到无聊，便翻箱倒柜地在凯斯勒的行李中寻找读物。当意识到这一点时，高贵的凯斯勒对这种没有绅士风度的闯入感到震惊（或许，他还担心霍夫曼斯塔尔可能瞥见了一些亲密的照片或其他罪证确凿的纪念品），严厉地责备了他的奥地利同伴，将后者弄得泪流满面。尽管凯斯勒并不是公开的反犹主义者[1]，但他偶尔也会流露出一些上层社会保守教养所产生的偏见——不过值得注意的是，两人都出身于资产阶级家庭，因为财富而被赋予了尊贵的身份。

与两位文质彬彬、缺乏活力的同伴相比，马约尔在身体和精神上都显得更加坚韧，他似乎是唯一一个在菲迪亚斯[2]的土地上经历了长达一个月的艰难跋涉并从中持久受益的人。置身于如此众多的古典雕塑之中，他确信自己已经深深地触碰了早期古典主义的本源，而这是参观卢浮宫和大英博物馆永远无法比拟的。在他看来，希腊是比其诞生地加泰罗尼亚更加伟大、更具异国情调的版本。如果需要更多证据表明，他本人追求丰满、圆熟的形体，不具备罗丹式自然主义的细节及表现手法，符合西方雕塑之伟大传统，那么他在融入希腊景观中的杰作里则找到了答案。此次希腊之行让马约尔完成了作为雕塑家的学业。从此，他能够自信地面对未来，因为他已经完成了对于自己艺术之伟大原始资料的研习。

1　霍夫曼斯塔尔出生在维也纳一个犹太民族银行经理家庭。

2　菲迪亚斯（Phidias，公元前480—公元前430），古希腊最著名的雕塑家之一，被认为是雕塑艺术的奠基人之一。

霍夫曼斯塔尔的提前离开，对他们所有人来说，都是一个巨大的解脱。凯斯勒一直勇敢地试图在所有情况下都维持自己理想中的绅士风度，但即便是他那严于律己、上唇僵硬、彬彬有礼的外表，在他们逗留的最后时刻也开始出现了严重的瓦解。在那不勒斯与马约尔分手后，凯斯勒的健康状况立即恶化，不仅患上了风湿病，还陷入了一场令人反感的相互指责之中。与马约尔一起旅行和交谈原本是愉快的（凯斯勒在日记中如是说），他那如诗如画的谈吐也很有趣，但最终与其交谈却变得几乎不可能了——因为他总是先陈述自己的观点，然后用一句平淡的“我就是这么看问题的”来驳斥他人。马约尔的餐桌礼仪，例如用手指吃饭、将鱼骨直接吐入地毯等也让人无法忍受。最令人恼火的是，他像农民一样乐于让别人支付一切费用，甚至是车费、小费和门票。伯爵叹了口气（又一次陷入了疲惫不堪的贵族偏见），认为这简直就是一种“门不当户不对的婚姻”：马约尔是如此不可改变地属于另一个社会阶层。

然而，这样的疑虑并未持续太久，一旦那次在异乡旅行的不愉快经历被抛诸脑后，凯斯勒便又一次踏上了通往马约尔工作室的虔诚之路。在这位伯爵的众多计划中，创办一家伟大的私人出版社的想法最让他着迷，但也最让他崩溃。凯斯勒从一种艺术创作转向另一种艺术创作（举个灾难性的例子，他曾考虑与他人共同创作《玫瑰骑士》[1]的剧本，但被霍夫曼斯塔尔打消了念头），最终他找到了自己真正的使命——成为一名要求苛刻而又嗅觉灵敏的出版商。毫无疑问，他最让人们难忘的也是几本制作精美的书籍。其中之一就是维吉尔的《牧歌》，历经多年的艰辛努力，凯斯勒终于完成了这一版本，其中的字体由英国排字工人埃里克·吉尔切割，一系列精美的木刻则由马约尔亲自绘制（部分由于马约尔对所有装饰艺术都非常熟悉）。在马约尔漫长的职业生涯中，他曾为各种各样的书籍绘制过插画，从《达夫尼斯与克洛伊》和《农耕诗》到比利时象征主义诗人埃米勒·维尔哈伦的作品。但众所周知，他为《牧歌》创作的木刻才是他在这一领域最为出色的作品。这些木刻创作始于1912年，然而由于战争和无数其他干扰，直到1926年才得以出版。事实证明，马约尔本人制作这些精美插画的速度很慢（凭借非凡的专注精神，他似乎避免了任何会使他偏离其作为崇高女性形象雕塑家这一核心使命的事情），以至于凯斯勒承认，无论是在马尔利还是在巴纽尔斯，他都不得不去“站在马约尔身边”（可能是在现金支付的诱惑下），才能让他最终完成这些作品。

1　奥地利作曲家理查·施特劳斯（Richard Strauss）的一部三幕歌剧，创作于1911年，剧本由理查·施特劳斯的主要合作伙伴之一霍夫曼斯塔尔撰写，歌剧于1912年1月26日在德国德累斯顿首演，获得了巨大的成功。

从希腊归来后，两位中年男子开启了一项新的冒险：为藏书出版制造一种特殊的纸张。当凯斯勒抱怨他找不到足够优质的破布纸来制作豪华版本时，他激起了马约尔对材料天然的兴趣。这位曾研究过编织技术和烧制过程的雕塑家重新焕发了活力："要想制造出好的纸张，首先必须找到高质量的亚麻布，再加入适量的大麻纤维，然后对它们进行'咀嚼'[1]……"在马约尔的侄子加斯帕德的帮助下，著名的蒙瓦勒造纸厂在邻近田野的一家小工厂里诞生了。一种将两人名字的首字母缩写"MK"结合在水印上的特殊纸张被证明取得了巨大的成功，它被用于克拉纳赫出版社最为著名的两本图书——《牧歌》和戈登·克雷格绘制的《哈姆雷特》，后来更是成为藏书家圈子里的典范之作。然而，随着1914年战争的爆发，造纸厂的好日子变得屈指可数。马约尔与凯斯勒以及其他德国收藏家的关系突然受到怀疑。马约尔收到了凯斯勒的一封电报，警告鉴于战争迫在眉睫，他应该埋藏自己的雕塑。右翼媒体刊登了一篇题为《他们的艺术家、间谍和秘密》的文章，暗示马约尔是一名德国间谍；这个指控随后被法国极右翼报纸《法兰西行动》的莱昂·都

1　在造纸过程中，"咀嚼"是一个比喻性的说法，用来形容将纤维材料（如亚麻布和大麻纤维）与水混合、搅拌和打浆的过程。通过这种处理，纤维变得柔软并分散在水中，形成纸浆。

德在题为《德国佬的艺术》的文章中被进一步提出。这导致马约尔被官方正式要求证明自己并非间谍。与此同时，他们的小造纸厂也被烧为灰烬，马约尔在事故中差点丧命。

战争结束后，马约尔和凯斯勒直到1922年才得以再次相见，并继续合作，为克拉纳赫出版社出版了《牧歌》等出版物。凯斯勒说，这几年的时间让这位雕塑家变得更加苍老（他在整个战争期间一直为自己作为法国空军飞行员的儿子吕西安深感担忧）。尽管这两位法国人和德国人之间的关系依然非常融洽，但凯斯勒早年作为艺术品收藏家和委托人的热情似乎已经减退。战后的岁月对他的健康和财富都造成了影响。当马约尔的声誉日益增长，拥有官方委约，并在杜乐丽花园创作纪念性雕塑，以及在纽约举办展览时，凯斯勒的前景却开始暗淡。在德国的生活变得越来越充满政治色彩，甚至充满危险——凯斯勒注意到左翼政治家被暗杀的事件变得越来越频繁。长期以来，凯斯勒一直对纳粹持明确的反对态度。在希特勒掌权的那一刻，自己的生命显然处于危险之中，他不得不逃离了德国，将房产和价值连城的收藏纷纷秘密拍卖。忧心忡忡的伯爵从巴黎逃到马略卡岛，最后搬到了里昂和马孔之间的一间寄宿公寓，并于1937年在那里病逝。在这最后一段日子里，尽管资产已经消失殆尽，但凯斯勒对于新项目的激情却从未发生过消减。

而我们的另一位主人公马约尔还将再活七年。他在接下来的七年里再次被卷入战争，并再次面临与德国合作的指控。直到1944年，在去拜访拉劳尔·杜飞[1]的途中遭遇致命车祸，马约尔的生活——与他作品中那种坚实的和谐形成鲜明对比——一直充满着事故和危险。马约尔深知凯斯勒在自己最需要的时候为他的艺术家生涯提供了无法估量的重要推动。因此，他利用这种支持，帮助自己朝着在雕塑中颂扬女性形体的目标坚定迈进——这一追求日渐得到了充分的实现，毫不费力地超越了白教堂拳击赛和希腊艺术中对于男性体格的理想化呈现。值得称道的是，凯斯勒其实早就意识到了马约尔的狡黠和本性难移，于是坚定地致力于自己的事业，不能被其他目标所转移。尽管对于马约尔的举止有些傲慢的保留意见，但凯斯勒对雕塑家成就的钦佩和支持从未因此减少。事实上，与马约尔的友谊是这位多才多艺、复杂、冷漠的德国伯爵所拥有的为数不多的、富有成果的持久关系之一。两人的结合可以被视为一种独特的、引人入胜的、不断变化的人类对立面的纠葛。

1 劳尔·杜飞（Raoul Dufy，1877—1953），法国画家、设计师，20世纪初法国装饰艺术运动的代表人物之一。

❶ 到目前为止，凯斯勒的日记中只有一部分是以英文出版的，但全部日记的德文出版项目已接近尾声。在撰写本文的过程中，有两个资料来源特别有帮助：莱尔德·M. 伊斯顿的传记《红色伯爵：哈里·凯斯勒的生平与时代》（伯克利、洛杉矶和伦敦：加利福尼亚大学出版社，2002年）；以及詹姆斯·芬顿的论文《马约尔的秘密》，该文首次发表于《纽约书评》，并收录在他的文集《莱昂纳多的侄子：关于艺术和艺术家的论文》（伦敦：维京出版社，1998 年）中。我还要感谢巴黎马约尔基金会的娜塔莉·乌兹和已故的贝特朗·洛金，感谢他们如此慷慨地提供了各类信息和档案。

❷ 1972年8月31日，奥登在《纽约书评》上发表了对凯斯勒的致敬，题为《我们时代的圣西蒙》。

❸ 凯斯勒，日记，1904年8月21日。

❹ 无论背景如何不同，我们都能想到英雄主义的类似例

子。贝克特在吸收并摆脱乔伊斯的影响后，才能成为自己的作家，这一过程非常激进，他最终放弃了用英语写作，在余下的职业生涯中直接用法语写作。然而，马约尔成为马约尔的过程却要容易得多。

❺ 在巴纽尔斯拜访过马约尔后，印象深刻的凯斯勒确信这位雕塑家与古希腊有着自然的亲近，他在日记中提到了这一点："男人们捕鱼，或者在春天和秋天于葡萄园里劳作。妇女们像娜乌西卡[1]一样，在山间小溪里洗着衣服，就在小溪流入海浪之前。年长的监护人，黝黑、肃穆的女人，穿着黑袍，戴着黑纱，像女祭司一样游荡。傍晚时分，女孩们站在井边，宽阔的肩膀上扛着罐子……如果奥德修斯在这里登陆，他一定会认出与自己家相同的房子：这就是马约尔的家。"

原载于马约尔展览画册，加泰罗尼亚储蓄基金会，巴塞罗那，2010年。

---

1 在《奥德赛》中，娜乌西卡是奥德修斯在归途中到达的一个岛屿的公主。在她的帮助下，奥德修斯得以在险恶的归途中获得喘息和援助。这个名字来源于希腊语词"ναύς"(naus)，意为"船"，以及"καλός"(kalos)，意为"美丽的"。

3

The Darker Side of Pierre Bonnard

皮耶·勃纳尔的阴暗面

皮耶·勃纳尔，法国勒卡内，1944 年，亨利·卡蒂埃-布列松　摄

这篇文章以及接下来关于奥伯利·比亚兹莱(Aubrey Beardsley)的短文，都是为法国巴黎杂志《真实》所撰。从1966年至1968年，我为该杂志社服务，并最终负责英文版大部分艺术和文学内容的发表。能够自由选择感兴趣的主题，并以自己的风格写作，让我感到无比幸运。勃纳尔的作品吸引我，部分原因是他的画作清晰地定义了一种法国生活方式，而我当时正在急于适应一个新的国家和它的文化。他的每幅画作都如同家庭相册中精心保存的一页，记录着生活的点点滴滴。在法国乡村度假时，我曾置身于勃纳尔画中那些朴素而和谐的室内场景：摆放着陶瓷果盘的餐桌，铺着红白格子桌布的桌面；在那些树木下，我品尝过色彩斑斓的利口酒，也曾在他的花园里探索过那些神秘而郁郁葱葱的角落。更重要的是，我欣赏这位艺术家对于生活的细腻记录，那些私密而亲切的场景构筑起了一个完整的艺术世界。继而，当我深入探索勃纳尔作品中那不易察觉的阴暗面时，我感到他仿佛更加真切地成为我的一部分。

勃纳尔离世已有二十年之久，他所营造的那个温馨世界在今天看来开始显得过于安逸，与现实世界的真实感渐行渐远。他的画作向人们展示了一个充满布尔乔亚魅力的岛屿，而这个世界已经见识了太多的现代艺术，很难相信这样的地方曾经真实存在过。如今，对于勃纳尔作品的欣赏往往是出于对19世纪末那份安全感的缅怀。然而，由于勃纳尔作品的深度远超许多当代粉丝的想象，这种单方面的怀旧情感往往会导致对其画作真实性的误解。

勃纳尔的家庭背景和对父母的尊敬使他摆脱了“社会创伤艺术家”[1]这一形象。勃纳尔的父亲曾担任陆军部办公室主任，因此身为儿子的勃纳尔在经历了一段宁静的古典教育之后，顺从地开始了自己的法律学习。然而，巴黎的诱惑却超越了刑法课程，这使得皮耶·勃纳尔渐渐走上了偏离的道路。在写给祖母的信中，他透露了在拥挤的地铁里进行素描的乐趣，之后便开始秘密地在朱利安学院进修美术课程，并将这种乐趣转化为日常生活的一部分。

这一转变让他接触到了爱德华·维亚尔[2]、莫里斯·丹尼斯[3]和保罗·塞鲁西耶[4]。刚刚游览过高更布列

---

1 用来描述那些因社会压力、期望或批评而感到沮丧、疏离或无法充分发挥其创造力的艺术家。社会对艺术家的期望和压力，以及艺术家对自己作品的满意度，可能导致他们在创作过程中感到挫败和迷失。

2 爱德华·维亚尔（Édouard Vuillard，1868—1940），法国画家、装饰艺术家和图形艺术家。

3 莫里斯·丹尼斯（Maurice Denis，1870—1943），法国象征主义画家、作家，纳比派成员。

4 保罗·塞鲁西耶（Paul Sérusier，1864—1927），法国画家，象征主义画派先驱之一，纳比派创始人之一。

塔尼客厅的塞鲁西耶，此时正在附近的一家咖啡馆传播着大师的教诲：年轻画家们被要求简化形式和比例，用明亮纯净的色彩填充画面。然而，一个可能更具影响力的事件即将进入勃纳尔的生活。1891年，一位兰斯葡萄酒商为他设计的某香槟品牌石版画支付了100法郎的稿酬。得知这一消息后，勃纳尔的父亲在巴黎郊区的家中花园里欢快地跳起了舞蹈，并为自己的儿子提供了无条件的支持。

从克利希街——那间他与塞鲁西耶和丹尼斯共用的工作室——到朱利安学院的道路上，勃纳尔成了一名“纳比”（希伯来语，意为“先知”）；面对纳比派[1]所倡导的“崇高计划”，他曾对职业生涯的常规设想全部淡化消失。纳比派由塞鲁西耶召集并命名，而丹尼斯则阐释了他们的艺术理念。他们坚信：“每一股情感，每一缕人类的思想，都存在着一种对应的可塑之美，一种装饰性的等价物。”用富有预言性的语言，纳比们被提醒：“铭记，一幅画作在成为一

---

1 19世纪末20世纪初的一个法国艺术流派，成立于1891年，主要成员是巴黎朱利安美术学院的学生。主要代表人物包括皮耶·勃纳尔、爱德华·维亚尔和莫里斯·丹尼斯等。他们的作品通常以家庭生活、室内场景等小题材为主，打破三维空间的视觉幻象，重视平面结构上的意趣。纳比派在艺术上的突破为现代美术的发展奠定了基础，起到了承前启后的作用。尽管存在时间较短，但影响却延续至今。

匹马、一个裸体或一段逸事之前，其本质不过是一块覆盖着有序色彩的平面。”然而，这场运动并不像它的教条听起来那般严格：每位纳比其实都踏上了独属于自己的艺术征程。

勃纳尔本人被戏称为“非常日本化的纳比”。他对日本版画的浓厚兴趣使得他早期作品的平面效果达到了近乎透视的效果，同时，装饰性的线条巧妙地点缀其中，为其增添了独特的艺术魅力。在这些作品中，渗透着一种他在给祖母的信中提及的艺术乐趣，这种乐趣在东方艺术影响逐渐减弱的很长一段时间里，一直是他作品的独特印记。因为，在看似安静、以东方艺术为导向的纳比风格背后，勃纳尔实际上在探索着自我。19世纪90年代，巴黎最具独创性和开放性的杂志《白色杂志》为勃纳尔的装饰性创作提供了展示才华的平台。在刊登普鲁斯特、马拉美[1]和当时最伟大的揭秘者阿尔弗雷德·雅里[2]的作品之余，该杂志还不遗余力地刊登了勃纳尔的插画，甚至偶尔还有他的封面作品。在题材上，这些大胆的版画始终没有远离资产阶级

---

1 斯特凡·马拉美（Stéphane Mallarmé，1842—1898），法国诗人、文学评论家，象征主义诗歌运动的代表人物之一。

2 阿尔弗雷德·雅里（Alfred Jarry，1873—1907），法国作家、诗人，超现实主义和荒诞派戏剧的奠基人之一。

生活的传统场景；然而在风格上，它们与亨利·德·图卢兹–劳特累克的作品颇为相似。这两位艺术家（他们也是好朋友）为巴黎描绘了一幅完美的“杰基尔与海德”风格画卷。当劳特累克在妓女身上挥洒荣耀时，勃纳尔确立了自己对于记录普通日常生活亲密时刻的偏好——体面的乐趣终于找到了自己的诗人。

在28岁那年，勃纳尔遇到了玛尔特，这位女性最终成为他近五十年的人生伴侣（他们在相识三十年后结婚）。与玛尔特共度的岁月，让勃纳尔得以深入探索并纪念日常生活中家庭仪式的价值。在家中，他进行了一次显微镜般的细致观察。对他而言，浴室呈现出了一种别样的存在感，午餐的餐桌变成了一片丰饶的景象。在这个狭小却充满无限情感的家庭世界里，没有什么能逃过他的观察，他学会了如何让家的每一个角落都焕发出光芒，而其他画家通常只将这种辉煌保留给神明。西涅克对他的这种天赋赞叹不已：“他理解、热爱并表达出他所看到的一切：甜点蛋糕、他那只小狗的双眼、透过百叶窗的一缕阳光、他浴缸里的海绵。”在勃纳尔的画作中，那些显而易见的事物都会被重新审视，呈现出新的意义。

凭借将平凡事物变为不凡的魔力，勃纳尔作品的题材选择几乎已成为次要考量。然而，就像雷诺阿[1]一样，勃纳尔最偏爱的描绘对象是女人在洗澡后擦拭身体时的那份尴尬与优雅。他的妻子有着严谨的个人卫生习惯，这为他提供了无尽的回忆素材。他巧妙地将这些生活中的回忆融入他后期的肖像画中，使作品充满了生活的温馨与情感。在勃纳尔的众多作品中，没有其他作品能像这些画作一样，在题材上展现出如此生动且多样的变化。

勃纳尔坚信,“美，寓于万物”，他为此倾注一生，努力发挥自己的天赋，使这一信念变为现实。他的名字已成为欢乐和温柔的象征，仿佛他的绘画领域中未曾有过其他情感的涉足。虽然勃纳尔并未追求过“震撼人心之美”，但若说他未曾触及生活的阴暗面，那就是对他的一种误解。因为没有人能在未经历生活阴影的情况下，描绘出如此明显的幸福。他的侄子克劳德·特拉斯曾说：“他只想画幸福的事物。在他的笔下，人们找不到悲伤，也找不到痛苦。”然而，事实上，勃纳尔的一些作品却充满了痛苦。

在这些光彩照人的表面下，有许多作品都蕴含着令人

1　皮埃尔–奥古斯特·雷诺阿（Pierre–Auguste Renoir，1841—1919），法国著名画家，印象派代表人物之一。

惊讶的苦涩——它们鲜艳的色彩则如同强颜欢笑。这位中产阶级的幸福诗人记录下了蒙克式的焦虑不安，让人感到震惊——尽管不是失望。时不时地，绝望给他的调色板上染了一层阴影。而那些自画像，则远非预期的平静自足，而是对一种从未被解释的痛苦的回响。

尽管这些偶尔的例子透露了一些信息，但在勃纳尔的艺术创作中，它们扮演的只是辅助性的角色。他的目标是让每个人都能与他的作品产生共鸣，他甚至一度声称，在作画时他会考虑到水管工人的感受。然而，即便谦虚抑制了自省，他对追求完美技术的决心仍旧坚定不移。在其艺术不断演变和发展的旅程中，勃纳尔展现了一种激励人心的坚韧不拔。他不断地重新诠释自己的主题，并总是准备为它们增添一点小小的新意。有一次，在卢森堡博物馆，他甚至让朋友维亚尔吸引警卫的注意力，随后拿出颜料，迅速地润饰了一幅已在博物馆墙上悬挂多年的画作。

野兽派、达达主义、立体主义和超现实主义等艺术运动横扫了整个世纪，但似乎对勃纳尔的影响微乎其微。他在形式上的扭曲，无论是无意的还是轻微的，都保持了一种有趣的造型。勃纳尔曾解释说，他笔下有两只右脚的裸体便保持着这样的状态："它构成了一个有趣的造型。"然而，在生命的最后岁月里，勃纳尔却以一种低调的方式总结了自己在支离破碎的具象之外的艺术发展。就在1947年去世前一周，他完成了《盛开的杏树》的最后润饰。他曾说过，画家应该用一生来学习，然后用另一生来绘画。从他最后一幅画的爆炸性色彩及其经过戏剧性简化的结构来看，勃纳尔可能已经在他自己的游戏中实现了对抽象派艺术家的超越。

原载于《真实》，巴黎，1967年4月。

4

Aubrey Beardsley's Brief Brilliance

奥伯利·比亚兹莱的短暂辉煌

奥伯利 · 比亚兹莱, 约 1890 年, 弗雷德里克 · 霍利尔　摄

奥伯利·比亚兹莱早熟的才华深深地震撼了我，他那些精心制作的、令人惊异的图像让我乐在其中，就像学校里的男孩沉迷于恶作剧一样。因此，当我在1966年为巴黎《真实》杂志的英文版撰写这篇文章时，我感到非常高兴能够更深入地了解他的背景和成就，他不仅是一名插画家，还是一名作家。受法国文化的深远影响，在介绍这位年轻的英国天才时，我感到一种明显的愉悦。他才华横溢、优雅、叛逆，几乎可以说是……非常法国的。当时，我自己的年龄与比亚兹莱相仿，因此忍不住在他的肖像中注入了一些我当时所理解的颓废的诱惑。

奥伯利·比亚兹莱的整个人生都洋溢着年轻人特有的紧迫感，仿佛他早已预知了自己将英年早逝的命运。他的抱负迅速而明确：不仅要创作出心中所想象的作品，而且要在离世前赢得名声。在比亚兹莱活跃的那个时代，英国社会也为追求这两个目标提供了完美的环境。当时的社会高层沉浸在维多利亚时代秩序与繁荣的幻想之中，这与比亚兹莱的人生观大相径庭。对他们而言，幻想被视为一种浪费，应当隐藏在地下的暗流之中（这种做法在无声中激起了对体面的尊重），或者至少不为人所知。由于比亚兹莱的画作源自那种让社会颤抖的罪恶幻想——在这种幻想中，罪恶成了一种比美德更有趣的替代品——因此他的作品立刻招来了恶名，同时也为画家带来了一些真实的名声。到了21岁，奥伯利·比亚兹莱已经将维多利亚时代的禁忌转化为一种奇特的新美感。

当然，早熟是他最大的天赋之一。1872年，奥伯利·比亚兹莱出生在布赖顿，年幼时便以其高超的钢琴技艺为家人和朋友带来了无数欢乐。他的母亲埃伦——一位当地的美人，因她苗条的身材而被称为"无臀的皮特"——为比亚兹莱的童年带来了温柔而深远的影响；而且，除了他自己，比亚兹莱可能从未如此深爱过另一个人。在学校里，他很幸运地结识了一位鼓励其文学和艺术爱好的舍监，因此当离开学校时，比亚兹莱对自己的能力已经有了坚定的信心。

此后，比亚兹莱曾在一家建筑师事务所短暂任职。建筑师事务所的训练成了影响其绘画风格形成的唯一因素，使他后来的许多绘画作品都具有建筑设计那冷峻的空间精度。他所受的其他影响——希腊花瓶、日本画轴、拉斐尔前派[1]——在当时非常流行，但却并没有那么持久。不过在一开始，比亚兹莱确实从4世纪的绘画大师们，尤其是曼特尼亚[2]、波提切利[3]和波拉约洛[4]那里吸收了许多东西。

在15世纪艺术盛行的时期，比亚兹莱年仅20岁，伦敦出版商登特就曾委托他为托马斯·马洛礼[5]的《亚瑟王之死》绘制过插画。比亚兹莱运用卓越的绘画技艺，舒缓了他对马洛礼文风的不耐烦。这些图画往往显得挑剔和夸张，但就线条的独创性而言，几乎无人能出其右。每一幅作品都成了比亚兹莱展示自己非凡才华的媒介：他用线条绘制出了纸张所能够承载的最为丰富的装饰性幻想。

---

1 19世纪中期英国艺术运动和艺术家团体。1848年，由但丁·罗塞蒂（Dante Rossetti）、威廉·亨特（William Hunt）和约翰·米莱斯（John Millais）发起。该团体不满僵化的学院艺术，反对以拉斐尔为代表的文艺复兴艺术家开创的各种法则，提倡到文艺复兴之前的“原始画家”的作品中寻找灵感，对唯美主义、英国工艺美术运动和新艺术运动等都造成了影响。

2 安德烈亚·曼特尼亚（Andrea Mantegna，1431—1506），意大利文艺复兴时期著名画家、雕塑家。

3 波提切利（Botticelli，1445—1510），意大利文艺复兴时期著名画家。

4 安东尼奥·波拉约洛（Antonio Pollaiuolo，1431—1498），文艺复兴时期意大利佛罗伦萨画派著名写实主义画家、铸铜雕塑家。

5 托马斯·马洛礼（Thomas Malory，约1415—约1475），英国作家。

很快，他的创作重点发生了转移。1893年，比亚兹莱接到了一项帮助他找到真正风格的委托——受邀为奥斯卡·王尔德[1]的戏剧《莎乐美》创作插画，结果与大家所期待的大相径庭。王尔德（他曾形容比亚兹莱“长着一张银色斧头般的脸，一头草绿色的头发”）最初对这位年轻艺术家对他作品的自由诠释感到恼火，认为插画有失剧中人物的本真。然而很快，这个版本的成功，就使两个人走到了一起。

在《亚瑟王之死》与《莎乐美》的插画之间，比亚兹莱从根本上精简了他的绘画风格，剔除了那些繁复而非必要的细节——宛如拂去了眼前的蛛网。自那时起，简洁而精练的手法成为他作品中最令人印象深刻的特色：他后来的画作因巧妙地省略某些细节而显得尤为出色。例如,《黑披风》便是比亚兹莱简化风格的早期典范，尽管在本质上显得有些轻浮，但其设计却大胆到了令人惊叹的程度。这件披风本身就是对时代风尚的一种野性模仿，旋转至让人难以辨识，但小巧的白色玫瑰和星星却让它摆脱了面

1　奥斯卡·王尔德（Oscar Wilde，1854—1900），19世纪英国（原属爱尔兰，但当时由英国统治）作家，唯美主义代表人物。

积过大和不真实的尴尬，从而显得别具一格。

1893年秋季对比亚兹莱而言是一个异常丰收的季节。除了《莎乐美》的插画和日益增加的《亚瑟王之死》的装饰任务，他还接受了书籍封面、扉页和海报的设计工作。无论面对何种项目，比亚兹莱在风格上都坚持着自我——即便是描绘米奇姆的女性高尔夫球手时也没有例外（其记分卡上描绘了几位优雅的亚马逊女战士，她们并没有表现出对户外运动明显的喜好）。由于比亚兹莱的多才多艺，出版商约翰·莱恩邀请他担任一份新的文学季刊——《黄皮书》的艺术编辑。比亚兹莱接受了这份邀请，并在1894年春天，见证了《黄皮书》的创刊。

在19世纪90年代的伦敦,《黄皮书》悄然成了一切新奇事物的象征。不过，这本季刊之所以被称作颓废时期的见证，并非因其内容，而是由于一系列意外事件。例如，在王尔德受审时，法庭注意到他胳膊下夹着一本《黄皮书》。因此，尽管季刊的大部分撰稿人——如亨利·詹姆斯（Henry James）、阿瑟·沃（Arthur Waugh）、阿诺德·本尼特（Arnold Bennett）——从未发表过任何即使是微不足道的不道德的作品，但关于季刊的堕落传言依然流传开来。然而，这位美术编辑仍然留下了自己的印记，只须瞥一眼比亚兹莱设计的封面，公众便足以相信这本评论内容的堕落。

这种隐喻性的“黄色”之所以能够留存下来，很大程度上源于比亚兹莱那些令人不安的插画。根据理查德·勒·加利安[1]的说法，出版商在与比亚兹莱合作的日子里感到颇为紧张，因为他总是试图在封面中加入一些若不仔细观察则难以察觉的、微妙的不雅元素。这使得莱恩不得不经常使用显微镜检查封面，并且在冒险出版前，将封面提交给由他朋友们组成的评审团进行再次审查。然而，莱恩的努力似乎永远无法消除比亚兹莱对腐败的敏锐洞察。无论什么主题，比亚兹莱的作品都能预示出恶魔或堕落。除了比亚兹莱，还有谁能将灰姑娘描绘得像是追求极乐世界的麦克白夫人一般呢？

与此同时，比亚兹莱还开始了一项同样令人好奇的新计划。长期以来，他一直怀揣着文学的梦想，早在学生时期就曾计划撰写一部关于西班牙无敌舰队的史书，之后又打算创作一本关于卢梭的专著和

1 理查德·勒·加利安（Richard Le Gallienne，1866—1947），英国诗人、作家和演员，《黄皮书》杂志最重要的文学评论家之一，“世纪末”作家群的成员。

一篇关于《危险关系》的分析文章。这些构想虽未成真，却让位给了一部未竟的异国情调浓郁的浪漫小说《山丘之下》。这部作品是19世纪末颓废主义的代表作，因此一直鲜为人知。比亚兹莱在1894年至1896年间断断续续地完成了这部小说的创作，而其中大部分篇章是在成为许多伦敦新兴艺术家之隐秘乐园的法国迪耶普赌场里完成的。

如同他的画作一样，比亚兹莱的散文同样展现出创造的火花和一种冷峭的幽默，但它们缺少了画作的内在连贯性。在《山丘之下》这部作品中，句子被精心设计成精美的单元，足以自成一体，却常常以一种不和谐的方式组合成段落。因此，尽管他的文字运用不如他的画笔那样游刃有余，故事中的描述性段落依旧令人印象深刻，为我们提供了一扇了解这位年轻艺术家创作的宝贵窗口。

1904年，当这段文字以删减版的形式出版时，连比亚兹莱的一些忠实崇拜者都对它反应冷淡。其中一位名叫霍尔德·麦克法尔的人将其斥为“费力不讨好的文学猥亵……一心只想以一种媚俗的方式满足每种欲望，为最卑鄙下流的放荡之行披上一件华丽的外衣”。在这个故事中——对维纳斯和唐豪瑟[1]传说的讽刺——维纳斯和她的宫廷为高贵的访客唐豪瑟准备了晚餐。比亚兹莱以研究和绘制服装为乐，在下面的段落中，他的愉悦几乎无法与他的创作相比：

至于其余的演员，他们的服装和发型都十分引人注目，整张桌子上都是令人愉悦的装饰。有斑点面纱，似乎皮肤上沾染了某种精致而庄严的疾病；有几把扇子，上面有几条缝，透过这些缝隙，持扇者可以从扇子里向外窥视和打量；扇子上画着人物，写着斯波里翁[2]的十四行诗和有关斯卡拉穆什[3]的短篇故事；有些又大又活的蝴蝶粘在银制手柄上。还有绿色天鹅绒面具，让人的脸看起来像涂了三层粉底；鸟头、猿头、蛇头、海豚头、男女头、小胚胎和猫头的面具；还有神祇

1 一位德国传说中的骑士，也是瓦格纳歌剧《唐豪瑟》的主角。他的名字来源于13 世纪德国诗人沃尔夫冈·冯·埃申巴赫（Wolfram von Eschenbach）的诗歌《唐豪瑟之歌》以及 16 世纪德国文艺复兴时期的画家卢卡斯·克拉纳赫（Lucas Cranach）的绘画作品《唐豪瑟的盛宴》。

2 公元前 6 世纪古希腊抒情诗人，以创作颂扬爱情和生活的诗歌而闻名。

3 一位源自意大利文艺复兴时期的戏剧角色，通常在即兴喜剧中出现。斯卡拉穆什是一个狡猾、机智、活泼的仆人形象，该名字可能源于意大利语单词“scaramazzo”，意为“吓唬”或“惊吓”。在许多剧本中，斯卡拉穆什经常为其主人出谋划策，帮助他们解决问题，同时带来欢笑和幽默。

般的面具；以及彩色玻璃面具、薄滑石膏面具和印度橡胶面具。有黑色和猩红色羊毛假发、孔雀羽毛、金线和银线、天鹅的羽绒、藤蔓的卷须和人发做成的假发；硬薄纱做成的巨大衣领高高耸过头顶；整个覆盖着鸵鸟羽毛的连衣裙；豹皮外衣配在粉红色紧身衣外面，看起来非常漂亮；深红色缎子的披肩，镶着猫头鹰的翅膀；袖子剪裁成传说中动物的形状；荷叶边装饰的裤子，饰有精致的小红玫瑰；长筒袜上有华丽的钟形图案和奇特设计；衬裙剪裁像人造花的样子。一些妇女留着迷人的小胡子，染成紫色和鲜艳的绿色，扭曲和涂蜡的技能绝对精湛；一些妇女则戴着大白的胡须，仿照圣维尔格福特[1]的模样。

比亚兹莱对提炼人类感观的渴求在这段描述中被表现得淋漓尽致。这种表达与当时整个欧洲的紧张和绝望情绪不谋而合：生活的繁华本身已无法满足艺术家们深层的渴望。尽管在修辞手法上有所差

1　一位传说中的基督教圣人，德国贵族女性，生活在公元7世纪。

异，但比亚兹莱的渴望与查尔斯·波德莱尔[1]的诉求有着惊人的相似之处。

在王尔德审判后的恐慌中，比亚兹莱被《黄皮书》解雇。虽然他与这位“跌落的偶像”的关系并不亲密，但他仍被杂志认为是一个危险的雇员。然而，阿瑟·西蒙斯[2]随后便向他发出了协助创办旨在取代《黄皮书》的杂志《萨沃伊》[3]的邀请；另一家出版商则委托他为阿里斯托芬[4]和朱文纳尔[5]的新版图书绘制插画。由于比亚兹莱为阿里斯托芬所作画作的不堪入目程度达到了令人震惊的程度，因此它们一直仅在私人发行的版本中出现。令人好奇的是，曾经作为比亚兹莱创作力源泉的色情主义在他生命的最后阶段却成了艺术家的悔恨之源。在临终之际，他恳请

1 查尔斯·波德莱尔（Charles Baudelaire，1821—1867），法国诗人、作家、文学评论家，以其独特的审美观念和对现代都市生活的敏锐观察而著称，作品充满了对生活、爱情、死亡和罪恶的深刻思考，被认为是现代诗歌的奠基人之一。

2 阿瑟·西蒙斯（Arthur Symons，1865—1945）是一位英国诗人、评论家和翻译家。

3 英国文学杂志，于1886年创刊，由阿瑟·西蒙斯与莱昂纳德·史密斯（Leonard Smithers）共同编辑。该杂志在19世纪末和20世纪初的英国文学和艺术界具有很高的地位，被誉为“世纪末艺术”的代表之一。

4 阿里斯托芬（Aristophanes，约公元前446年—公元前388年），古希腊著名喜剧作家，被誉为“喜剧之父”。

5 朱文纳尔（Juvenal，公元1—2世纪），罗马帝国时代讽刺诗人。

在床榻上的出版商“以所有神圣之名”，销毁他“所有不堪入目的插画”。

1896年春末，比亚兹莱长期受到结核病阴影笼罩的健康状况突然迅速恶化。但在次年的春天受洗加入罗马天主教会后，比亚兹莱的情况在短时间内奇迹般地得到了改善。他再次访问了迪耶普，随后前往巴黎，但寒冷的气候最终还是将他驱赶到了芒通。正是在那里，在他母亲专门为他准备的房间中，他告别了人世，年仅25岁。

比亚兹莱的一生，如同他最杰出的画作——短暂而出人意料。即使在其最为傲慢的时刻，他也无法预见自己死后会产生如此深远的影响。对于他周围的人来说，他的艺术是那个时代对于新形式之渴望的最令人满意的表达。他的绘画代表了一种拒绝认真对待美以外的任何事物的绝对态度。尽管他所选择的美的领域很是狭窄，但他却将其展现得淋漓尽致；尽管他的作品无法迎合所有人的口味，但即使是那些被他的作品冒犯的人，也会认识到艺术家奇特的完整性。因为他的成就中存有一个不可否认的事实：在达到他的视觉极限的同时，他在视觉上实现了完美……这一切仅用了五年时间。

原载于《真实》，巴黎，1966年。

5
Picasso's Trousers

毕加索的裤子

毕加索在戛纳的加州别墅，1957 年，戴着美国演员加里 · 库珀送给他的帽子和枪套，
勒内 · 布里　摄

当在线男士服装商店波特先生邀请我为他们的杂志撰写一篇关于毕加索穿衣风格的文章时，我起初觉得这个话题有些轻浮，似乎不值得深入探讨。然而，当我看到他们发送的毕加索穿着正装或戴着美洲原住民头饰的照片时，我突然意识到这个话题可能比表面上看起来要丰富得多，并逐渐认识到，深入研究艺术家（和我们中的大多数一样）如何通过服装来展现和诠释自己，将是一件非常有趣的事情。

它们是鲜红双色鞋的鲜明块状，还是纵横交错的高尔夫格纹？是出乎意料的正式，还是定制西装的完美收尾，抑或是宽松的四角裤与阿盖尔[1]图案的袜子？在蜕变成夏季休闲裤或缩水成战前活泼的里维埃拉泳装[2]之前，它们曾是燕尾服西裤吗？

它们，涵盖了以上所有，或许还远不止这些。毕加索的着装风格，如同他的绘画风格，频繁变化，且转变得极为彻底。他的穿着，和他的艺术一样，是对本能的忠实体现。每

1 一种源自苏格兰的针织图案，其特点是使用多种颜色交织出几何形状、钻石形状等花纹。该种图案通常用于制作毛衣、围巾、手套等保暖的服饰用品。阿盖尔图案在19世纪末开始流行，并逐渐成为苏格兰的传统纹样之一。

2 一种源自法国里维埃拉地区的泳装风格，在20世纪50年代开始流行，以其时尚、优雅和性感的设计而闻名。

当他的生活或幻想受到触动，他便会换上全新的造型，与他周围的许多艺术家不同——他们在成功来临后往往保持着相对传统的着装。布拉克[1]戴着时髦的白色围巾；马蒂斯在画裸体画时穿着马甲，显得像个慈祥的长者；而康定斯基[2]的着装则像是一位老派的银行家；达利的装扮带有明显的作秀成分，留着小胡子，身穿皮草大衣，手持银色顶头的拐杖。然而，毕加索的每一次装扮，无论是为歌剧而精心修饰，还是为化装舞会所乔装，抑或只是在扮演小丑，他始终保持着自我——或者说，是他众多自我中的一个。

“唯有浅薄之人，才不会以貌取人”，奥斯卡·王尔德有如此名言——愿神保佑他！我期盼着有朝一日能读到一些学识渊博的论文，深入探讨艺术家究竟如何向世界展示自己，以及他们为何以这种方式进行展示。弗朗西斯·培根晚年的着装，宛如一位成功的黑帮老大，一位上流社会的英国阿尔·卡彭[3]——身着紧身、剪裁精致的双排扣西

1 乔治·布拉克（Georges Braque，1882—1963），法国著名画家、雕塑家，立体主义运动创始人之一。

2 瓦西里·康定斯基（Wassily Kandinsky，1866—1944），俄罗斯画家、艺术理论家，抽象艺术的奠基人之一。

3 阿尔·卡彭（Al Capone，1899—1947），美国黑帮头目，曾经统治芝加哥黑手党，被誉为“芝加哥教父”，20世纪二三十年代美国黑帮界的传奇人物。

装，细微的条纹点缀其上；搭配威胁性十足、同样贴身、带肩章的黑皮大衣。轻浮？我不确定。培根所穿的每一件衣物都蕴含着特定的含义，你甚至可以在他的画作中找到他钟爱的服饰——尤其是那件彩虹色的丝绸衬衫和沙漠靴。阿尔贝托·贾科梅蒂总是身着斜纹软呢外套，系着领带，无论它们被石膏、油漆和泥土覆盖得多么严密。这是轶事？我不这么认为。在蒙帕纳斯的小屋里，贾科梅蒂每天都在挑战公认的视觉观念，努力捕捉他能发现的所有正常碎片或线索。

上一次遇见大卫·霍克尼[1]时，他刚刚从一家位于西区的高级裁缝店走了出来。他亲切地解释说，他们正在为他量身定制一套全新的西装。那一刻，我恍然大悟。霍克尼数十年来一直精心塑造着他的公众形象——那套醒目、一眼就能辨认出的装束：色彩鲜艳的帽子和条纹衬衫，独特的袜子和宽松的西装。这不仅仅是一场精心编排的表演，更是他从一个波普艺术偶像成长为一位文化巨匠的见证。

人们常说，风格即人。那么，作为20世纪的艺术大

1　大卫·霍克尼（David Hockney，1937— ），英国画家、舞台设计师及摄影师，被认为是20世纪最具影响力的英国艺术家之一，以现代主义风格的作品而著称。

师，毕加索是如何选择展示自我的呢？他是否被某种固定的风格所局限？又或者，在某个时刻，他决定将裤子穿得宽松，将裤缝折叠得笔直如剑（就像他的朋友，诗人让·科克托一样），甚至能将卡芒贝尔奶酪切成两半？并非如此。他是一个充满幻想、变化无常的人。在我刚刚翻阅完他艺术生涯中不同时期的几十张照片后，我可以证明，他几乎从未以同样的装扮出现在镜头前两次。如果你能找出什么例外，那就请尽管去找吧。他早年间在巴黎的装扮，穿着带有手工痕迹的深色工装和驴皮夹克，偶尔戴一顶宽边帽或一条浪漫的拉瓦利埃[1]。后来，他又毫无征兆地出现在笨重的护腿套里，或者奇怪地穿上了从同为立体派的画家乔治·布拉克那里借来的制服。这些还是早期的日子，但是已清楚地表明，毕加索不仅热衷于穿衣，更沉醉于自我装扮。

在这个阶段，毕加索仍在寻求认可。然而，他以其极具挑战性的想象力激怒富人的同时又让他们为之着迷，巧妙地将自己的外表从危险的颠覆者转变为可爱的懒散蜥蜴。工作服和毛衣的踪迹不复存在，取而代之的是完美的

1　一种用于悬挂珠宝的细长链子，通常固定在衣领上，以便将珠宝佩戴在胸前。

西装、领带、帽子、手帕，以及些许马甲、袖口链。这就是所谓的“公爵夫人时期”。当时所有贵族和富人的大门都为他敞开，而他也心知肚明，巧妙地进行自我推销，为自己崭新生活的角色进行装扮。

但是，一旦毕加索证明了自己有能力让自己看起来——无论多少——像那些高价购买他画作的上层社会人士一样，他就会发现，自己已经没有必要再不断取悦他们了。毕竟，他现在已经足够富有，足够有名，如果愿意的话，他可以穿着内衣懒洋洋地坐在自己那辆配有司机的希斯巴诺–苏莎轿车[1]后座上。他曾宣称：“我希望变得足够富有，过上像穷人一样的生活。”对他而言，这意味着自由自在地胡闹、穿着短裤在厨房吃饭、不在乎是否有重要经销

1　曾是西班牙最著名的汽车品牌之一，以其豪华和独特的设计和高性能而闻名。

商和收藏家到访。瞬息之间，他的着装从高顶礼帽变为贝雷帽和渔夫鞋（一种帆布便鞋），从三件套变成了一件都没有（或者几乎没有一套），因为他现在的生活重心要么在工作室，要么在床上或海滩上。

尽管年岁渐长，但毕加索对服饰的玩味与日俱增。在镜头前，他总能找到各种道具来尽情挥洒他的幽默：无论是夸张的巨型假鼻子，还是带有忧伤意味的鹿角帽，或是加里·库珀[1]赠送的北美土著头饰。随着时光流转，毕加索的着装越来越简约，通常仅以地中海式的古铜肤色和泳裤装扮示人。但那时，他已成为全球最负盛名、曝光率最高的艺术家，其独特形象几乎举世闻名，辨识度极高，而选择穿戴什么，已显得不那么重要了。

原载于《日记》，波特先生，伦敦，2012年10月9日。

1　加里·库珀（Gary Cooper，1901—1961），美国著名演员。

6
Joan Miró: A Painter among Poets
胡安·米罗：诗人中的画家

1958 年的胡安 · 米罗，摄影师不详

艺术与文学是我知识生活中最为浓厚的两大兴趣，它们之间的交融与互动对我而言始终具有非凡的吸引力。无论是马奈[1]为埃德加·爱伦·坡[2]绘制的插画，还是毕加索用他激情四溢的红色笔触装点的皮埃尔·勒韦迪[3]的《死者之歌》，抑或是霍克尼对康斯坦丁·卡瓦菲[4]世界的感性唤醒，都让我深感着迷。因此，当我有机会为自己策划的巡回展览撰写关于米罗的文章时，最令我心动的便是这位画家与文学之间紧密至极的联系，特别是他与同时期的几位杰出诗人共同创作的无与伦比的书籍。在他与保罗·艾吕雅共同出版的作品《无所畏惧》等为数不多的几本罕见卷册中，图像与文字达成了一种或许前所未有的紧密关联与和谐共处。

纪念雅克·杜宾（Jacques Dupin，1927—2012）❶

---

1 爱德华·马奈（Édouard Manet，1832—1883），19世纪印象主义奠基人之一，现代主义绘画之父。

2 埃德加·爱伦·坡（Edgar Allan Poe，1809—1849），19世纪美国诗人、小说家和文学评论家，作品风格独特，被誉为侦探小说的鼻祖、科幻小说的先驱之一、恐怖小说大师、象征主义先驱和唯美主义者。

3 皮埃尔·勒韦迪（Pierre Reverdy，1889—1960），法国评论家、剧作家和编辑，超现实主义诗歌的奠基人之一。

4 康斯坦丁·卡瓦菲（Constantine Cavafy，1863—1933），现代希腊诗歌奠基人之一。

在胡安·米罗长达数十年的画家生涯中，他始终强调文学对自己的艺术创作具有举足轻重的影响。米罗坚信，诗歌尤其是激发自己想象力的源泉，甚至超过了其他画家和雕塑家的作品。虽然在这一方面，他与许多热爱阅读并把文学视为主要灵感来源的20世纪艺术家——如毕加索、贾科梅蒂、培根和塔皮埃斯等——并无太大区别；然而，米罗在很大程度上受到诗歌独特魅力的影响，将诗歌视为一种回响和媒介，实践着“图画诗”的理念，并以此拓展新的绘画领域，找到了自己独特的视觉语言。热爱文学的米罗对各种实验性写作和经典作品进行了深入研究，并最终创建了一个庞大的私人图书馆，现已被安置在各个米罗基金会中。他还亲自写诗，为许多画作起了“画诗”或“诗画”的名字——正如我们在本次展览中看到的那样，并且创作了本身就像俳句一样的诗歌标题。由于这些耐人寻味的挑剔完美地诠释了米罗的文字和绘画幻想是如何紧密地交织在一起，我在这里很想一一引用，以下就是其中的三个例子：鸟翼上落下的一滴露水唤醒了沉睡在蜘蛛网阴影下的罗莎莉；被蜗牛磷光足迹引导的夜行人；粉色黄昏轻柔地抚摸着女人和鸟儿的身体部位。在这种情况下，值得记住的是，米罗坚持认为，“对我而言，标题是一个确切的现实”。

在其艺术生涯的最初阶段，米罗就已经将文学作为突破绘画传统、在画布上创造新语言的理想途径。与此同时，他也对巴塞罗那的封闭氛围感到不满。作为一名加泰罗尼亚人，米罗从小就开始阅读使用自己语言的伟大诗人❷——既有古代的❸，也有现代的，并早早就意识到语言即是身份的基石——既是个人的，也是政治的。然而，1917年在达尔莫画廊举办的现代法国艺术展以及弗朗西斯·毕卡比亚[1]对纪尧姆·阿波利奈尔(Guillaume Apollinaire)的《画诗》[2]的发现，使米罗走上了诗人画家这一不同寻常的道路——一位视觉想象力最受文字意象激发的艺术家，以至于他后来宣称：“我并不会区分绘画和诗歌。”❹

20世纪20年代初，当米罗第一次移居巴黎时，他发现自己置身于一个以作家为主体的共同体中，这与

1　弗朗西斯·毕卡比亚（Francis Picabia，1879—1953），法国画家、诗人和设计师，与阿尔伯特·勒让德、乔治·布拉克和安德烈·卢梭等人共同被认为是立体主义运动的先驱。

2　由法国诗人阿波利奈尔于20世纪初开创的一种文学形式，通常以短小精悍的诗句呈现，并采用自由诗体，强调语言的音乐性和视觉艺术性。“Calligrammes”一词来源于希腊语，意为“美丽的书写”，其特点是将文字和视觉元素结合起来，形成一种独特的艺术形式。

其说是出于有意，倒不如说是出于偶然；他很快就意识到，与遇到的大多数画家相比，作家们的陪伴以及他们的作品更能激发自己的创作灵感。自那以后，像毕加索那样，米罗主要的朋友就成了诗人，而非画家。他在布洛梅特街43号的隔壁邻居、画家安德烈·马松[1]与他一样，对巴黎开始兴起的文学热潮很感兴趣。❺米罗日后回忆道："马松博学多才，思想深邃。他的朋友圈中汇聚了几乎所有当时的年轻诗人。通过马松，我得以结识了他们；透过他们，我又接触到了关于诗歌的深刻讨论。马松向我引荐的诗人，其魅力远胜于我在巴黎遇到的画家。他们所传递的思想，尤其是他们对诗歌的探讨，让我如痴如醉。我常常整夜沉醉其中，尤其是在阿尔弗雷德·雅里的'超级雄性'[2]传统里。"米罗视阿尔弗雷德·雅里为楷模，并在多幅作品里以夸张而怪异

1　安德烈·马松（André-Masson，1896—1987），法国画家、雕塑家和设计师，与毕加索、布拉克等人共同被认为是立体主义运动的代表人物。

2　英语中"Supermale"之意，源于法国作家阿尔弗雷德·雅里的戏剧《愚比王》，描绘了一个极端的男性形象，具有残酷、暴力、贪婪和无情的特质。在当代用法中，它通常用来形容一个过度男性化、具有侵略性和残酷性的人，强调了男性特质中的暴力和统治欲望，以及对传统男性角色的扭曲和讽刺。

的手法重新诠释了雅里的理念（后来，他将这些作品重塑为对佛朗哥[1]的批判）。除了雅里之外，这位年轻的画家可能还提到了他对兰波[2]、洛特雷阿蒙[3]和马拉美的狂热崇拜，他们都颠覆了诗歌传统，发明了新的写作形式。虽然他们通常在社交场合表现得胆怯和内向，但米罗很快就建立起了一个由才华横溢的朋友组成的圈子，从特里斯坦·查拉[4]、皮埃尔·勒韦迪，到乔治·林博[5]、安托南·阿尔托[6]和米歇尔·雷里斯[7]——正如我们将看到的那样，这些人的许多作品后来都启发了米罗，并经过特殊构思

1 弗朗西斯科·佛朗哥（Francisco Franco，1892—1975），西班牙军事将领和政治家，曾在1936年至1975年担任西班牙国家元首，是西班牙内战期间的国民军领导人，以及西班牙独裁统治的象征。

2 阿蒂尔·兰波（Arthur Rimbaud，1854—1891），法国诗人，象征主义和现代诗歌的奠基人之一。其诗歌以强烈的感性和视觉形象著称，作品风格开创了20世纪诗歌的先河。

3 洛特雷阿蒙（Comte de Lautréamont，1846—1870），法国诗人，象征主义和现代诗歌的奠基人之一，其诗歌具有强烈的感性和视觉形象，富有音乐性和节奏感，具有很强的视觉冲击力。

4 特里斯坦·查拉（Tristan Tzara，1896—1963），罗马尼亚裔法国诗人、作家、艺术家和文学评论家，达达主义运动的创始人之一，同时也是超现实主义运动的重要人物。

5 乔治·林博（Georges Limbour，1900—1970），法国诗人、作家和文学评论家。

6 安托南·阿尔托（Antonin Artaud，1896—1948），法国戏剧理论家、演员、诗人，法国反戏剧理论的创始人。

7 米歇尔·雷里斯（Michel Leiris，1901—1990），法国诗人、作家、文学评论家和民族学家，与超现实主义运动有密切联系，并在这一运动中发挥了重要作用。

和精心制作的“艺术家之书”[1]创作了一系列的图像。

更为重要的是，在米罗逗留布洛梅特街的那段时间里，加泰罗尼亚雕塑家巴勃罗·加尔加略(Pablo Gargallo)在那儿为他分租了一间临时工作室——他与新结识的诗人朋友交谈，为自己的艺术创作开启了新的视野。1924年8月，米罗在给雷里斯的信中写道：“我正在如痴如醉地工作。你和我所有的作家朋友都给予了我极大的帮助，让我对许多事情有了更深的理解。我想起我们之间的一次对话，当时你告诉我，你是如何从一个词语出发，然后观察它会带你走向哪里。我以此为启发，选用一块木头作为创作的起点，进行了一系列的小型创作。我感到，以人造物为起点，其效果与作家从任意声音出发所获得的效果是相似的。”最后，米罗以一种颠覆性的方式结束了这封信：“这或许算不上绘画，但我并不在乎。”

在1924年11月“第一次超现实主义宣言”发表前不

1 一种独特的艺术形式，其中文本、图像和设计元素共同构建了一个统一的整体，它们相互补充，共同传达一个主题或故事。“艺术家之书”通常是由一位或多位艺术家创作完成，分别负责书籍的文本、插画和设计。这种书籍往往具有很高的艺术价值，其设计通常非常精细和创新，有时甚至会使用特殊的装订方式和材料。这种艺术形式的出现可以追溯到20世纪初，在20世纪中叶达到了高峰，毕加索、马蒂斯和达利等许多艺术家都创作过自己的“艺术家之书”。

久，米罗已经与巴黎一些主要的实验作家有过接触，这不可避免地使他结识了超现实主义诗人，特别是安德烈·布勒东、保罗·艾吕雅和路易·阿拉贡[1]。他们也给这位年轻的加泰罗尼亚画家留下了深刻的印象，并鼓励他融入他们的群体——让梦境和无意识的力量超越日常的理性思考。而米罗则几乎不需要什么劝说，他正处于自身发展的关键时期，刚刚从《谷穗》(1923年)的现实主义过渡到《吻》(1924年)中首次出现的手语，从而一举从表象转向了绘画隐喻与表意。米罗在超现实主义中找到了探索未知世界与超越他认知中视觉艺术局限的理想载体。他后来以特有的谦虚口吻说道："我常常和诗人交往"，"因为我觉得，要达到诗意，就一定要跳出形式"。这场对未知领域的安静却又不可思议的大胆尝试，带来了大量自发而奇特的画面，以至于毫不逊色于布勒东的权威人士都不得不承认"米罗是我们所有人中最接近超现实主义的一个"。

从许多方面看，米罗都可以被视为一位先锋超现实主义者，这个词虽由阿波利奈尔最初提出，但在成为

1　路易·阿拉贡（Louis Aragon，1897—1982），法国诗人、小说家、戏剧家、评论家和政治活动家，法国超现实主义运动的创始人之一。

广泛认可的术语之前，米罗的艺术实践已经预示了这一运动的到来。举例来说，米罗并未等待超现实主义者正式声明他们已经从自己的想象词汇中摒弃了“像”这个词——换言之,“你的眼睛像星星”这句话将转变为“你的眼睛是星星”。自从米罗与具象形象断然决裂之后,“眼睛”这个元素便在他的作品中神秘地游荡，不受“像”的束缚，因为没有什么能与之相提并论；他的宇宙是如此奇幻、独特，以至于无法用任何类比来描绘。尽管如此，米罗的作品还是引起了人们的兴趣，而更令他感到欣慰的是，在1925年6月，超现实主义画廊皮埃尔为他举办了第一次个人画展。

尽管米罗从超现实主义的认可和无畏的激进态度中受益良多，且超现实主义的元素深深地渗透了他的绘画想象力，但他依然抗拒将自己与这一运动更紧密地联系起来的呼声。他预见到这样做可能会侵犯自己的创作自由，并最终导致灾难。例如，贾科梅蒂因决定重新将人物作为艺术的焦点而遭到超现实主义阵营的驱逐。米罗通过保持低调成功躲过了布勒东的怒火。与生俱来的忠诚和对诗歌的持久热情使他不同于贾科梅蒂，他保留了与所有文学朋友的联系。米罗曾热情洋溢地宣称:“真正重要的是剥去灵魂的外衣。绘画和诗歌的创作方式，就像我们的爱一样；全身心投入，小心翼翼被抛到九霄云外，毫无保留。”这种持久的兴趣不仅促使米罗持续阅读着朋友们的新作，并让它们渗透进自己的绘画之中，而且还激发了他与朋友的合作——为他们的作品绘制插画，这些项目常常费时甚长、花费甚巨。

这些后来成了米罗工作的核心和基础活动“插画”(尽管没有更好的词语来形容)，❻其起源可以追溯到他从立体派画家路易斯·马库西斯[1]那里学到的干刻、雕刻和蚀刻技术，以及他利用这些技术创作出的与诗人们的一些最早的合作作品。例如，他曾在1933年为乔治·休奈特[2]的诗作《童年》制作的蚀刻版画。❼虽然米罗在平行创作方面的天赋立刻显而易见，但即使是他自己也无法预料，“艺术家之书”在他的作品中会占据多么重要的位置。得益于对文学的尊重以及与诗人们建立的深厚友谊，米罗最终为不少于260本书籍绘制了插画。虽然

---

1 路易斯·马库西斯（Louis Marcoussis，1878—1941），波兰裔法国画家和设计师，其艺术风格受到了立体主义和未来主义的影响。

2 乔治·休奈特（Georges Hugnet，1906—1974），法国诗人、作家、编辑和艺术评论家，与超现实主义、立体主义等艺术运动的代表人物有着密切的联系，对20世纪法国文学和艺术产生了深远的影响。

一些作品或许平凡无奇，但也有许多堪称上乘之作，其中几本书甚至扩展并重新定义了“艺术家之书”的现实成就。然而，米罗自己也深知，如果没有艺术家和作家密切合作创作杰出出版物的深厚传统，他就不可能将目光放得如此之高，尤其是在法国。

在此，我们值得回顾一下“艺术家之书”这一相对现代的概念是如何孕育而生的。当然，在米罗之前，许多艺术家都已深深被文学吸引，将其作为快乐与灵感的源泉。以至于这两种传统上截然不同的表达方式——绘画与写作——之间的界限逐渐变得脆弱，甚至几乎被消解。到了19世纪末，一些最具创新精神的画家开始将绘制文学作品的插画视为一项理想而充满挑战的艺术事业，并尝试将这两个领域合二为一。我们可以找到早期一些著名的案例，如威廉·布莱克[1]为自己的《纯真与经验之歌》绘制的插画，欧仁·德拉克洛瓦于1828年为歌德的《浮士德》绘制的生动图像；还有爱德华·马奈为爱伦·坡的诗歌《乌鸦》（由斯特凡·马拉美翻译）之法文版创作的石版画，以及奥伯利·比亚兹莱为阿

1 威廉·布莱克（William Blake，1757—1827），英国诗人、画家，浪漫主义运动的先驱，18世纪末到19世纪初最重要的英国诗人之一。

里斯托芬的《吕西斯忒拉忒》绘制的诱人曲线的图画（由于被认为具有挑衅性，只限于在私人发行的版本里流传）。

然而，“艺术家之书”的巅峰成就起源于艺术品商人安布鲁瓦·沃拉德的魅力攻势，他劝说他的艺术家圈子——特别是皮耶·勃纳尔、奥迪隆·雷东[1]、乔治·鲁奥[2]和马克·夏加尔[3]——将他们的创作热情投入到为古典文本和现代诗歌创作插画之上，并把这些作品以限量版豪华书籍的形式进行了出版。这些书籍采用了当时最为先进的技术和最为优质的材料制作而成。在他的第一个项目中——保罗·魏尔伦[4]的诗歌《平行》，由勃纳尔于1900年绘制了插画——沃拉德选择了一种中等重量的“荷兰维林纸”[5]和克劳德·加拉蒙[6]设计的文艺复

1 奥迪隆·雷东（Odilon Redon，1840—1916），法国象征主义画家，19世纪末象征主义画派的领军人物。

2 乔治·鲁奥（Georges Rouault，1871—1958），法国画家和雕塑家。

3 马克·夏加尔（Marc Chagall，1887—1985），俄罗斯裔法国画家，20世纪最具影响力和创新性的艺术家之一，以其梦幻般的绘画风格和色彩运用而著称。

4 保罗·魏尔伦（Paul Verlaine，1844—1896），法国诗人，法国象征主义诗歌运动的奠基人之一，同时也是19世纪末法国“颓废主义”文学的代表人物之一。

5 又称荷兰纸，一种主要产于荷兰的高质量纸张，以制作精良、质地细腻、色泽洁白而著称，常用于书法、绘画、印刷等领域。

6 克劳德·加拉蒙（Claude Garamond，约1480—1561），法国文艺复兴时期的书法家、刻字师和印刷师。

兴字体，然后又委托巴黎最好的石版印刷师用玫瑰红墨水印刷出了勃纳尔细腻而感性的素描。

沃拉德对这些豪华画册的每一个细节都倾注了极大的热情，并将出售画作的大部分利润投入了制作一些有史以来最伟大的“艺术家之书”中，而且树立了后来只有少数几家艺术出版商敢于接受的极高标杆。出生于希腊的出版商泰里亚德延续了这一传统，使亨利·马蒂斯得以创作出令人叹为观止的《爵士乐》，而毕加索则用一系列简洁而强烈的红色笔触为勒韦迪的《死者之歌》增添了魅力。同样，超现实主义杂志《米诺陶》的创始人阿尔伯特·斯基拉也出版了许多优秀的“艺术家之书”，其中就包括了毕加索为奥维德的《变形记》所绘的插画。

毕加索为奥维德和路易斯·德·贡戈拉[1]等多位诗人创作过插画，他的朋友马克斯·雅各布[2]也是其中之一。他可能是米罗本能上想要比肩的一位艺术家（实际上，在米罗去世时，他本人正在为贡戈拉的作品绘制插画）。在这里，这位加泰罗

---

1 路易斯·德·贡戈拉（Luis de Góngora，1561—1627），西班牙文艺复兴时期著名的诗人、戏剧家和修辞学家，16—17世纪西班牙诗歌“黄金时期”的代表人物之一。

2 马克斯·雅各布（Max Jacob，1876—1944），法国诗人、画家、作家和评论家。

尼亚人实际上可能已经超越了我们来自马拉加的天才，不仅是因为他的创作为各种文本高度增色，还因为他对文学作品不同寻常的敏感度。毕加索在他的插画中往往保持了“毕加索式”的辉煌和独特；而米罗则懂得更巧妙地与文字融合，创造出与之相呼应的图像，其创作的插画很少会压倒激发它们的诗歌。因此，如果说米罗在这一领域的作品质量参差不齐，有时显得重复或机械，那就大错特错了。但总的来说，米罗插画书籍的非凡之处在于它们传达出的丰富性：形象源源不断地涌现，仿佛来自一个永不枯竭的灵感源泉。在他绘制的许多书籍中，人们感觉到米罗就像一个充满创造力的孩子，不断创新，不知疲倦。与此同时，他也表现出了一个训练有素的成年人具有的判断力和审慎性——知道何时止步，以免页面过载，失去其微妙的平衡。

为了迅速把握米罗作品中的这一重要特色，首先要提及的是，他为之绘制插画的当代诗人阵容庞大得令人惊叹。这不仅包括了先前提及的几乎所有作为他朋友和同事的作家们——从查拉和雷里斯到艾吕雅和布勒东——而且还拓展到了许多其他作家，其中一些甚至比他年轻得多[8]，是在他漫长的职业生涯中逐渐结识或是远远敬仰的。由于他的生活重心位于加泰罗尼亚和巴黎两个极点，因此大多数作家都是法国人、加泰罗尼亚人或西班牙人。但也有许多外国诗人，尤其是巴勃罗·聂鲁达[1]和奥克塔维奥·帕斯[2]，以及一些英国人（斯蒂芬·斯彭德）[3]、美国人（詹姆斯·约翰逊·斯威尼）[4]甚至日本人（泷口修造）[5]❾。有些文本还是源自近几百年来，特别是中世纪的若干匿名作者以加泰罗尼亚语写成的题为《宝石志》的有关石头特性的各类论文，或者是阿西西的圣弗朗西斯[6]那令人回味的歌曲《太阳颂歌》。而在米罗的每一次创作中，我们都能感受到艺术家心境的演变，由狂热走向冷静，由单纯走向繁复，由朝气蓬勃走向黯淡惆怅。

在这些璀璨的作品中，画家和诗人无疑是最耀眼

---

1 巴勃罗·聂鲁达（Pablo Neruda，1904—1973），智利著名诗人、作家和政治活动家。

2 奥克塔维奥·帕斯（Octavio Paz，1914—1998），墨西哥诗人、散文家。

3 斯蒂芬·斯彭德（Stephen Spender，1909—1995），英国诗人，战后英国诗歌运动“新现实主义”的代表人物。

4 詹姆斯·约翰逊·斯威尼（James Johnson Sweeney，1900—1986），美国诗人、编辑和文学评论家。

5 泷口修造（Shuzo Takiguchi，1903—1979），日本诗人、评论家和翻译家，日本战后文学运动“新诗潮”的代表人物之一。

6 圣弗朗西斯（St. Francis of Assisi，1181/1182—1226），意大利天主教圣人、传道者，方济各会创立者，被认为是动物的守护圣人，也是生态学、环保主义和动物权利运动的象征。

的明星，无可争议的主角。然而，就像电影制作一样，背后有许多不引人注目但至关重要的参与者。他们制作精美的手工纸张，挑选合适的字体和页面布局，准备石版画、木刻画或雕塑，监督印刷过程，制作精美的函套，以及出版商努力地销售限量版作品——其中还有一些额外附在精美纸张上的插画，以弥补巨大的投入成本。在这里，我们被引领进入了书籍爱好者的世界。尽管我自己并非书籍爱好者，但在读到对这些书卷的描述时，也会不由自主地产生一种沉浸其中、无法自拔的感觉。如果我们以勒内·克利瓦尔[1]《黎明之环》的一套蚀刻版画集为例，就能从这些描述的片段中窥见其中的一些奥秘。在这里，我们可以找到这样的描述："封存在一个里夫斯织布封面中，封面有四个折页，正面印有第一幅蚀刻版画，装在一个灰米色布盒里，盒子正面和书脊分别粘有两个印有红字的灰色标签：一幅蚀刻水彩画，彩色印刷在里夫斯织布上，用于封面，未署名。22幅蚀刻水彩画，彩色印刷。一幅蚀刻版画用铜版和铅笔注明了日期和签名。"如此等等，89份副本被

1 勒内·克利瓦尔（René Crevel，1900—1935），法国诗人、小说家、评论家，超现实主义运动的重要成员之一。

分割成了无数的部分，两册标有“日本珍珠纸”字样，其中23幅蚀刻版画采用日本纳克里纸，刻有艺术家试版款识，编号为1/2和2/2。至于1957年的印刷，有以下简短的概述:“费凯与博迪埃，巴黎”，负责文字和排版;“罗伯特·杜特鲁与克罗姆林克工坊，巴黎”，负责蚀刻版画。

对于书籍爱好者而言，这无疑是一首诗篇，而我认为，即使是对那些未曾沉迷于书籍的人们来说，它也具有不可否认的吸引力。因其本身就是一种充满诗意的语言，唤起了众多专业技能，以及对保持最高水平技术和材料的罕见关注。诗人和画家从事这些工作多是出于热情。在这些精装本出版之后，他们最多只能获得少量固定的报酬。出版商自行承担这些费用，主要是为了追求这些高品质项目所带来的声誉，因为它们在短期内无法带来商业利润——尽管如今，米罗最著名的一些书籍，如他围绕特里斯坦·查拉的诗作创作的《自言自语》，可以卖到50美元到10万美元不等。米罗的出版商包括他在巴黎的经纪人艾梅·梅格特等艺术品经销商，以及像巴黎的20世纪、皮埃尔-安德烈·贝诺特、巴塞罗那波利格拉出版社这样的艺术书籍专业机构。由于这些书籍总是价格不菲，制作耗时，许多主流出版商都对如此艰巨的任务望而却步。不过，瑞士出版商杰拉德·克莱默却展示了不同寻常的承诺。值得详细了解他所取得的成就，不仅因为他将一本新书推向市场花了十多年的时间，而且因为这是米罗创作的最著名的书籍，也被公认为所有时代最伟大的艺术家之书之一——灵感来自保罗·艾吕雅的诗作《无所畏惧》。

艾吕雅有时被称为“人民诗人”，是20世纪文学，尤其是超现实主义运动中最引人注目的人物之一。尽管作为布勒东最信任的副手，在某种程度上必须服从和执行“党的路线”，但艾吕雅与当时的许多著名艺术家——从萨尔瓦多·达利、马克斯·恩斯特[1]到毕加索——都有着密切的关系：他写下并收藏了他们的作品，还像布勒东一样靠经营这些作品赚取着不稳定的生活费。作为诗人的热情和才华使他深受艺术家们的喜爱，这一点是布勒东尖刻的独裁主义所无法比拟的。米罗生性内敛，认为和蔼可亲的艾吕雅是这场运动中最不具威胁性的大人物。正如我们所见，两人的初次邂

1 马克斯·恩斯特（Max Ernst，1891—1976），德裔法国画家、雕塑家。

逅发生于1924年，那时米罗初踏巴黎，才华初露锋芒。两年后，艾吕雅创作了一首名为《胡安·米罗》的诗歌，部分灵感来自米罗的新作《世界的诞生》。这幅画的轻盈失重被艾吕雅形容为“远离山丘。远离森林。天空比以往任何时候都更加绚丽夺目”。

克莱默出版的第一本插画集是艾吕雅的颂词《向毕加索致敬》，于1945年问世。而他与这位法国诗人之间的友谊接下来又催生了他们的另一项合作计划。与俄罗斯冒险家加拉的婚姻破裂后（她离开了他，与达利生活在一起），他写下了一系列的抒情诗，名为《无所畏惧》，最初发表于1930年。[10]艾吕雅和克莱默迅速达成了共识，一致认为，米罗是绘制这本书插画的理想人选。这不仅因为二人都深深地欣赏米罗的画作，更因为《无所畏惧》的灵感部分就来源于米罗的故乡——加泰罗尼亚，那片土地曾是艾吕雅和加拉以及达利共同度过美好时光的地方。尽管当时米罗正在准备另一项重要的任务——为查拉的《自言自语》创作插画，但他还是满怀热情地接受了这个新的委托。或许正因为如此，米罗选择了以木刻而非蚀刻或石版印刷版画的方式来呈现这部作品，这在他的作品中并不常见。在创作过程中，米罗融入了从森林和海滩收集来的各种碎片，以及米罗姐夫家具厂的胶合板。所有这些素材的收集和实验——大量的削切和黏合——都需要时间，但那时的米罗已经全身心地投入这个项目之中。他在给克莱默的信中写道："我完全被这本该死的书吸引住了。我希望能创作出震撼人心的作品，这是自高更之后雕刻艺术最重要的成就。"[11]

制作一本杰出的艺术家之书，不仅需要三人的通力合作（尽管艾吕雅在1952年11月因心脏病发作去世），还依赖于排版、版式设计和印刷等不同领域专家的技能与奉献。雅克·弗雷劳，这位法国著名画家，以其抽象表现主义风格而著称，负责印刷这些木刻作品。为了达到米罗所要求的精确质感和色调，这位版画大师甚至不惜使用经过改良以适应手形的旧牙刷。米罗曾形容这本书的制作是一项"具有大理石雕刻般的尊严"的工作，以使人们更好地了解这项任务的艰巨程度。233块木刻拼贴，从铁丝到旧版画等各种材料的使用，至少需要通过42,000遍压印机才能完成印制。该书的版式设计从一开始就受到了斯特凡·马拉美的革命性作品《骰子一掷，不会改变偶然》的启发，但采用了一种显著的现代化形式。书的格式和外观都相对简单，与沃拉德奢华且繁复的豪华版形成了鲜明对比。当这个由130张阿奇布纹纸[1]制成的版本在1958年最终问世时，米罗作为“艺术家之书”创作者的职业生涯才刚刚走过一半。然而，《无所畏惧》却已经代表了他在该领域的巅峰成就——图像与文字的独特融合，其深度与魅力，至今仍无人能及。

米罗对文学的热爱始终如一，正是这种热情，让这位艺术家的丰富想象力在这个世界中找到了生根发芽的土壤。文学成了他摆脱视觉艺术传统束缚和枷锁的阶梯。如果没有诗歌的滋养，米罗可能无法成为一位画家。但对他而言，诗歌始终触手可及，因为在他的心中，绘画与诗歌之间并无本质上的区别，而且他所生活的时代——或许我们已经遗忘了这一高级文化的标志——可以将两者视为彼此重要的补充与激励。

1 一种著名的法国手工纸，由位于法国阿尔萨斯的阿奇公司生产。这种纸张以其优良的质地、强度和美感而闻名，自15世纪以来一直受到艺术家、手工艺者和印刷商的青睐。

❶ 法国诗人雅克·杜宾（见第152—163页的访谈）是研究米罗和贾科梅蒂的权威人士，同时也是我的一位朋友。我非常欣赏他的诗歌和艺术评论。

❷ 加泰罗尼亚语在西班牙东北部直到巴伦西亚以及巴利阿里群岛都有使用。

❸ 作为一位热爱文学的加泰罗尼亚人，米罗对诗人兼哲学家雷蒙·卢尔（Ramon Llull，1232—约1315）推崇备至。西班牙两位伟大的神秘主义者——阿维拉的圣特蕾莎（St Teresa of Avila）和圣十字约翰（St. John of the Cross）的著作，以及弗朗西斯科·德·戈维多（Francisco de Quevedo）的十四行诗，同样给他留下了深刻的印象。

❹ “对我来说，绘画和诗歌之间并无区别。我有时候会用诗意的句子来装饰我的画布，反之亦然。中国人，那些伟大的精神贵族，不就是这么做的吗？”[米罗在1936年的一次采访中对乔治·杜特伊特（Georges Duthuit）说，采访收录于《你们去哪儿，米罗？》，巴黎，《艺术纪事》，第8—10期]。

❺ 米罗与他的传记作家雅克·杜宾分享了他那时的经历，杜宾将这些记录为《胡安·米罗：布洛梅特街的记忆》。

❻ “插画”让我们想起了古斯塔夫·多雷[1]或“菲兹”[2]或约翰·坦尼尔（John Tenniel）[3]为奥诺雷·德·巴尔扎克（Honoré de Balzac）、查尔斯·狄更斯（Charles Dickens）或刘易斯·卡罗尔（Lewis Carroll）等文学家的作品所创作的经典插画。自19世纪末以来，一些最伟大的创意艺术家开始为书籍创作图像，他们的作品与其说是非传统的“插画”，不如说

---

1 古斯塔夫·多雷（Gustave Doré，1832—1883），19世纪法国著名版画家、雕刻家和插图作家。

2 “菲兹”[Phiz，本名：哈布洛·奈特·布朗（Hablot Knight Browne），1815—1882]，19世纪的英国插画家，以其为查尔斯·狄更斯的作品创作的插图而闻名。

3 约翰·坦尼尔（John Tenniel，1820—1914），英国插画家。

是“平行的创造”。当来到米罗的时代，我们清晰地看到，在他的“艺术家之书”中，文字激发了图像的创作，但往往只是独立视觉创新之飞翔的起点。

❼ 自那时起，米罗开始不懈地探索各种版画制作技巧，他认为这本身就是一种艺术形式。例如，在1947年他在纽约期间，曾在斯坦利·威廉·海特[1]著名的工作室Studio 17（最初在巴黎成立）度过了一段时间，进一步拓展和完善了自己的技术范围。

❽ 米罗研究领域的元老级学者雅克·杜宾是米罗曾多次为其作品绘制插画的年轻诗人之一。

❾ 在米罗精心保存的文件中，我们可以发现他与其他作家之间各种不为人知的关系，例如与埃兹拉·庞德[2]以及长期在巴黎居住的亨利·米勒[3]的通信。

❿ 诗歌开始写道：“每个夜晚，一个女人/秘密旅行”。艾吕雅的《致加拉的信》记录了诗人与妻子之间的爱与绝望。

⓫ 米罗与克莱默在《无所畏惧》一书中的合作，可以从一封封精彩的书信往来中了解到，这些书信内容翔实，数量众多，可以写成一整本书：《乔安·米罗-杰拉德·克莱默：一封经得起考验的通信》[日内瓦：帕特里克·克莱默（Patrick Cramer），2002年]。

原题为《胡安·米罗：诗人中的画家》，收录于展览画册《米罗：绘画作为诗歌》（汉堡和杜塞尔多夫：布瑟鲁斯艺术论坛，北莱茵-威斯特法伦艺术收藏馆与希尔默出版社，2015年）。

---

1 斯坦利·威廉·海特（Stanley William Hayter，1901—1988），英国画家、作家，20世纪最重要的版画家之一。

2 埃兹拉·庞德（Ezra Pound，1885—1972），美国诗人和文学评论家，意象派诗歌运动的重要代表人物。

3 亨利·米勒（Henry Miller，1891—1980），美国作家，被誉为“垮掉的一代”的代表人物之一。

7

Talking to Sonia Delaunay

对话索尼娅·德劳内

索尼娅·德劳内在其巴黎工作室，1965 年，摄影师不详

我至今仍依稀记得，大约五十年前，当我穿过塞纳河，来到圣日耳曼大道旁低调优雅的圣西蒙街（索尼娅·德劳内就在那里生活和工作）时，感到无比紧张。这不仅是因为这条大道是以路易十四时代伟大的回忆录作家——圣日耳曼公爵的名字命名的，更重要的是因为德劳内夫人本人在电话中透露出一种独断专行的气息，明确地规定了我们在访谈中可以谈什么，不可以谈什么。她的年龄足以做我的祖母，且从阿波利奈尔和康定斯基开始，她就一直身处“整个巴黎的艺术和文学界”，这对于当时的我来说，就如同把但丁[1]和乔托[2]视为朋友一样不可思议，也让我有充分的理由感到不安。

我们在访谈中拍摄的一张照片完美地证明了这一点：照片中的德劳内神情严肃而慈祥，头发梳得一丝不苟，穿着仿佛是准备去克里伦酒店[3]喝下午茶；而相较之下，我这个多毛的年轻人则像是刚刚从1968年5月的街垒

1 但丁·阿利吉耶里（意大利语：Dante Alighieri，1265—1321），意大利中世纪诗人，现代意大利语的奠基者，欧洲文艺复兴时代的开拓者，以史诗《神曲》留名后世。

2 乔托·迪·邦多纳（Giotto di Bondone，1266—1337），意大利画家、雕刻家与建筑师，意大利文艺复兴时期的开创者，被誉为“欧洲绘画之父”。

3 一家历史悠久且享有盛誉的豪华酒店，在过去的几个世纪里接待了无数名流、政要和艺术家，如卡尔·马克思、约瑟夫·布罗茨基、卡斯特罗等。

中走出来一样。但由于我们之间的距离实在太大，没有人能够完全站到任何一方。她忽略了我在街头的不修边幅，畅谈着自己的艺术和生活，同时让每个人都清楚地认识到其经历的独特性和观点的优越性。[1]现在回想起来，我才恍然大悟，她之所以能在当时男性主导的艺术界中（这几页纸清楚地体现了这一点）保持自己的地位，是因为她对自己才华的深信不疑以及对于在这个世界上脱颖而出的热切渴望。当德劳内接纳我时，我原谅了她资产阶级的固执和安逸，开始对这位独断专行的老太太产生好感，因为她让我重温了那些被遗忘已久的世界，而这些世界我唯有在书中才有机会读到。

与索尼娅·德劳内夫人交谈，仿佛搭乘一台时光机器，穿越时空的沟壑，触碰那些闻名遐迩或是已被遗忘的历史人物与事件，回到一幢位于圣彼得堡的华美别墅。而那里的舒适与奢华至今仍然让她惊叹不已。1885年，德劳内出生在一个上层中产阶级的特权世界，那里的每个人，包括孩子，都拥有自己的私人仆人，过着一种与不那么幸运的阶层完全隔绝的生活。在进入一所全部由大学教授组成的学校之前，索尼娅本人一直被操着德语、法语和英语的管家们照顾着。在阅读、绘画和享用丰盛的晚餐（据说家里的厨师仅次于沙皇的厨师）之间，她活力四射地探索着世界，并有监护人陪伴左右。“无论下雨还是下雪，”她说道，“这就是我一直保持健康的原因之一。”这种成长经历让她对某种伟大产生了眷恋之情，不是怀念那些她乐于逃离的资产阶级沙龙的沉闷，而是怀念那种推动着像圣彼得堡这样的城市持续前进的远见和魄力。索尼娅曾说：“那些人是真正的巨人，”后又补充道，“即便是有着这样或那样缺点的叶卡捷琳娜，也的确是一个伟大的人物。”如今，88岁高龄的德劳内夫人冷静地评论着当代生活，对某些问题感到遗憾。她认为现代人之所以忙碌，是因为他们缺乏“内在生活”。尽管德劳内夫人承认，一些比她年轻的艺术家“已经开始理解色彩”，但她觉得没有人能够真正引起她的兴趣。当我们讨论起她所认识的人时，很多往日的盛名在她口中都显得黯然失色。她是布莱斯·桑德拉尔[1]等昔日好友的坚定支持者（她认为这些人被严重低估了），对亨利·马蒂斯表示尊敬（一个伟大的人），然而，她仍然认为乔治·布拉克的作品“从今天的角度来看，几乎没有

1　布莱斯·桑德拉尔（Blaise Cendrars，1887—1961），瑞士裔法国诗人、小说家和电影制片人。

什么可取之处”，巴勃罗·毕加索的作品“主要是虚张声势”。即便对于被她认可的皮特·蒙德里安[1]，她也认为其影响仅是“有限的”。当然，她始终忠实于一个男人，那就是罗伯特·德劳内[2]。

索尼娅原名特尔克❷，在卡尔斯鲁厄跟随路德维希·施密特–罗特[3]学习了两年绘画后，于1905年来到巴黎。她进入了调色板艺术学院学习，同班同学包括安德烈·杜诺耶·德·斯贡札克[4]和阿梅德·奥占芳[5]。后来，她开始涉猎肖像画，这主要归功于保罗·高更的影响。1909年，索尼娅嫁给了艺术品收藏家兼经销商威廉·乌德（后者开始在他位于圣母院路的画廊里展出“海关官员卢梭”[6]、毕加索和布

---

1 皮特·蒙德里安（Piet Mondrian，1872—1944），荷兰画家，抽象艺术和风格派运动的奠基人之一。

2 罗伯特·德劳内（Robert Delaunay，1885—1941），法国艺术家，抽象艺术和立体主义运动的重要人物之一。

3 路德维希·施密特–罗特（Ludwig Schmidt–Reutter，1893—1909），德国自然主义画家。

4 安德烈·杜诺耶·德·斯贡札克（André Dunoyer de Segonzac，1884—1974），法国画家，20世纪初巴黎画派的代表人物之一。

5 阿梅德·奥占芳（Amédée Ozenfant，1886—1966），法国画家、设计师和作家，20世纪初立体主义运动的重要成员之一。

6 亨利·朱利安·费利克斯·卢梭（Henri Julien Félix Rousseau，1844—1910）的昵称。卢梭是法国画家，以其独特的原始主义风格而闻名，被誉为20世纪初最重要的原始主义画家之一。之所以被称为“海关官员卢梭”，是因为他在巴黎担任海关收税员（法语：douanier）期间开始了自己的艺术生涯。

拉克的作品），因此，越来越多地接触到当时的新兴艺术家，其中就包括罗伯特·德劳内。她与德劳内热情地谈论艺术，最终在1910年与乌德离婚后，选择了与德劳内共度余生。

纪尧姆·阿波利奈尔曾表示："德劳内夫妇一醒来就开始讨论绘画。"他在他们位于圣奥古斯丁路的工作室里得到了他们的庇护，那时他正等待摆脱涉嫌盗窃《蒙娜丽莎》的指控（在索尼娅的记忆中，这位诗人的最大特点是他惊人的胃口——"看着让人十分愉快"）。1911年，正是在这个工作室，她创作了第一件完全抽象的作品：一幅用各种材料拼接而成的床罩，作为她刚出生的儿子的礼物。这也标志着她开始用抽象图案装饰一系列物品，随着时间的推移，这些物品逐渐扩展到书籍封面、海报、餐盘等各种类型。

德劳内夫妇的色彩理论部分基于米歇尔-欧仁·谢弗勒尔[1]关于"同时对比"[2]的论文，他们对巴黎林荫大道上最近安装的电灯以及月亮所形成的光晕的

1　米歇尔-欧仁·谢弗勒尔（Michel-Eugène Chevreul，1786—1889），法国化学家。

2　一种视觉现象，指的是当两个或多个不同颜色或亮度的物体同时出现在视野中时，其颜色或亮度可能会相互影响，导致观察者感受到的颜色或亮度与单独观察时略有不同。

研究为这一理论注入了新的动力。对于索尼娅来说，这项研究的主要成果是她于1914年创作的《电光棱镜》，这是一幅高度复杂的彩色图案，呈圆盘状和彩虹状。此后，其他一些重要的作品也相继诞生：两幅关于布利耶舞厅的、充满绝妙韵律感的研究画作（该舞厅以探戈和其他新的、宽松的方式而闻名——包括后来索尼娅的“同时主义着装”，这让桑德拉尔创作了一首诗歌，名为《她在衣服上穿了一个身体》）以及为桑德拉尔的《西伯利亚散文》创作的绘画兼模型，整体形成了一幅两米长的色彩艳丽的图画诗。尽管索尼娅·德劳内无法预见，但这些作品为她的第一个巴黎时期画上了一个完美的句号。

在德劳内夫妇的西班牙度假期间，战争突然爆发。他们决定留在那里，并在接下来的六年穿梭于西班牙和葡萄牙之间。而那里尤为清晰明亮的光线不仅进一步坚定了他们对于色彩至高无上的信念，同时也为二人提供了艺术创作的黄金环境。回国之后，索尼娅曾如此描绘那段经历：“光线的质量本身”，“让我们超越了谢弗勒尔，不仅找到了基于对比的和谐，还找到了不和谐，也就是说，快速的振动通过将某些暖色和冷色置于紧密的接触之中，进一步强化了色彩。”在这段幸福的流亡生活中，她创作了众多画作，其中值得一提的有《葡萄牙人》系列、《弗拉门戈歌手》系列、《光盘》系列，最为重要的作品是她的《明尼奥市场》组画，它最充分地记录了德劳内对于地中海绚丽光线的兴奋之情。与此同时，她还开始从事室内装饰工作（1917年革命结束后，其私人收入也随之减少），并为谢尔盖·佳吉列夫[1]的《克利奥帕特拉》设计了服装。

回到巴黎时，德劳内夫妇发现这座城市已被愤怒和厌恶的残余所淹没，这种情绪将艺术从19世纪的基座上拽了下来，并从内到外撼动了它。1923年，索尼娅·德劳内在有俄罗斯艺术家联盟组织的一场名为“蜕变”的舞会上展示了自己最新的服装设计。在舞会的节目单上，革命目的、神秘主义和当时的狂欢气氛交织在一起，形成了一场精彩的表演：这是一个奇妙的夜间游乐场，有花车、拥挤的街道、男妓和女妓的选美、大胡子女人、骑猪背、莎莉姨妈、四头胎儿、美人鱼和神话舞蹈、牢不可破的金属丝中那血肉丰满的怪人……德劳内和他那群跨大西洋的扒手……特里斯

1　谢尔盖·佳吉列夫（Sergei Diaghilev，1872—1929），俄国芭蕾舞经纪人、导演，1906年创立了俄罗斯芭蕾舞团。

坦·查拉和他的胖鸟……伊利亚兹德[1]和他的41度高烧[2]，以及其他各种吸引人的东西。

尽管作为画家，索尼娅·德劳内一直生活在丈夫的阴影之中，最著名的作品均为装饰和设计（格洛丽亚·斯旺森[3]和南希·库纳德[4]等时尚女性都穿过她设计的服装），但到此时，她已经发展出了自己的绘画风格。显然，丈夫的研究给予了她很大的帮助；自1941年德劳内去世以来，索尼娅的风格继续向他的发现致敬。然而，正如她自己所定义的，她与德劳内的不同之处在于，“对于德劳内来说，色彩的运动就是一切，而我感到我的构图需要一种架构”。他们共同的重要性主要在于，他们与其他少数艺术家一起创造了一种纯粹的色彩绘画，这种绘画除了色彩自身的冲突与和谐之外，与其他任何事物都没有关系。

在过去的三十年里，索尼娅·德劳内的画作变得

---

1 伊利亚兹德［Iliazd，本名为伊利亚·兹达涅维奇（Ilia Zdanevich），1894—1975］，波兰-格鲁吉亚的作家、艺术家和出版商，未来主义和达达等前卫运动的积极参与者。

2 兹达涅维奇曾加入未来派团体“41°”，并于一战结束后回到家乡格鲁吉亚创办了41°出版社。

3 格洛丽亚·斯旺森（Gloria Swanson，1899—1983），美国女演员，1950年凭借在《日落大道》中的出色表演获得奥斯卡最佳女主角奖。

4 南希·库纳德（Nancy Cunard，1896—1965），美国诗人、作家、编辑和出版商。

越来越简洁而确定。她漫长一生的经验使她越来越多地依靠直觉构图，一种颜色呼唤另一种颜色，经过无数次水粉草图，最终形成一个完整、独立的色调系统。没有任何东西可以干扰这种色彩语言的直接性和自主性。每一幅新的重要作品都会极大地扩展和丰富这种色彩语言的韵律组合。无论索尼娅·德劳内将这种丰富的组合发展成哪个方向，其结果始终是一种立即可接触的体验——一种普遍的邀请，深入了解色彩斑斓的大千世界的内在规律。

德劳内的作品在今天受到广泛关注。去年冬天，她根据戈贝兰工厂的特别设计编织而成的新的挂毯作品在巴黎城市现代艺术博物馆进行了展出。这些挂毯具有德劳内最佳作品的色调和韵律活力：羊毛的质地为令人眼花缭乱但始终控制得很好的色彩游戏带来了新的共鸣。今年夏天，这些挂毯的不同版本将在米兰和纽约继续展出。与此同时，格勒诺布尔博物馆也正在组织一场索尼娅·德劳内的大型回顾展，而罗伯特和索尼娅·德劳内基金会的计划也进展顺利，目前预计将设置于“卢浮宫对面的某处”。

德劳内夫人在朋友兼经销商雅克·达马塞的帮助下，摆脱了许多组织工作上的后顾之忧，一直在为阿蒂尔·兰波《启示录》的再版绘制系列插画。即使在今天，她仍然在大多数早晨创作一幅新的水粉画，甚至试图找到一种在不过度消耗体能的情况下恢复大规模绘画的方法。她的活力和对艺术的执着令人振奋和钦佩。在她本月步入八十九岁之际，我们向她致以最热烈的祝贺，并衷心希望她能找到一切便利条件，帮助她在那绚丽、开放的色彩世界中继续前行。

❶ 德劳内言论大胆，甚至有些轻率和残忍。她告诉我，与在场的经销商雅克·达马塞的关系始于她“在排水沟里发现他”的时候。

❷ 实际上，她出生时名为莎拉·斯特恩，但在后来采用了富有的叔叔的姓氏特尔克（在这个过程中，她将自己的名字改为索尼娅）。在还是个小孩子的时候，她就搬到了圣彼得堡和叔叔及其妻子一起生活。

原载于《艺术国际》，卢加诺，1973年12月。

8

Christian Schad's Portraits of the 1920s

克里斯蒂安·沙德的20世纪20年代肖像

克里斯蒂安·沙德，慕尼黑，约1930年，弗朗茨·格雷纳 摄

如果不是我的妻子、艺术史学家、德国表现主义专家吉尔·劳埃德于2002年在巴黎马约尔美术馆成功举办了这位艺术家在法国的首次展览，随后又在纽约新画廊举办了他在美国的首次展览，我永远都不会有机会领略到克里斯蒂安·沙德那诱人的颓废气息。这次意外的邂逅让我体会到，一些艺术家是如何出人意料地走进你的生活的。尽管沙德的几幅画作早已作为对颓废和即将到来之厄运的完美描绘深深地印在我的记忆之中，但我对他的背景和职业生涯却一无所知。在应邀为展览画册撰写的这篇文章中，我深入地研究了他不寻常的命运及其留下的虽少量但令人魂牵梦萦的图像，力图发现一些艺术家有时候是怎样不知不觉地做出了预言。从那时起，沙德便留在了我的"万神殿"中，因为他捕捉到了一个散发着异国情调的奢华世界，似乎就在这个世界几近灭亡的前几秒钟。

克里斯蒂安·沙德在20世纪20年代末创作的这些杰出肖像作品，如同半梦半醒的记忆一般，渗透进我们的意识中。我们总觉得自己没有完全理解它们的意义，或者为什么它们明亮而清晰——看起来如此熟悉，而它们吸引我们的一部分力量正是来自这种难以捉摸的感觉。然而，这些肖像作品中那些如此令人难忘的人物却属于我们一眼便知的年代与场所——那是我们的父母和祖父母的欧洲，尚未摆脱第一次世界大战所带来的伤痛，便即将滑向一场更加猛烈的战火。沙德笔下的人物身着晚礼服或透明长袍，一尘不染，梦游般地走向毁灭。在这个注定要消失的文明的危急时刻，我们仍能感受到一种预言般的紧迫感。通过在沙德肖像画那高度光洁、神秘莫测的表面之下寻找答案，我们感觉到自己可能更加接近于了解我们自己的过去。

1927年从很多方面来说都是沙德生命中重要的一年。在这一年里，他完成了几幅堪称伟大的画作：《自画像》《圣热努瓦·德·安诺考特伯爵》以及为男爵夫人薇拉·瓦西尔科、作曲家约瑟夫·马蒂亚斯·豪尔和作家路德维希·鲍默创作的精确而又具有心灵穿透力的肖像作品。在那不勒斯与罗马度过数年美好时光后，沙德带着他的意大利妻子玛塞拉搬到了维也纳一间令人印象深刻的工作室。与此同时，他的最新作品也在那里的维尔特勒画廊进行了展出。他创作了大量素描，包括一幅从朋友沃尔特·塞纳的故事集中获得灵感的《纳西索斯》。著名评论家马克斯·奥斯本撰写的第一本关于其艺术的专著也选取了他的肖像画。同年，沙德与结婚四年的玛塞拉离婚，暂时搬到柏林居住。在那里，他参加了“新客观性”群展，并在诺伊曼-尼伦多夫画廊举办了个展。就这样，沙德在这奇迹般的一年中辗转了多座城市，开始了新的个人生活，并在多件杰作中确立了自己的标志性风格。

这就是《自画像》中凝视着我们的克里斯蒂安·沙德，该画简洁地概括了他迄今为止的人生和美学信条。此时，这位艺术家刚满33岁。沙德既镇定又专注，似乎对他这幅诗一般的画作充满了信心。画作向世人展示了他苦行僧般的俊美外表和毋庸置疑的才华。他的签名整齐地落款在被爱揉皱的画纸上，效仿扬·凡·艾克[1]的方式，在签名后面加上了“尽我所能”。稍早之前，沙德在画册前言中宣称，在研究了意大利的古典大师之后，很明显，他画得很好——这一点谁都看得出来。剩下的问题是，他是否也是一位“好画家”，因为好画家是天生的而非后天造就的。❶这双棕色的坚定目光，仿佛在镜子中审视自己，似乎对于这个问题亦无任何疑虑。

“绘画并不是一种智力活动，它是一种本能活动。”沙德在后来写的一篇关于《自画像》❷的文章中提醒道，对绘画最具启示性的反应也是本能的，而非智力的。对于这

1 扬·凡·艾克（Jan van Eyck，1390—1441），荷兰画家，早期文艺复兴时期的杰出代表，被认为是西方油画的奠基人。

个神秘的场景，人们的本能反应是寻找有助于解释它的线索。二者之间若隐若现的纳西索斯显然提供了线索。这对恋人都沉浸在自己的思绪和世界中，他们的身体接触已经结束，相距再远都不太过分。当然，这样的环境很难促成长时间的亲密接触，因为只有一面窗帘将他们与外面的夜空隔开。沙德在解释性说明中表示，背景中的烟囱可能表示“对巴黎的一种模糊的渴望”(虽然艺术家从未在巴黎生活过，但巴黎一直是他理想中的城市)。然而，它们也唤起了一种远不那么富有画面感的情景，比如夜晚的工业景观，左边耸立着一座阴森的建筑，像是一座瞭望塔。

沙德在注释中告诉我们，这幅画一部分是回忆，一部分是象征。他绘制这幅作品，就像绘制大多数肖像一样，完全凭借自己的记忆，没有直接参考任何模特——尽管他偶尔会画一些素描。沙德为自己异常强大的复述能力感到非常自豪——他曾经观察到：“我对那些让我感兴趣的事物和人有着很好的记忆力”；而女人那只缠着黑色丝带的纤纤玉手(以及耐人寻味的、沾满污垢的指甲)，让沙德想起了他在维也纳普拉特游乐园的射击亭里见过的一个女孩的手。这个女人本身并不是一个可被独立辨认的特定角色，而是沙德所认识或注意到的一些女性的综合体。她的身体比脸部更白皙，而沙德则坚决地将自己的脸转向一边，这些或许可以反映出艺术家自己的婚姻破裂和他在维持关系方面所面临的问题。沙德的作品中清晰地记录了女人脸上难看的伤疤，这可以追溯到他在那不勒斯时所观察到的一种令人印象深刻的做法——在情妇身上留下伤疤，以展示他们充满占有欲的爱情观。

在这幅画中，最令人好奇的莫过于沙德那件薄如蝉翼的石绿色衬衫。这位艺术家简洁地解释了这一点，认为半遮半掩的裸体可能会使人产生更大的绘画兴趣。“我猜，”他在《自画像》的注释中写道，“作为一名画家，我发现透过科斯岛上古代编织的那种衬衫来展示我的裸体，比在另一个人面前画一个裸体更加令人愉悦。”虽然无法说服沙德进行更加露骨的描述，但他显然喜欢颠覆传统的感觉，并且会赞同查尔斯·波德莱尔对于纨绔主义的定义：“这是一种惊世骇俗的快感和从不为自己感到惊讶的傲慢满足。”[3]虽然沙德随后的反应很是随意，但他当然知道这种透明服装的引入会多么具有挑衅性，而且他显然已经考虑过将其融入画面的最有效方式。例如，衬衫喉部的精致针脚让人想起他同伴脸颊上的针脚。也许这种网状的服装代表着一个保护层，一种艺术家在自己和其恋人之间设立的微妙屏障——一个使他的自恋得以保持完整的第二层肌肤。此外，沙德还是爱德华·马奈的忠实崇拜者，后者明显影响了他人物造型的方式——大胆、正面、忧郁的凝视。

在沙德对衣着与裸露肌肤的对比中，人们很容易看到他对这位法国大师的《草地上的午餐》所做的精妙阐释。

这件精美的衬衫也为艺术家提供了一个展示其绘画技巧的绝佳机会。当然，如果这件衣服没有被如此精致地呈现，它也不会那么具有干扰性。沙德曾说，他想“像所有今天仍被视为大师的人一样进行绘画”。[4]这个纲领性的野心在沙德作画时一直在他的脑海中占据着重要位置，并在他的自画像中表现得淋漓尽致。不久之前，沙德在意大利的博物馆里完成了自己漫长的学艺生涯，从曼特尼亚和卡帕奇奥[1]到文艺复兴的高峰，再到布隆齐诺[2]和蓬托莫[3]的衰落，这位年轻的德国艺术家将其全部吸收和借鉴。他尤其钟爱的是拉斐尔的《面包师的女儿》和《披纱少女》，当然，在他所欣赏的画作中也不乏对于透明服装和其他薄纱材质的华美呈现。因此，这件绿色的衬衫，不仅是对其个人风格基于过往学识与技巧的确认，也是对那些几乎被遗忘的传统技艺的致敬。

---

1 维托雷·卡帕奇奥（Vittore Carpaccio，约1465—1526），意大利文艺复兴时期的画家。

2 安哥挪罗·布隆齐诺（Agnolo Bronzino，1503—1572），意大利文艺复兴时期著名的画家、雕塑家和建筑师，佛罗伦萨画派的重要代表人物之一。

3 雅各布·蓬托莫（Jacopo Pontormo，1494—1557），意大利文艺复兴时期著名的画家和雕塑家，佛罗伦萨画派的重要代表人物之一。

沙德对古代大师的热爱绝不仅限于意大利。对于本国的杰出大师，他也赞赏有加。在后来的职业生涯中，他凭借卓越的技艺，获得了为阿沙芬堡圣斯特凡教堂制作一幅马蒂亚斯·格吕内瓦尔德的《斯图帕赫圣母像》临摹品的委约（原作已被移至博物馆）。格吕内瓦尔德是沙德的早期影响者之一，后者则尤其被伊森海姆祭坛画中大师所处理的清晰轮廓所打动。《自画像》中的轮廓已经非常明显，但在《圣热努瓦伯爵》中，图形轮廓得到了进一步的强调。在1926年4月的一篇日记中，与沙德同时代的画家兼剧院设计师奥斯卡·施莱默总结了许多德国最有前途的新锐画家对于高度清晰的渴望："如果当今的艺术……追求精确，拒绝模糊和梦幻，这意味着对混沌的本能排斥和对找到适合我们时代之形式的渴望。"这位苗条、优雅的伯爵在严格的黑白晚礼服的轮廓上被赋予了如此鲜明的线条，他从画面中突显出来，让他的两个同伴退入巴黎的背景之中；和《自画像》一样，在这个模棱两可的场景中，真正的主角是谁已经毫无疑问。

圣热努瓦伯爵是那种无根贵族的典型代表，他们的财富和地位在1914至1918 年的战争中丧失殆尽，如今只有在维也纳或柏林这样的国际大都市中方能生存。沙德注意到，在这些城市中，凡是拥有"姓名、金钱、影响力或名气”者，都能被社会所接纳。圣热努瓦在奥匈帝国的旧贵族（他们现在除了响亮的头衔外几乎一无所有）与新兴的资产阶级之间游刃有余，就像他游走于精致的沙龙与夜总会和歌舞厅的半封建社会之间一样轻松自如，这些场所已成为战后生活的一大特点，尤其是在柏林，这座奥托·狄克斯[1]的《大都市》三联画和阿尔弗雷德·德布林[2]辛辣的、乔伊斯式的《柏林亚历山大广场》中所描绘的城市。

在往昔的任何时代，若是有画家以深情笔触描绘一个身着透明长裙、面颊糙砺、脸上布满美人痣的异装者，他可能会被指责为有意挑衅大众。然而，在新的性自由浪潮的洗礼下，各式各样的同性恋和色情倾向不仅被社会所接纳，甚至受到鼓舞——这一现象与社会动荡和经济波动相伴，成了德意志首都的一大特色。世界各地的人们——包括沙德——纷纷前来一睹这独特风采。妓院和夜总会如春笋般涌现，它们的名称（如“Mikado”或“Voo-Doo”）充满着诱惑性。在这座被誉为“现代世界巴比伦”的城市中，维也纳作家斯蒂芬·茨威格观察到：“德国人将所有的狂热和有条理

1 奥托·狄克斯（Otto Dix，1891—1969），德国画家，德国表现主义运动的代表人物之一。

2 阿尔弗雷德·德布林（Alfred Döblin，1878—1957），德国医生和作家，被认为是20世纪最重要的德国作家之一。

的组织都引入了堕落。”在选帝侯大街上，全身粉饰、衣着俗艳的年轻人穿梭其间，而他们并不全是“专业人士”。每个高中男生都梦想着赚点小钱，在昏暗的酒吧里，人们可能会目睹政府官员和金融家温柔地诱惑醉酒的水手，毫无羞耻之心可言。即便是苏埃托尼乌斯[1]笔下的罗马，也未曾有类似柏林变态舞会的狂欢场面：在那里，数百名男扮女装的男子与数百名女扮男装的女子在警察严肃的目光下共舞。❺换句话说，正如英国诗人W. H. 奥登在访问柏林后所描述的那样，柏林仿佛成了一个“迷人的白日梦”。

这是一个迷人的白日梦，带着与之相伴随的噩梦。沙德在他的圣热努瓦肖像画中深入探讨了这一主题，并将柏林夜生活的放纵与自由巧妙地融入其中。尽管当时的道德环境相对宽容，圣热努瓦却从未公开承认自己的性取向。为了能在维也纳社交圈中自由穿梭，他选择以格拉森男爵夫人骑士侍从的身份出现（在肖像画的左侧）。这位“充满男子气概”的女性（沙德在画作注释中如此形容她）似乎在严厉地审视着这位异装者，仿佛二人都在争夺那位身材矮小、衣着优雅的伯爵的青睐，而他们自己也都身着透明的长袍。男爵夫人戴

1　苏埃托尼乌斯（Suetonius，69—122），古罗马传记作家、历史学家，生活在罗马帝国的黄金时期，见证了多位著名皇帝的统治。

着戒指的手拿着一根白色羽毛(引人注目的是，这羽毛与沙德《自画像》中情人的柔弱白手形成了映照)。这是否意味着懦弱，就像第一次世界大战期间那样？圣热努瓦本人似乎也处于犹豫不决之中，他徘徊于自己的社会角色与对异装癖难以言说的热情之间，仿佛在他所处的明亮房间与外面朦胧的夜色之间游走徘徊。

沙德再次将目光投向巴黎，为他的画作选定了这个充满活力的城市作为背景。这一次，他特别挑选了蒙马特这一区域，为其非传统的三人组合提供了一个恰当的舞台。对于沙德而言，巴黎是他在1925年首次踏足的城市，也是他众多重要肖像画作品的灵感来源。他收集了大量的巴黎明信片，并在蒙马特的屋顶上和风光中拍摄了许多照片，这些照片成为他画作中的重要元素。尽管沙德并不经常访问巴黎，但这座城市依然是他理想的创作场所。例如，在为朋友约瑟夫·马蒂亚斯·豪尔绘制肖像时，沙德将这位具有创新精神的作曲家置于一个宏伟的建筑——埃菲尔铁塔的巨大弧线之下。然而，艺术家在1928年定居的柏林也为他创作两幅最为出色的女性肖像《洛特》(1927年)和《索尼娅》(1928年)提供了天然的背景。洛特是一位帽子店的裁缝，索尼娅则是一位秘书，她们不仅外表美丽，而且极具独立精神，能够自由地穿梭于沙德的社交圈。沙德对女性之美的敏锐洞察使他相信，当时世界上最美丽的女人就在柏林。1927年访问柏林时，沙德曾居住在洛特工作的商店楼上的一间小公寓里。当开始为她画像时，他将画作的背景设定在柏林一家高档的舞厅。

沙德只描绘那些能够以某种方式触动他心灵的人物。在洛特身上，吸引他的不仅是那迷人的淡色眼睛和无瑕的肌肤，还有她作为年轻女性所展现出的勇敢姿态——她决心在没有男性伴侣的支持下，按照自己的方式生活。因此，沙德为她描绘了一幅无懈可击的形象，她的发型和衣着都经过了精心设计，仅用一件丝质衬衫和领带便柔化了她那严峻的黑色外套，并让她独自一人坐在那里。然而，洛特表面上看似独立自在的状态，在那天晚上所挑选的内衣上露出了破绽——那件深红色的胸衣将她的衬衫映衬得通红。她背后的空荡荡的舞池似乎也在默默地回荡着她的孤独。洛特的境遇揭示了她内心的冲突和凄凉，这与沙德在圣热努瓦伯爵的困境中所感受到的情感不谋而合。当这位贵族在公众舆论和私人激情之间徘徊时，洛特不得不为自己的独立付出代价。在夜总会的灯光变幻成疯狂的爵士节奏时，她却只能在周围破碎的镜子里孤独地度过每个夜晚。香槟酒杯触手可及，却空空如也，也映射出她内心的空虚。

矛盾的是，尽管沙德对他的模特保持着一种遥远且表面上毫无情感的态度，而这种距离感却意外地缩短了我们与洛特之间的心理距离。精确的描述性绘画和看似冷漠的外表，反而激起了人们更深的窥探欲望。就好像沙德运用一种异常明亮而有力的镜头，让我们细致地审视那些令他着迷的人物和环境。沙德花花公子式的讽刺态度所激发的窥探好奇心，逐渐成了他画作的核心主题，尤其是在《索尼娅》这幅作品中，她那持续的忧伤眼神引发了无数的猜测。与洛特相似，索尼娅也出现在柏林的一个清晰可辨的地标——罗马咖啡馆[1]中，尽管她看起来更加自在，但显然也是独自一人。再一次，与洛特一样，她成了独立时尚的典范：妆容无可挑剔，穿着时尚而简洁的黑色礼服，手持长长的烟嘴。她的外表也没有洛特那么女性化：伊顿式的短发和丰满、英俊的面部特征，让她几乎呈现出一种雌雄同体的气质。她的眼神让人想起了默片时代女主角们睁得大大的眼睛，只是索尼娅的眼神带着幻灭与失落，让人无法触及。在构成沙德肖像画廊的所有朋友和熟人中，索尼娅无疑是最孤独的一个，像是直接出自朱娜·巴恩斯（Djuna

---

1 柏林一家建于19世纪的咖啡馆，也是柏林最古老的咖啡馆之一。这家咖啡馆以其独特的罗马式建筑风格而得名，在当时的柏林非常流行，曾经是柏林文化界的聚集地，吸引了许多作家、艺术家和思想家。

Barnes）的《夜林》——这部作品是对20世纪20年代大都市的无根状态和绝望的爱情的描绘。❻

索尼娅在结束了办公室的工作后，显然被更为高雅的环境所吸引。在这幅画中，她坐在柏林最著名的一家文艺咖啡馆中，尽情地享受着现代生活，手边拿着美国香烟，银色的桶里放着一瓶正在冷却的香槟。构成作品画面的所有元素——雪纺花、冒烟的骆驼牌香烟、粉盒——似乎都被赋予了完全相同的意义，或者说没有意义。与此前我们讨论过的带有面部疤痕或透明连衣裙的肖像不同，在这幅画中，没有任何具体的描述性细节占据主导地位，整幅画完全由画中人催眠般的凝视所维系。尽管如此，这幅画就像一部"影射小说"（即以真实的历史人物为原型，使用化名的小说），明确提到了当时的几个著名人物。在索尼娅的身后，可以从奇怪形状的耳朵辨认出，那是诗人马克斯·赫尔曼–奈斯[1]，他那纤弱、弯曲、戴着眼镜的形象曾被乔治·格罗兹[2]捕捉到，给人留下了十分深刻的印象。在画面右侧，可以辨认出沙德的密友、记者和昆虫学家费利克斯·布里克（Felix Bryk）

1 马克斯·赫尔曼–奈斯（Max Hermann–Neisse，1886—1941），德国表现主义诗人。

2 乔治·格罗兹（George Grosz，1893—1959），德国画家，魏玛共和国时期柏林达达和新客观主义团体的重要成员，以描绘20世纪20年代柏林生活的绘画作品而闻名。

那臃肿的身影，他以幽默风趣著称，自称是沙德的“莱波雷洛”[1]。事实上，沙德正是通过布里克认识索尼娅的，后者认为索尼娅可能会成为艺术家有趣的模特。通过对这幅画作的进一步深入研究，我们便可以看到沙德的生活与他的肖像交织得何等紧密。例如，赫尔曼-奈斯早在沙德的苏黎世达达主义时期就认识了这位艺术家。在1928年，也就是沙德为布里克创作出一幅极具穿透力的肖像画的同一年，布里克在他的作品中再次出现——这次是作为外科医生在手术中打开腹部的病人。沙德的生活对他的肖像画产生了怎样的影响，可以从他的女友玛卡的多次突然出现中得到证实。她不仅是几幅精美肖像画的主人公，还是《手术》中抱着布里克头部的忠实护士。

在短短两年多的时间里，沙德通过记录那些因美丽、辉煌或脆弱而给他留下深刻印象的人物，成功地创造了一个时代的肖像画廊。沙德擅长将奇异表现为普通，将普通表现为奇异，因此人们怀疑，他在1929年柏林拍摄的一对马戏演员身上同时发现了这三种特质。“有翼人”阿戈斯塔和“黑鸽子”拉莎是柏林北部工人区一个名为“佩勒叔叔”

1 意大利语中的一个词，意为“小兔子”。这个词通常用于形容某人或某物可爱、柔弱或无助的特点。

的马戏团的两名演员。沙德，一个永远在寻找奇特景象和与众不同的人，与同样好奇的布里克一同参观了这家马戏团后立即被他们深深吸引。他一改往常凭记忆作画的习惯，邀请二人到自己位于柏林市中心哈登贝格大街的工作室为他的大幅素描进行准备。沙德简洁地称这“比我与某人共进下午茶的谈话更加有趣”。在这些过程中，艺术家对他的画中人有了深入的了解，并在其后来为每幅画作所写的笔记中描述了他们的生活。

阿戈斯塔的胸部畸形引人注目，不仅吸引了马戏团的观众，还吸引了医学生的关注。他向沙德坦言，自己经常会被寻求新奇刺激的女性追求，但由于已婚并且生活幸福，他并不知道该如何应对。拉莎在马戏团的表演是将一条蟒蛇缠绕在身上。她来自马达加斯加，嫁给了一位德国人，而这位德国人的拿手好戏则是用钩子钩住舌头拎起重物。沙德补充道，这对夫妇与一条蛇以及一个年幼的儿子一起在旅行拖车中过着平静的生活。然而，当他开始为他们画像时，沙德却没有做任何事情来凸显他们的奇特之处。考虑到作品已经具有了怪异的主题，这幅肖像画可以被看作比其前作更具自然主义特征的呈现——对一个奇特人类的客观呈现。是什么触动了沙德，让他决定为这两位表演者绘制一幅大型的、精心策划的肖像呢？是自然和命运的捉弄让他们拥有与普通人群迥异的经历。他们的经历触动了艺术家的神经，使他敏锐地意识到，正如他在关于另一幅肖像（《薇拉·瓦西尔科男爵夫人》）的笔记中所写到的那样，“偏差或异常是何等美丽”。

为了搭建作品结构，艺术家将阿戈斯塔安放在了他最喜欢的一把古董扶手椅上。在高处，这位拥有翅膀的男子，即使没有教皇般的威严，也透露出一丝不容忽视的气质——嘴角带着残忍的微笑，目光充满挑战性。与此同时，拉莎则温顺地坐在他的脚边，穿着传统的服装，从蟒蛇的怀抱中挣脱了出来。两位表演者都习惯于被展示，平静地回望着观众，甚至带着一丝骄傲。再一次，在这幅近距离正面肖像以及黑白皮肤之间的鲜明对比中，人们想起了马奈。但是，与前几幅充满秘密线索和象征性的肖像画不同的是，这幅引人入胜的作品是以陈述事实的方式呈现的，没有任何影射或夸张，结果反而更加令人不安。

大约七十年后的今天，当我们回顾沙德在20年代创作的一系列肖像画时，我们可以将其视为一部异常深刻且清晰的时代日记。这一时期的肖像画很少能让人如此彻底地沉浸在两次世界大战之间狂热的现代性和脆弱的欢愉之中。沙德能唤起当时躁动的良心，关键在于他对周围世界的描绘没有任何明显的介入。他可能借用了与同时代英国小说家克里斯托弗·伊舍伍德(Christopher Isherwood)的一句预言:“我是一台相机。”但他所使用的镜头必然是他自己的感性,以文艺复兴时期的技巧传达出对当代陌生事物的特殊感情。无论他的肖像画看起来多么“客观”,它们所做的远不只是记录:它们创造了一个完整的社会,充满了人类的多样性和真实性。伯爵、索尼娅、拉莎和沙德本人都是这个时代最令人难忘的人物,人们至少可以从他们大理石般的苍白和宿命般的目光中看到,他们的世界即将永远消失。

❶ 1926年末,沙德在维也纳维尔特勒画廊举办了个展,他在画展的画册序言中写道:“我画得很好(没有必要害羞),这一点毋庸置疑,唯一的问题是我是否是一名好画家,以及我是否生来就是一名画家。”

❷ 在他职业生涯的末期,沙德为他的所有重要作品都提供了解释性注释。

❸ “惊世骇俗的快感和从不为自己感到惊讶的傲慢满

足。”查尔斯·波德莱尔:“现代生活画家”,《全集》(巴黎:拉封出版社,1980年),第807页。

❹ “像所有今天仍被视为大师的人一样进行绘画。”克里斯蒂安·沙德,《我的生活之路》,展览画册前言(维也纳:维尔特勒画廊,1927 年),重印于《克里斯蒂安·沙德》(巴塞尔:潘德玛·卡尔·拉斯洛出版社,1972年)。

❺ 引自安东·吉尔(Anton Gill),《火焰间的舞蹈:两次世界大战之间的柏林》(伦敦:约翰·默里出版社,1993 年),第46页。

❻ 相反,《夜林》的主要人物可能都直接出自沙德的作品。巴恩斯是这样描绘她的犹太裔奥地利男爵菲利克斯·沃尔克贝因(Felix Volkbein)和他的同伴的:“早年,菲利克斯设法融入了马戏团和剧院的盛会。在某种程度上,他们将他的情感与国王和王后高不可攀的盛会连在了一起。布拉格、维也纳、匈牙利、德国、法国和意大利那些更和蔼可亲的女演员,那些杂技演员和吞剑者,都曾一次又一次地让他进入她们的化妆间……这个世界的人们,他们的欲望与他的完全不同,也为了一个目的使用了头衔。这里有一位纳迪亚公主,一位冯·廷克男爵,一位斯塔塞拉或斯塔赛罗公主,一位巴弗国王,以及一位布罗德贝克公爵夫人。”朱娜·巴恩斯,《夜林》(伦敦:费伯与费伯出版社,1936年)。

原题为《克里斯蒂安·沙德:20世纪20年代的肖像》,选自吉尔·洛伊德(Jill Lloyd)和迈克尔·佩皮特(Michael Peppiatt)编,《克里斯蒂安·沙德与新客观主义》,展览图录(纽约:新画廊和 W. W. 诺顿出版社,2003)。

第二部分

PART II

ARTISTS

9
A Tribute to Dora Maar
致敬朵拉·玛尔

朵拉 · 玛尔, 1941 年, 罗基 · 安德烈　摄

我不明白《独立报》为何邀请我撰写朵拉·玛尔(Dora Maar)的讣告，除非他们认为我在法国的这些年里可能有幸与她相识。实际上，1969年夏天，当我和约翰·雷瓦尔德(John Rewald)、爱丽丝·雷瓦尔德(Alice Rewald)夫妇在普罗旺斯的梅纳贝斯村居住时，我确实在那里遇见过她。爱丽丝和我第一次在去教堂的路上遇到了朵拉，随后又在当地市场上再次与她相遇。朵拉认为有必要邀请我们到毕加索为她购置的那座阴暗而宽敞的房子里喝上一杯(尼古拉·德·斯塔埃尔也在附近为他的家族购置了一处古老的房产)。那座房子的内部阴凉、昏暗、光秃秃的，就像修道院，至少在我的记忆中，地板是用夯土铺成的。朵拉摇了摇放在厨房桌子上的几个古老而布满灰尘的瓶子，但没有任何东西流出来，直到其中一个瓶子最终流出了黑色的细流。我们的交谈也同样缓慢，我们恭敬地举杯，喝了一口像是半凝固的核桃利口酒。道谢之后，便告辞离开。

自朵拉去世后，她作为毕加索的缪斯女神、情妇，以及那个著名的“哭泣的女人”，慢慢地“走出了阴影”。人们对她在战后巴黎艺术繁荣时期的生活以及她留下的作品越来越感兴趣。如今，她已被视为一位重要的艺术家，其摄影和绘画作品的大型回顾展于2019年在巴黎开幕，并将在伦敦和洛杉矶巡回展出。关于她的文献也日益丰富起来。

然而，在我撰写这篇讣告时，关于她生平的信息依旧有限，她的作品更是鲜为人知。或许还需要再过许多年，朵拉·玛尔才能完全脱离毕加索的强大“神话”，让人们纯粹基于她的成就来对她进行评价。当然，硬币的反面是，毕加索的神话也从与他关系密切的杰出女性身上汲取了许多力量。

朵拉·玛尔在她90岁生日前的几个月去世，她将作为毕加索情妇中最凄美的一位而被世人铭记。在1936年初，首次走进毕加索的生活时，她才28岁，而他已54岁。他在巴黎双偶咖啡馆的邻桌注意到了她，并立即被其深邃的美貌所吸引。尽管在圣日耳曼德佩区，毕加索离开妻子奥尔加(Olga)，与玛丽-泰雷兹·瓦尔特(Marie-Thérèse Walter)同居的事已不再是秘密，但该区的许多年轻女性还是在不遗余力地试图吸引他的目光。朵拉戴着绣有粉色花朵的黑色手套，在毕加索痴迷的注视下，她脱下手套，开始用手指有节奏地玩起了刀子。时不时地，她靠得太近，流出了一点血。

这个插曲，预示着两人那场风暴与伤痛并存的爱情。那年夏天，两人在圣特罗佩附近的朋友家相遇，从此便开始了这段感情。虽然朵拉一向都很矜持、任性，但她一点也不天真。她曾接受过绘画训练，接触过亨利·卡地亚-布列松[1]和曼·雷[2]，并作为一名摄影师开始了自己的职业生涯，既拍摄过实验作品，也拍摄过新闻作品。作为持不同政见的超现实主义作家乔治·巴塔耶(Georges Bataille)的情妇，她不仅熟悉巴黎的先锋派圈子，而且也熟悉性探索的广阔界限。

朵拉，1907年出生于图卢兹，母亲是法国人，父亲是斯洛文尼亚人。由于父亲从事建筑工作，一家人经常生活在国外。朵拉在阿根廷长大，当回到巴黎时，已经能说一口流利的西班牙语(毕加索尤其看重这项技能)，并感到自己在社会和道德方面比同时代的法国人更加自由开放。她决定将原名亨利埃特·西奥多拉·马克维奇(Henriette Theodora Markovitch)缩短为朵拉·玛尔，以符合她国际化的现代气质和作为艺术家的雄心壮志。

但是，没有什么能让她对于同毕加索之长期关系所产生的影响做好充分准备。从一开始，她对绝对信仰的承诺，已经在对宗教的浓厚兴趣中得到了体现，并且与毕加索善变任性的性格发生了冲突。由于已经开始厌倦玛丽-泰雷兹舒缓的被动状态，朵拉的独立和冷静的理智判断给毕加

---

1 亨利·卡地亚-布列松(Henri Cartier-Bresson，1908—2004)，法国著名摄影师、电影制片人，20世纪最具影响力的摄影家之一。

2 曼·雷(Man Ray，1890—1976)，美国摄影师、画家、雕塑家和电影制片人，达达主义和超现实主义运动的代表人物。

索带来了挑战。与朵拉在一起，毕加索可以讨论他作品中的复杂问题。在她的引导下，他甚至尝试了一种将物体的阴影投射到感光纸上的技法。朵拉还在一些更实际的问题上提供了帮助，为毕加索找到了位于大奥古斯汀区的工作室，而艺术家就是在那里绘制完成了《格尔尼卡》。随着作品的进展，朵拉会为每个关键阶段拍摄一些照片，从而为毕加索作品的发展提供了宝贵的记录。1937年，这组照片被刊登在《艺术纪事》杂志的毕加索专刊上。

朵拉还对毕加索的政治态度产生了一定的影响，在她的影响下，他在政治上变得更加激进。但是，两人的感情自开始以来，就嫉妒不断，暴力也一触即发。在毕加索与玛丽-泰雷兹的关系持续之际，他难以抗拒地将这种微妙的局势推向极致的诱惑，甚至以一种近乎女性化的直觉激化了两个女人之间的敌对，让一个女人穿上另一个女人最喜欢的衣服，将征服细化到最后一个细节。有一次，两个女人真的在工作室里大打出手，而毕加索却若无其事地继续着他的工作。

在他们动荡的恋情中，情感的不断变化激发了毕加索的创作灵感。自从认识朵拉后，他立即开始为她创作了一系列精彩而又不失残酷的肖像画。在一幅体现画家对两人年龄差距理解的作品中，朵拉首次亮相。她推开一扇大门，发现门的另一侧有一位满脸胡须的老人正在等待。还有一些更为温柔的素描，捕捉到了她脸上那股疏离而迷蒙的魅力；以及将她的形象绘成小鸟，或是展现她喜欢夹在修长手指间的烟嘴的奇思妙想的肖像。她在《格尔尼卡》中的存在是确定无疑的；而在毕加索几个月后开始创作的著名的“哭泣的女人”系列作品中，他则以更个人化、更犀利的笔触探索了朵拉所激发的那个流泪的女人形象。

战争爆发后，两人的爱情在无数残酷的斗争中逐渐变质。毕加索笔下的朵拉逐渐变得凶残和扭曲，形式上的光彩有时甚至变成了粗暴的毒液。无疑，这位专横的艺术家在画布上尽情释放自己情感的同时，朵拉天性中顽强不屈的一面正在激怒着他。尽管毕加索在描绘朵拉时明显受到了一系列其他感觉和冲动的驱使，但他仍将朵拉视为最痛苦的创作对象。他曾向弗朗索瓦丝·吉洛（Françoise Gilot）吐露心声：“对我来说，她就是那个哭泣的女人。多年来，我一直在画她备受折磨的样子，既不是出于侮辱，也不是出于愉悦。”

到了1945年，两人的爱情终于走到了尽头，吉洛取代朵拉，成为毕加索的模特和新晋恋人。正如朵拉无法为与毕加索共度一生做好准备，她也未能为没有他的生活所可能带来的更大冲击做好充分准备。即使在最好的时光，朵拉也容易情绪波动，而现在，她彻底陷入了抑郁。她先是在医院接受电击治疗，随后在朋友和崇拜者保罗·艾吕雅的坚持下，求助于巴黎先锋派著名的精神分析学家雅克·拉康。尽管朵拉在这场破碎的感情和治疗中幸存了下来，但她的生活却经历了翻天覆地的变化。她开始减少外出，全身心投入自己的绘画之中。在创作了许多充满战后巴黎绘画严峻简洁风格的静物画之后，她开始了对一系列大型抽象作品的探索。

朵拉的生活变得越来越虔诚，她在位于萨伏伊街的公寓里过着修道院般的生活，而这间公寓就位于她为毕加索找到的工作室附近。后来，她开始在毕加索为她在普罗旺斯山村梅纳贝斯购置的房子里度过更长的假期。她独自在那座阴暗而舒适的大房子中生活，继续画画，对自己的才华保持着坚定的信心，但她几乎无法让任何人看到她的作品，更不用说举办展览了。因此，尽管她渴望得到认可，但她的绘画和摄影作品从未得到充分的展示。随着年龄的增长，朵拉·玛尔变成了一位隐居的神秘人物，甚至对于梅纳贝斯的村民们来说她也是一个谜。他们了解她的过去，但除了在去教堂的路上，很少能瞥见她的身影。

原载于《独立报》，伦敦，1997年8月2日。

10

Alice Bellony-Rewald: Portrait of a Muse

爱丽丝·贝洛尼-雷瓦尔德：一位缪斯的肖像

达多和爱丽丝·贝洛尼-雷瓦尔德在达多位于赫鲁瓦尔的家中，诺曼底，约1975年，摄影师不详

多年来，爱丽丝·贝洛尼–雷瓦尔德(Alice Bellony–Rewald)在国际艺术界中一直享有盛誉。她魅力四射，活泼开朗，在巴黎和纽约结识了许多20世纪的杰出艺术家。她不仅为其中的一部分人撰写了文章、进行了采访，一些人还为她绘制了肖像。我们在巴黎的一个派对上初次相识，随后在博物馆中再次重逢，发现我们对本书中的许多艺术家都有共同的兴趣，而且她本人也与这些艺术家相互熟识。贝洛尼–雷瓦尔德还撰写了大量关于现代艺术的文章，尤其是关于她与杜尚(Duchamp)、巴尔蒂斯和贾科梅蒂邂逅的回忆。1996年，我前往她在玛莱区的寓所，为她写下了一段人物速写。

毕加索曾考虑过这样做，弗朗西斯·培根也有过相似的念头，但阿尔贝托·贾科梅蒂、巴尔蒂斯、奥斯卡·柯克西卡[1]和汉斯·贝尔默[2]确实为爱丽丝·贝洛尼–雷瓦尔德绘制了肖像。从素描到完整的画作，这些作品大部分如今都悬挂在贝洛尼–雷瓦尔德夫人在巴黎居住的时尚阁楼式公寓中。许多作品上都刻有“献给亲爱的爱丽丝”的字

---

1 奥斯卡·柯克西卡(Oskar Kokoschka，1886—1980)，奥地利画家、作家，表现主义艺术家，作品以强烈的情感表达和富有戏剧性的风格而著称。

2 汉斯·贝尔默(Hans Bellmer，1902—1975)，德国画家、玩偶制作家、摄影家。

样。环顾四周的墙壁，我们可以清晰地感受到，这位精神矍铄的女士曾在20世纪五六十年代处于巴黎和纽约艺术界的中心。

与她交谈时，我们也会发现，除了异国情调之外，她的任何背景都不会让她成为众多杰出艺术家的知己和模特。爱丽丝（她坚持被称为爱丽丝，因为“贝洛尼–雷瓦尔德这个名字太难念”）出生于西非。她的母亲是印度尼西亚人，父亲是来自马提尼克岛的法国非裔，曾作为巡回法官被派往达荷美[1]。尽管如此，除了房子周围动物的喧嚣和夜晚的尖叫声，爱丽丝对于非洲的记忆并不是太多。她的母亲在她还是婴儿时就去世了，随后，她被带到了一个完全不同的环境中：法国北部一个名叫安布莱尼的沉闷村庄，由一个远房亲戚抚养长大。尽管这个村庄起初并不受欢迎，但在20世纪20年代的法国，拥有黑人资产阶级的村庄实属罕见。所有知名人士，包括医生和律师，都来自马提尼克。爱丽丝依然清晰地记得他们的名字和事迹：例如，医生塞普蒂莫斯·阿格里科尔，他经常拜访那些孤寂农舍，被称为当地大多数人口的祖先。与此同时，爱丽丝被认为是一个相当叛逆的孩子，

1　中西非国家贝宁共和国的旧称，曾为法国殖民地。

她被托付给当地的修女接受教育。多年后，她回忆起修女们简单固执的灌输，仍感到不寒而栗。

一有机会，爱丽丝就会逃离安布莱尼荒凉的田野和修女的监管，前往巴黎。她进入索邦大学学习法律，但枯燥的理论教学和憔悴的圆形剧场却让她想起了曾经逃离的那家修道院。与此同时，她被圣日耳曼德佩区的新存在主义哲学、迷人的人群和时尚的咖啡馆所吸引。爱丽丝回忆说："当时战争刚刚结束，每个人都热衷于在街上闲逛。""大家都感到如释重负、欢欣鼓舞。没有人愿意待在家里，因为家里条件艰苦，几乎没有暖气，浴缸里还像在整个战争期间一样，装满了煤炭或土豆。当然，电视也是闻所未闻的。因此，人们纷纷涌向圣日耳曼德佩区，那里弥漫着美妙的氛围，你可以和每个人交谈。如果在咖啡馆等待够久，你一定会遇到一些你心中的英雄。如果你没有在那里遇见他们，那么你也会在夜深人静的时候在红玫瑰夜总会等当时最受欢迎的地方见到他们。名人们并没有那么自命不凡，在花神咖啡馆或双偶咖啡馆向萨特或毕加索问好非常容易，即使是像我这样初来乍到、被崇拜冲昏头脑的人也不例外。"

从那时起，爱丽丝对这种生活的倾慕之情与日俱增，而对法律的学习却日渐减少。她找到了真正的家，无论是精神上还是物质上，因为她后来搬进了圣日耳曼区为学生服务的众多旅馆中的一家。她说：“那时大家都没什么钱，这使得人与人之间的接触变得更加容易。几乎每个人都住在一个小房间里，晚餐通常是在普利姆斯炉子煮的意大利面。然而，我们真正的家是咖啡馆。你无法想象它们有多么重要。你知道这个或那个朋友会在一天中的某个特定时间出现在蒙塔兰贝、花神或双偶咖啡馆，所以你从不需要真正的约会，你只需出现在那里。在等待的过程中，你可能会看到一些‘明星’经过，比如朱丽叶·格蕾科[1]或阿尔贝·加缪[2]。那时没有电话，如果你想找人，可以把消息留给其中一个咖啡馆的服务员。咖啡馆就像一个邮箱：你可以通过服务员进行一场完整的恋爱。”

此时的爱丽丝已经放弃了学业，她需要一份工作。凭借她美丽的外表和充满热情的性格，她很快在左岸一家著名的艺术画廊找到了一份助理的工作。她精明的雇主确保她坐在过往行人的视线范围内，而她的容貌和富有感染力的笑声很快就被证明与画廊墙上的雷诺阿和马蒂斯画作

1　朱丽叶·格蕾科（Juliette Gréco，1927—2020），著名法国香颂歌手、演员，被誉为“巴黎的情人”，以其低沉磁性的嗓音和优雅的气质而闻名。

2　阿尔贝·加缪（Albert Camus，1913—1960）是一位法国作家和哲学家，存在主义文学运动的代表人物之一，被誉为“荒诞哲学”的创立者。

一样吸引人们的目光。一位名叫约翰·雷瓦尔德的德国出生的艺术史学家成了这里的常客。此外，那个时期的一些名人也经常光顾画廊，如俄罗斯画家谢尔盖·波利雅科夫(Serge Poliakoff)，他会定期带着吉他，为这位娇小的助手演奏小夜曲。此时的雷瓦尔德已经完成了许多关于塞尚的开创性研究，并开始撰写后来成为标杆的印象派运动史，而他也成了爱丽丝最执着的追求者。由于雷瓦尔德在战前就居住在巴黎（曾为躲避纳粹迫害而逃往纽约），因此在巴黎艺术界享有盛誉。通过他，爱丽丝开始结识新的艺术家、经销商和收藏家，并与他们建立了更加平等的关系。在巴黎频繁逗留之后，雷瓦尔德劝说爱丽丝离开圣日耳曼这片令人珍爱的牧场，前往同样令人兴奋但更具挑战性的纽约。

爱丽丝回忆道："我对美国的所有印象都来自电影——牛仔片和惊悚片。""刚来到纽约时，我发现自己置身于一个高度复杂的犹太裔艺术品收藏家世界。我花了很长时间才将我脑海中关于地下酒吧和狂野西部的画面与那些能流利使用五国语言，被古董家具、马松瓷[1]和古代大师作品环绕的人们协调起来。在很长一段时间里，我觉得自

1　起源于德国马松的瓷器，被认为是欧洲最早的瓷器之一，具有悠久的历史和精湛的工艺，以其优美的造型、细腻的纹饰和卓越的品质而闻名于世。

己尚未真正到达美国——真正的美国似乎还在远方，而我却还未找到它。”

一段时间后，爱丽丝与雷瓦尔德结婚，并在公园大道的一套舒适公寓安家。这套公寓里环绕着雷瓦尔德从最早研究印象派画家以来收藏的19世纪末和20世纪初的精美素描作品。作为一对夫妇，他们在纽约艺术界表现出色。雷瓦尔德因其学术成就和敬业精神受到尊重，而爱丽丝则因活泼开朗、魅力四射的性格而受到喜爱。更重要的是，她擅长与人交往，倾听他们的心声，并乐于讨论任何阳光下的话题。爱丽丝对艺术的热爱与日俱增，她参加所有开幕式，并开始结识她最感兴趣的美国画家。到20世纪50年代末，几乎没有一个著名抽象表现主义画家的工作室或阁楼是她没有拜访过的。虽然波洛克[1]或罗斯科[2]并未为她绘制肖像，但当时的几位具象画家，如拉斐尔·索耶（Raphael Soyer），确实请爱丽丝为他们做过模特。

爱丽丝还开始为法语报纸《洛桑公报》撰写艺术评论，这为她提供了与纽约艺术家共处的机会。当时许多纽约艺

1 杰克逊·波洛克（Jackson Pollock，1912—1956），美国抽象表现主义画家。

2 马克·罗斯科（Mark Rothko，1903—1970），俄裔美国画家，抽象派运动早期领袖之一。

术家纷纷搬到了市中心或长岛，以寻找更大、更便宜的工作空间。爱丽丝说："20世纪50年代末和60年代初是纽约的黄金时期。那时的艺术活动和整体氛围与圣日耳曼截然不同。那里的氛围更纯净，也许更天真，但也正因如此，冲击力更为直接、更为强烈。一切似乎都有可能，你知道，那种美国式的乐观主义。人们不仅想做新的事情，而且有足够的财力去实现它们——而在战后的法国，这方面往往是非常缺乏的。"

与此同时，爱丽丝始终与巴黎保持着联系，她经常乘坐她所钟爱的传奇的法兰西号等豪华邮轮在大西洋两岸往返（她津津乐道地回忆道："在海上的五天里，所有的正常规则和习俗都被暂时抛在一边。"）。她和丈夫都在媒体上撰写关于艺术的文章，并不断增加自己的收藏，因此他们有两个充分的理由拜访法国的任何一位伟大艺术家。他们曾多次拜访毕加索，而毕加索则时而勉强，时而热情地接待了他们。爱丽丝还依稀记得，在毕加索离开他们去参加一场斗牛比赛之前，她曾与这位伟大的西班牙人详细讨论过斗牛问题。但她印象最深的还是在戛纳附近卡尔弗尼亚区的厨房里与毕加索共进的一顿简单的午餐。"他只穿了一条短裤，虽然是个老人，但我一直注意到他的皮肤看起来非常漂亮。他散发着一种动物般的活力。那天他心情很好，跟我说了很多他喜欢吃的东西。他说，他最喜欢的是汤，不过是他小时候在西班牙喝过的那种汤，离开后就再也找不到了。他非常轻松，自然地聊天，仿佛他有无尽的时间。当他突然说想为我画像时，我当然欣喜若狂。但最终我们还是没有找到合适的时机，而他本来可以不费吹灰之力就开始画的。”

许多年后，爱丽丝与培根建立了深厚的友谊，后者经常前往巴黎看望她。然而，给她留下最深刻印象的艺术家却是贾科梅蒂。她是在1960年结识贾科梅蒂的，那时贾科梅蒂正处在声誉的巅峰。贾科梅蒂曾邀请爱丽丝和她的丈夫前去自己位于蒙帕纳斯后面、以混乱著称的小工作室，并最终同意为他们画几幅画。爱丽丝回忆道：“我们走进一个洞穴般的地方，里面堆满了雕塑半成品、工具和破布，灰尘弥漫。这景象实在非同寻常，因为每当坐下，便会有尘土飞扬，而贾科梅蒂一动，又会有另一团尘土飘起，仿佛这个小小的工作室在逐渐消散。创作的时光总是漫长且遵循着相似的模式，贾科梅蒂会短暂地坐立不安，喃喃自语，重重地叹气。接着，他在纸上勾勒出几个记号，喃喃自语和叹息声越来越大，他大声感叹：‘不可能，这不可能。我该如何描绘我所看到的鼻子呢？’这样的抱怨持续了一段时间，突然间，他看着我，说出这样一句话：‘但头部就像一幅风景画！我如何在有限的头部空间里描绘出一整片风景呢？’随后，他平静下来，开始认真创作。每当完成一幅画作，或认为无法继续画下去时，他会让画作掉在地上，说：‘这画毫无价值，你留着它也没用。’为了强调这一观点，他会把画作踩在地上。这就是贾科梅蒂的独特方式。最后，他或许会将其赠予你，假装惊讶于你会想要这样一件可怜的东西。然而，从他那里购买画作是颇为困难的。若他真的有意出售，总会有一大群美国收藏家排队等待，因为他在美国的名气甚至超过了欧洲。”

“这变成了我们之间的一种游戏。”爱丽丝继续说，同时取下了贾科梅蒂为她创作的一张小尺幅墨水肖像。“他是一个很有魅力的男人，尽管经常从头到脚都沾满了石膏粉，但他却显得格外优雅。我回去看他，是希望能再买一两幅画，但我总是被他奇怪的做事方式所吸引。他经常约我在他当地的咖啡馆见面，然后会顶着满头的石膏头发来到咖啡馆，随后就开始聊天——常聊的是政治，或者任何引起他遐想的话题。每当我想让他说出一幅画的价格时，他就会扯开话题。‘但我不需要钱，’他会说，‘我有我的工作室，我不想搬家。我无法想象去其他地方。我妻子觉得这里太不舒服了，所以我给她买了一套公寓。但我已经拥有了我所需要的一切。我把所有的钱都留给了我的经销商。’所以我经常会加入他的游戏，我会说：‘好吧，既然你这么有钱，为什么不把它送出去呢？为什么不把它送给那些想做点什么的人，比如拍电影的人？’他想了一会儿，说：‘我会把它送出去的，但是没有人要求我。’后来我对他说：‘为什么你在工作时总是抱怨呢？’他一脸惊讶地说：‘我真的会抱怨吗？’然后我意识到，他的抱怨几乎是无意识的，就像咒语一样，是为了让自己继续工作。贾科梅蒂最大的乐趣之一就是在巴黎进行数小时的漫步。他经常整晚都在外面，吃到很晚后去几家酒吧，然后无休止地穿过街道。一天晚上，我们在圣日耳曼吃过晚饭后，他一路送我回到了蒙马特我住的地方。那时已经很晚了。我邀请他进来喝一杯。一进门，他就说：‘我年轻的时候，找一个女人太难了。现在我身边的女人太多了，我都不知道该拿她们怎么办。’我没有回答。过了一会儿，他说：‘给我一支笔’，然后他就在那里给我画了这个奇妙的小头像，再然后就消失在夜色中了。”

原载于《卫报》，1996年12月30日。

II

John Richardson: The Sorcerer's Apprentice

约翰·理查德森：魔法师的学徒

约翰·理查德森在纽约的家中，1965 年，利奥波德·约瑟夫　摄

20世纪70年代中期，我在纽约首次遇见了约翰·理查德森(John Richardson)。此后多年，我们的见面时断时续，直到这篇评论发表后不久，他提出一个想法：基于我们各自作为艺术家传记作者的身份，共同策划一个"培根/毕加索"的展览——约翰认为我可以直接协助他完成他的大型毕加索项目。尽管我对他进行大规模合作的想法心存疑虑(因为我始终只能是他的助手)，但他的想法仍深深吸引了我，并让我亲眼看见了他混乱却充满灵感的工作方法。此后的几年里，我们经常见面。虽然从未真正成功启动过任何项目，但度过了许多愉快的夜晚。地点通常是在他位于市中心公园大道的豪华公寓，那里布满了绘画和各种珍奇物品。理查德森向我倾诉了他在漫长而多彩的人生中所结识的各类艺术家、作家、社交名媛、著名收藏家、骗子和怪人不为人知的故事。以下是对他早年回忆录的回顾。让我感到遗憾的是，理查德森没有留下更多关于他生活和时代的大胆速写。

在撰写《毕加索传》的过程中，约翰·理查德森停下脚步，以简洁的文字叙述了自己的前半生，特别聚焦于其年轻时代与立体主义艺术史学家兼收藏家道格拉斯·库珀(Douglas Cooper)的长期关系。这段记述主要围绕理查德森在1949年初至1960年底与库珀共同生活的十几年时间。在这期间，他们游历了欧洲各地，参观博物馆和古迹，结交了当时伟大的艺术家及其他知名人士，并修复了法国南部的卡斯蒂利亚城堡。在库珀卓越的20世纪艺术收藏的环绕下，两人在这里过着颇为绚丽的生活。

理查德森与库珀在战后的伦敦初次相遇，两人为了逃离这座城市的沉闷，决定将全部的精力和才华投入追求享乐之中。得益于库珀继承的丰厚家族财富，他们尽情享受娱乐与奢华，不是在欣赏或购买心仪的艺术品，便是在款待老友或结交新朋。音乐会、狂野的家庭聚会，与地中海未受破坏的海滩上度过的悠闲时光轮流进行，或在让·科克托和毕加索陪伴下观赏斗牛。勤勉的仆人以及库珀驾驶的豪华汽车，让他们在这种闲逛中更加惬意。从美味的当地美食橙胸林莺到松露，都让糟糕的英国记忆，如火腿和蛋粉，消失得无影无踪。

尽管这种生活听起来极为惬意——从理查德森生动的描述中可见一斑——事实也确实如此，但始终有一个不小的问题：除了在立体主义方面的专长，库珀在艺术界还以好战和报复心强而闻名，从无意识的恶意到策划阴谋，种种行为都有所体现。理查德森提到的最著名例子就是库珀与泰特美术馆馆长约翰·罗森斯坦爵士之间多年的争斗——最终在一场展览开幕式上爆发了一场不体面的冲突。尽管这种攻击适得其反，但库珀并未因此而受挫。他激烈地反对了一些自己曾大力支持的艺术家，还对同行的艺术史学家、策展人和收藏家进行了冷嘲热讽，在报刊上和私下里对他们大加讨伐，仿佛现代艺术完全是他的地盘。

任何见到库珀的人都不会怀疑他潜在的恶意。亲身见面时，其脾气的暴躁程度与其恶名昭彰的形象如出一辙。我记得，在20世纪70年代初的巴黎，我在一场拍卖会拥挤的招待会上第一次见到他：他肤色黝黑，身材臃肿，身着喧闹的斜纹软呢外套，看起来就像一个愤怒的农场主误入了艺术的矫揉造作之地。当我们被介绍认识时，他看起来还算友善，但他的眼中闪烁着胜利的光芒，就像一个猎场看守在给偷猎者戴上项圈。在我走出听力范围之前，我听到他对"无礼的佩皮特"说了一些尖刻的话。我想，他不是对我写的东西有什么意见，而是对我的艺术写作本身感到不满。

作为库珀的亲密伙伴，理查德森拥有本能的、日益增长的艺术意识，从长远来看，这种意识使他注定招致导师的强烈愤怒。正如闪电般突如其来的预警信号，这种愤怒在他们的关系早期其实就已经出现，尤其是当理查德森不顾库珀的强烈反对，决定写一篇关于乔治·布拉克的研究报告时；反过来看，库珀希望他的学生能从他的身上学到一切，但却从不将自己所学用于任何目的。尽管理查德森只是含蓄地提到了与这样一个固执己见、善于操控的人相处的压力，但他笔下的一切似乎都在不祥地预示着这对情侣最后的冲突。

这场争吵的起因是审美观念的差异。在大多数情况下，作品归属问题并不会引发家庭风波，但在立体主义的圣地卡斯蒂利亚城堡，却发生了这样的事情，其大祭司也恰巧在场。理查德森对一位收藏家朋友打算购买的两幅据说出自费尔南德·莱热[1]之手的画作发表了自己的看法:“他怎么会被这些缺乏生气的涂鸦所迷惑呢？”理查德森问道，显然是想展示自己的专业知识。“现场陷入了尴尬的沉默，库珀的脸色变得如同夏日布丁一般。‘我们的鉴赏力真是越来越专业了。’随后传来

1 费尔南德·莱热（Fernand Léger，1881—1955），法国画家和雕塑家。

一声尖叫，如同印花布被撕裂一般——既滑稽又令人震惊。‘你竟敢对我说什么莱热！’他大声咆哮，‘那些画作绝对是真迹。滚出去，滚……’然后他又看了一眼照片，我知道他意识到自己是错误的，而我是对的。然而，事情再也回不到过去了。”

从那时起，他们的关系迅速恶化，两位主角最终都没有得到好的结果。理查德森逃离了库珀的控制，第一次来到纽约，并在36岁这个不算太年轻的年纪意识到，他或许可以自力更生。回到法国后，争吵和指责不断。库珀烧毁了昔日情人的私人物品，然后故意扣留了毕加索、布拉克、尼古拉斯·德·斯塔埃尔和格雷厄姆·萨瑟兰[1]送给理查德森的艺术品。为了报复库珀，理查德森清晨突袭了库珀的住所，试图夺回自己的财产，却发现库珀已经派警察跟踪了他。这段长达12年的田园诗般的时光最终演变成了一场闹剧和悲剧。然而，多年后，这两个男人还是在库珀于1984年去世之前达成了某种程度的和解。

在回忆录中，理查德森以生动的叙述描绘了库珀

1　格雷厄姆·萨瑟兰（Graham Sutherland，1903—1980），英国画家。

在他生活中的起起伏伏，并没有明显的敌意。叙述中穿插着对他所认识的许多其他人物的精辟描写；他在短短几行文字中勾勒出玛丽–劳尔·德·诺阿耶[1]、西里尔·康诺利[2]和朵拉·玛尔的形象，对毕加索的每一段描述都让这位艺术家栩栩如生。然而，在这幅生动的画卷中，神秘失踪的恰恰是理查德森本人。在简短描绘了他的童年和学生时代后，作者变成了一个超然的叙述者，巧妙地记录了一连串的外部事件，但对自己的想法和反应却只给出了最肤浅的描述。尤其是，理查德森为什么会被库珀深深吸引，或者在他们长时间的恋情中，他对库珀的真实感情是什么，这一点从未清晰。这肯定不是性吸引，因为理查德森在他们相处的第一晚就惊恐地发现，库珀"就像达利的生物体一样充满弹性"；他们之间的肉体关系也没有再被提及。在某种程度上，正如理查德森所暗示的，这两个人似乎是因为对艺术的热爱和某种程度的父子关系（库珀比理查德森大13岁）而走到一起的。但这很难解释他们情感的持久力，因为理查德

1　玛丽–劳尔·德·诺阿耶（Marie–Laure de Noailles，1902—1970），法国社会名流、艺术赞助人和作家。

2　西里尔·康诺利（Cyril Connolly，1903—1974），英国作家、文学评论家和编辑。

森曾与这位（用他的话来说）“极具天赋，又充满缺点的老家伙”分享了如此多的青春时光。

毫无疑问，库珀对理查德森有着深厚的知遇之恩，而理查德森对库珀的情感也远比他在回忆录中所表达的要深得多；值得注意的是，作者甚至将他的毕加索传记第一卷献给了库珀。然而，由于作者及其恋人的心理深度并未被充分揭示，他们关系的持久基础仍然让人难以捉摸。

在理查德森对自己“楼上楼下”背景的描述中，或许可以寻找到线索：他的父亲—— 一位杰出的军人和成功的企业家，在理查德森5岁时离世，留下了他的母亲——一位普通的职员，依靠逐渐减少的财富来抚养家庭。作者表示，这笔财富“不足以让我们在人生中有一个良好的开端”。当库珀出现（就像蟾蜍托德[1]一样，驾驶着一辆色彩鲜艳的劳斯莱斯喇叭）时，他的财富，或许更重要的是他的老练和社会关系，肯定让这位年轻、英俊且富有抱负的理查德森更加心动。如果理查德森能够更加开放地分享他的个性和内在驱动，那么这本既吸引人又充满幽默的作品肯定会成为一本真正令人难以忘怀的回忆录，引发读者的深深共鸣。

作为对约翰·理查德森的《魔法师的学徒：毕加索、普罗旺斯和道格拉斯·库珀》（纽约：克诺普夫出版社，1999）的评论，发表于《纽约时报书评》，纽约，1999年12月12日。

1　一部由英国作家肯尼思·格雷厄姆（Kenneth Grahame）创作的故事，首次发表于1908年，讲述了一只名叫托德的蟾蜍与其他动物朋友的冒险故事。

第三部分

PART III

ARTISTS

12

Henri Michaux: Painter-Poet

亨利·米修：画家-诗人

亨利・米修, 1937 年, 克劳德・卡洪　摄

20世纪60年代初，我首次接触米修的作品。当时我受伦敦一位名叫坦比穆图的泰米尔语诗歌编辑之托，翻译了他的几篇文章（这位编辑是一位先驱者，创办了《伦敦诗歌》和莱尔伯德出版社）。我立刻被米修那独特的世界观吸引，并受其影响尝试创作了几篇风格相近的短篇小说。我自信能够成功地模仿他的风格，由于当时米修在伦敦并不广为人知，我相信没有人能够猜出我在模仿的是谁。此外，我对他的绘画也略知一二，这是因为弗朗西斯·培根经常谈论这些画作，而且我曾在他位于里斯街的工作室中亲眼见过其中的一幅。

随着后来搬迁至巴黎，我沉浸于阅读米修的大部分作品，并尽可能地参观他的每一次展览。他不仅成了我生活中不可或缺的一部分，更在我个人的精神圣殿中占据了一席独特的地位。这不仅仅是因为我迷恋他笔下的狂野与画布上的非凡创造力，更重要的是，米修能在文字和画面之间自如游走——这种能力让我尤为敬佩。实际上，我对他的敬佩之情是如此深厚，以至于在20世纪70年代中期，当我有幸受邀与他共进晚餐并被安排坐在他身边时，我紧张得脸红心跳，担心自己找不到他认为不愚蠢的话题。不过，这些都是后话了。以下内容是我对米修的致敬，当时我向《艺术国际》杂志的编辑吉姆·菲茨西蒙斯表示希望刊登这篇文章，他欣然同意了我的请求。

亨利·米修的独特品位如今已在全球范围内获得了广泛的认可和赞誉。毫无疑问，当《赫尔纳评论》杂志专门为他出版专著，以及现代艺术博物馆在1965年为他举办展览（这是他在法国的首次回顾展）❶的时候，他的艺术成就就已经得到了充分的肯定。如今，米修的作品正受到前所未有的关注，他的名字和作品比以往任何时期都要更为频繁地出现在公众视野中。其最新出版的《转角柱》收集了一系列简短、尖锐、充满教诲的格言；在玛莱艺术节上，他的作品被改编成了一部极为成功的话剧，其早期形而上学滑稽剧的一些精彩片段，尤其让观众们大呼过瘾；此外，在枢机主教角的展览中，他的作品以个展和联展的形式进行了展出；11月中旬，一场新的回顾展在沙勒罗瓦揭开序幕，并将在根特和布鲁塞尔等比利时城市巡回展出，直至1972年2月。

在枢机主教角画廊展出的新画作，可以看作是对米修已经发挥极好的“飞行中的墨迹”主题的进一步拓展，让看似非具象的形式在有形与无形之间不断流转、消逝。《转角柱》构成了一连串严苛的道德观，其中偶尔也会透露出最后的乐观主义（如：“缺少阳光，知道如何在冰中成熟”）。这样的作品或许不会改变人们对米修艺术的既有看法，但在经历了72年他自认为不平等的斗争之后，看到他的清晰而柔软的头脑依然完好无损，至少是极其鼓舞人心的。

米修近期备受瞩目，不仅因为他的高龄和单一的目标追求，还因为他在与已故的一代作家遥相呼应的同时，还保持着他那不可复制的独特性。然而，米修受到关注的一个不太寻常的原因——简而言之——是他作为一名画家的身份。尽管他的绘画生涯始于20世纪20年代中期[2]，但他的作品直到后来才吸引了足够多的追随者。这其中的关键不在于米修是否会画画——毕竟许多作家都尝试过——而在于他画得如此出色，以至于他足以被视为一位造型创新者，即一位真正的画家，而不仅仅是偶尔涉猎绘画的作家。

在枢机主教角举办个展期间，米修接受了一次访谈。在访谈中他明确指出，自己从未让绘画和写作这两项活动相互干扰，长时间内只专注于其中一项。[3]对他而言，绘画是完全独立于写作的一项活动，是一种全新的探索，它创造了一种完全不同的语言。人们可能会认为，如果绘画作品是以另一个名字展出，那么即使是最聪明、最擅于暗示的评论家也需要很长时间才能发现它们之间的联系。然而，在绘画和写作之间实施如此严格的区分似乎是不必要的，甚至可能削弱它们各自的价值。因为无论每一种探索及其作为载体和目标的词汇看起来多么独特，两者在许多方面确实会相互拓宽和凸显。两者最重要的独特之处在于，它们都诠释了米修的困扰，同时也为他提供了一条释放纷繁复杂想象力的途径：它们共同构成了所谓的“出路”。

它们是通往另一个现实的出口，在那里，万有引力仿佛被暂停，所有的创造规则都可以被重新定义；这是一个需要亲自实践的现实，只要你拥有重新审视一切的愿望和能力，尤其是对自己思维的审视。米修一直在寻找一条摆脱日常不满情绪的出路，这一追求促使他开始了转变。他对日常生活的讽刺和空洞极为敏感，因此设法创造了一条逃脱之路—— 一种根据他自己的奇思妙想或绝望需求重塑现实的能力。

然而，随着冒险的深入，语言似乎不再能够满足米修的需求。它不仅未能改变一切，甚至似乎也无法承受更多的变化。(在《转角柱》中，“柱柱”这两个词单独存在，仿佛承载着他的叹息)。他对于创造一种纯粹属于自己的语言，似乎仅限于偶尔的尝试——比如在《灵魂》或《未来》等诗歌中。[4]正是在这里，绘画以其无限的流动性和不断出现的偶然效果，对他产生了特殊的吸引力。在绘画领域中，米修认为自己能够设计出一种完全个人化的语言，一组瞬息万变的符号，而这些符号在此之前从未出现过。他可以将文字转变为新的、引人注目的模式；他可以用他那奇妙的敏捷、微妙和颠覆性的精神为文字赋予意义，但除了胡言乱语或像《芬尼根的觉醒》[1]那样另一种难以捉摸的来源之外，他无法创造出一种迄今为止从未使用过的语言。而通过绘画，尤其是水彩画，他实现了这个目标。绘画释放了他内心的一面，让他以一种全新的语言表达。

将这些画作视为填补文字作品空白的手段，或者将它们与文字作品进行任何形式的对比，都是一种误解。文本本身几乎未能为这些奇异意象的冲击做好准备。然而，文本与画作之间却产生了共鸣。某些早期文本预示着印度水墨画的混乱（或者"飞行的墨迹"），正如后者为文字作品增添了另一个维度。总的来说，米修的创作过程倾向于从文字作品过渡到绘画作品，部分原因很简单，因为米修的大部分崇拜者是在阅读了他的文学作品后才发现了他的绘画作品。但毫无疑问，这也是因为他的画作几乎无法用语言来加以定义，结果往往会让人回想起米修用语言唤起的类似感觉。

1 爱尔兰作家詹姆斯·乔伊斯（James Joyce）创作的一部小说，首次出版于1939年。这部作品被誉为20世纪最具挑战性的文学作品之一，以其复杂的结构、独特的语言和丰富的象征意义而著称。

最重要的是，它们都有一个共同的特征（即使我们认为每个活动都是独立存在的，这也并不令人意外）。这个共同点可以很容易被定义，尽管它不断从一个焦点转移到另一个焦点，但它仍然是米修所有灵感的唯一主要源泉：痛苦，以多种形式呈现——堕落、疾病、恐慌、苦难——他探索并给予了它们生命。

无论是滑稽还是黑色幽默，无论是令人窒息的苦涩，还是毫无保留的直白，米修的作品都揭示了绝望的坦诚，一种无法避免的苦难感如同太阳般照耀在他的世界中。在《折缝里的生命》的一页中，他写道："当我不再痛苦，发现自己处于两个痛苦时期之间，我就像没有活着一样。"[5]从他出生的那一刻起，苦难就刻在了他的生命中，一位名为乔治·普勒的评论家对诗人的这一面进行了深刻的研究。因此，当亨利·米修通过质疑自己而意识到自己的存在时，他所感知到的是自己本体的脆弱。为了存在，他发现自己缺乏力量。这种体验并不独特。从笛卡儿的"我思故我在"开始，这种体验以一种明显或隐蔽的方式成为所有认知的核心。"我思故我在"意味着"我认为我不是独自存在的，我认为如果我存在，它只取决于我"。所以我是脆弱的！我的脆弱在于，我是一个明显的、偶然的生物，我的存在只是点点滴滴的。……足够呼吸，是的！足够存在，是的，但是没有保证！足够强大，足够快乐，足够满足生存的条件吗？不，绝对不是！……这听起来像是一个不幸的存在者的故事，从出生开始——为什么？他哭得太多了吗？——就被剥夺了人类子女不可或缺的大部分天赋，被剥夺并意识到这种剥夺。[6]

然而，米修最初且持久的匮乏状态被一种诗意幻想的力量和一种荒诞感所平衡，无论这种力量和荒诞感有多么微不足道，代价有多大，它们都像他的痛苦一样强烈地发挥着缓解痛苦的作用。换句话说，米修的所有作品都是他痛苦的战场，是他内心矛盾、厌恶、暴力和恐惧的战场。他对艺术的态度是寻求释放，寻找一种方法来减轻个人生活中的痛苦，寻找在"记忆之血、灵魂之刺、脆弱的心室"中流淌的痛苦。

但他的雄心远超过了简单的宣泄。他试图用一种他将持续重塑的生活方式来取代他所发现但并不满意的生活。起初，他认为这种改变必须发生在现实生活中，而不仅仅是纸面上。在早期作品《肖像》(1936年)中，他痛苦地阐述了自己的想法："他本可以成为一个好作家。"(因为他不断有新的创意，但他希望看到这些创意不是落在纸上，而是付诸实践，并且根据这些创意让我们的生活条件发生彻底的改变。)[7]

四十年来，米修的作品坚韧地渗透读者的心灵，在一定程度上实现了这一目标：就像豪尔赫·路易斯·博尔赫斯那恐怖而引人入胜的故事《特隆，乌克巴尔，奥比斯·特蒂乌斯》一样，现实的文本也在悄然改变。深刻理解米修的作品会让世界变得有些"米修化"，在这个过程中，表象的基石开始崩解，因果法则开始失效，诗意的混乱洪流冲垮了日常现实的脆弱屏障。在米修的反叛观念中，他的写作和绘画都不必遵循现状；外部世界允许各种可以想象的解释，它仿佛在等待幻想的应用（毕竟，正如博尔赫斯所指出的，我们不知道这个世界是属于事实还是虚构[8]）。例如，地心引力可以被看作是想象之眼毫不费力就能超越的惯例；反之，偶然性也有其奇特的逻辑。举几个更具体的例子，他早期的故事充满了对这个令人恼火的敌对世界的幻想：如果你不喜欢某人的脸，你的心灵之眼就可以改变它——可以轻易地取下不听话的耳朵并将其扔掉；如果你的酒店卧室对面的一座山让你感到压迫，你可以使自己集中精神，将其推倒。[9]幻想是无所不能的。在墨斯卡林实验之前的书籍和大多数绘画中，对公认存在的事实优雅而简要的干涉，为最惊人的创造行为提供了源泉。有一个关于作家家谱的故事，构成了其有能力进行最奇特转变的有力证明，在此，我愿意引述故事的开头部分：

“庞从蛋里出生，随后又从鳕鱼中诞生。出生时，他的力量使鳕鱼破裂。接着，他从一只鞋子里降临；通过分割，小鞋子在左侧，而他则在右侧。后来，他又从一片大黄叶子里出生，同时出生的还有一只狐狸。他们互相打量了一会儿，然后各自走上了不同的道路。接着，他从一只蟑螂、一只龙虾的眼睛、一个瓶颈、一头海狮的胡须、一只蝌蚪的尾部、一匹马的鼻孔中出生。他流着泪寻找乳房，因为他来到这个世界只为吮吸。然后，他从一支长号中诞生，这支长号养育了他十三个月。他断奶后，被托付给无处不在的沙子，因为那是沙漠。在沙漠中，只有长号的儿子能独自觅食，独自与骆驼为伴。最后，他由一个女人所生，这让他感到非常惊讶。”[10]

在探索世界和偶然性的影响时，米修的作品亦是世界的回声，尤其是他的水彩和印度墨水作品。这些图像在多元身份和最纯粹的无形之间游走，引人深思，让人不禁将其与自身以外的各种场景联系起来：墙纸或树皮上勾勒出的头像，破损的道路或粗糙的墙壁，速记独特的“噼里啪啦”声，纸上飞驰的不连贯字体，以及墨水渍中映射出的文字镜像……这种“书写”方式与世界和书籍并肩前行，出其不意地呈现出来。

然而，米修的创作显然与众不同。在《段落》一书中，他向我们透露，在放弃写作转向绘画之际，自己的观念经历了剧变：“当我们开始绘画时，我们转换了阵地。文字工厂——文字的思考、文字的形象、文字的情感——消失得无影无踪，令人眩晕地淹没在简单之中。……不再有倾诉的欲望和胃口。大脑中最热衷的部分逐渐冷却。”[11]言语逐渐退场，让位于符号和手势，让位于自发性和偶然性，这正是米修绘画的前提条件。在他的文学启蒙（接触洛特雷阿蒙的作品，此后被誉为“天才的朋友”）之后的一段时间里，他发现了绘画，这是一种全新的释放方式。的确，这种转变显得轻松自然、流畅优美、直接生动，思想与姿态水乳交融，构成了他所有文学作品渴望的背景。

在这段全新的探险之旅中，水彩成了米修的初恋和挚爱。他一次又一次地回归这一媒介，尤其是在近年来的创作中（1971年春天在枢机主教角展出的1970年水彩画充满了痛苦的生命力）。水彩特有的浑浊和悬浮感，以及它与纸张关系的暧昧不清，既能渗透纸张，又能让污渍在周围大片白色区域中渐渐淡化——它是一种理想的绘画材料。

在探索水彩的过程中，米修被一种“永恒的面孔狂热”所困扰。他使用水彩对人类的头部进行了可怕而又温柔的彩色记录。在《羽毛》等作品中，躁动不安、巧妙而刺耳的黑色幽默与肉体的死亡能力相辅相成，微妙又令人不安，仿佛被自身的矛盾所淹没。水彩画可以唤起一切，当然也包括人们未曾想象过的事物——唤醒了一种探索感。正如米修所描述的那样：“像鱼一样在水面上旋转的色彩，这就是我喜欢水彩的地方。分解成微小颗粒的一小堆颜料，这些段落，而不是画的最后一站。……水彩之水，浩瀚如湖泊，水，全能的恶魔，小岛的刮削者，海市蜃楼的制造者，冲垮堤坝，溢出世界。”[12]

这些涂上颜色的头颅，宛如伤口在悲伤、恐惧或愤怒中，在自身颜色的重压下绝望地漂浮着，仿佛还在进行着某种模糊的记忆斗争。头颅在涂抹它们的水中腐烂，在火焰中若隐若现，也是耳朵或牡蛎，是陌生景象中永远无法确定的发散物。头颅总是要发出信号，神谕般的头颅被困惑堵住了嘴，它们的信息被压制回脸部。它们半悲惨、半幽默的笨拙，有一点杜布菲的影子；在它们的脆弱中，有一点培根的影子。这些作品的颜色往往非常苍白，让人联想到X光片或正在水下显影的照片。它们的姿态从近乎小丑般的顺从到对发生在自己身上的一切半清醒半颓废的惊恐，不一而足。它们从自己挣扎的肉体中瞪着眼睛，有一种强度，让人在泪水和欢笑之间徘徊。但总的来说，就像培根笔下被围困的人物一样，他们也有一种宏伟感，一种在无法克服的困难面前的尊严感。

这种特质源于米修对生活中矛盾和不可能性的深刻认知，以及与之抗争的英雄决心——“持久欲望”。在米修的所有作品中，这些挑战都显而易见，他对这些挑战进行了深入而精彩的探索，但很少找到解决之道。在这些挑战之下，有一种本能的固执，一种在水彩画看似宁静却又致命的微妙侵蚀下坚持到底的意志。这场战斗的辉煌之处在于它注定失败。米修敏锐地意识到了这一点，有时他并不试图掩饰自己的愤怒。

我们是否生来就是渣滓，
我们是否生来手指残缺，
将生命献给一个糟糕的问题？[13]

但至少那里有过斗争，痕迹仍然存在。

虽然只是短暂的一瞬，米修却暂时放下了水彩，转而尝试了印度墨水这一截然不同的媒介。正是这一尝试，让他发现了一种全新的主题，它在某些方面甚至比水彩更加个性化、更具创造性。我之前已经提到过这个新主题，即“飞行的墨迹”——这些令人惊叹的恐慌与幻想的生成器，诞生于墨水在纸上可控的偶然效果。比起那些头颅，它们更多地存在于可识别性和无形流动性之间的中间地带。

通过不断的歧义，以及在不同领域间摇摆不定的能力，它们从虚无中跌落、伸展的身形，变成白色画布上半艺术化黑色墨迹的急速涌动，占据了这片领土。就像米修诗歌《等待》中的生物一样，它们是“向往成为的自我”；它们是由一束墨水偶然创造出来的，只能为某种进一步的描绘而挣扎。或者，它们又像《折缝里的生命》中描述的“Meidosem”[1]这个奇怪的生命部落，因为它们中的每一个都可以被很好地描述为“短暂的不适”。从另一个角度看，它们也是一种野蛮的创造行为，从虚无中产生，是一种怨恨和不耐烦的产物:“现在开始标记……好了，我讨厌它们。我喜欢水，但它们不喜欢。……因此，我与它们搏斗，我鞭打它们，我想立即摆脱它们坍塌的愚蠢，激发它们，让它们困惑，让它们恼怒，让它们不顾一切地与所有运动着的事物，与无数的众生、非众生、众生的愤怒

1 一个源于米修作品中的词，这个词是他创作的，用来描述一种奇特的生命形态。在米修的笔下,“Meidosem”是一种处于生与死、现实与幻想之间的生命体，它们既具有生命的活力，又充满矛盾和复杂性。这些生命体仿佛是作者内心世界的反映，它们在米修的画作和诗歌中均有出现。“Meidosem”这个词来源于希腊语，其中“méiosis”（μείωσις）意为“缩小、简化”，而“sem”（σέμα）则代表“痕迹、标记”。结合起来,“Meidosem”（Μείδοσαμ）可以理解为“简化痕迹”或“微妙的生命迹象”。

结合在一起。……快，你必须迅速行动起来，对付这些又大又软的家伙。在它们扩大自己的憎恶和呕吐领域之前，必须马上行动。难以忍受的标记。”⑭

这些“大型软体动物”从未有机会遵循它们懒散的天性。它们被创造之手惊醒，发现自己正绝望地逃离这个爆炸世界的中心。在恐惧的本能驱使下，它们在画面的各个平面上翻滚——这些区域可以无限延伸，物质碎片越来越多——以一种它们自己从未理解或控制过的运动，一头栽了下去。让·格勒尼耶[1]在为米修1967年在枢机主教角展览画册撰写的前言中，敏锐地将其称为“生活快步舞”——一种生活的驰骋——他进一步阐述了这一观点：“这些黑色人形无休止地互相追逐……这让我想起了博叙埃[2]关于死亡的论述。一个人在他易逝的命运掌控之下，乞求无形的力量让他放慢脚步。然而，这种乞求是徒劳的。他们继续前进，对他高喊，没有喘息的机会。米乔的独创性在于他选择了这种喘息的缺失，并将宿命转化为一种挑战。他不仅仅满足于像查拉

1 让·格勒尼耶（Jean Grenier，1898—1971），法国哲学家、小说家、文学评论家和翻译家。

2 雅克-贝尼涅·博叙埃（Jacques-Bénigne Bossuet，1627—1704），17世纪法国主教、神学家。

图斯特拉那样说‘再来一次！’他想说，他想大喊：永不停歇！永远前进！”[15]在这些画作中（米修至今仍在探索其主题），人们可以感受到御者驱马狂奔的喜悦。当然，这些生物并非纯粹的外在幻象，它们就是他自己。“我很想知道，”他曾写道，带着清醒的自嘲，“为什么我永远是那匹被我牵着缰绳的马。”[16]在这里，这匹马就是他自己，在无拘无束的创造精神中飞驰，不顾四腿的疲惫和危险的感觉。从这匹马身上，我们看到了肉眼无法看到的破碎景象——万物表象之下的细胞混沌。

相比之下，墨斯卡林组画似乎并未挖掘出如此丰富的创作源泉。但它们依然引人入胜，就像米修出版的四部关于药物体验的书，以其对超越言语表达的感受的清晰描述而吸引读者。显然，这两种试图捕捉不可捉摸之物的尝试都是徒劳的，它们只能是对其他状态的注解或模仿。尽管如此，它们确实开辟了新的领域。试图捕捉这些幻觉体验的书籍和绘画，都是为了纪念一种巨大而持久的自我控制。清醒的人试图维持一种状态，在这种状态下，他既是吸毒者，也能够对吸毒者进行评论。米修在他的作品中，冷静地记录了各种药物实验，描述了恐怖与狂喜的极端境界。在米修的绘画作品中，我们找不到类似那样的明确叙述。映入眼帘的是与微小地震仪相关的形式——每一次精神闪烁的地震仪，其特征有时是在以白色为主的画布上迅速划过的颤动细线，有时则是集结成群的，这些线条相互交织成一个无尽的结—— 一个仿佛扎根于纸张深处的黑暗团块。在这些独特的线条间，偶尔会浮现出一些朦胧的形状或头像，它们唤起了人类和动物的形象。但它们并未提供解释，或者至少，它们仅揭示了作者将人类视为一个充满痛苦和困惑的世界中的一系列偶然幻影的观点。如果这些图像继续在我们的视野中摇曳，那是因为我们注定要给予它们特别的关注。米修的作品让我们所有人都成了“伪善的说教者”。

但更为重要的是，也许情况恰好相反。在米修的作品中，我们几乎看不到艺术家的个人笔触。非个人性和被动性是这些作品的显著特点，它们为墨斯卡林的体验开辟了无障碍的通道。米修试图捕捉感觉的流动，他放弃了艺术家作为“创造者”的传统角色，尝试让一切事物在不知不觉中自然显现。在这种情况下，个性的概念变得毫无意义，艺术家纯粹成了传达体验的媒介。这是一场试图融合外部世界与内心世界的努力，是对整体性的尝试，同时也是对完整性的停止。在《段落》中，他解释说：“我不希望用一种视角来排斥其他视角，我更希望画出生活中从始至终的瞬间，来展示内心的短语—— 一个没有文字的短语，一条无休止地蜿蜒伸展的绳索，在内心深处，陪伴着从外部和内部呈现出的一切。我想描绘存在的意识和时间的流动。”[17]换句话说，这代表了他对“本质”的继续追寻，无论它是什么，都隐藏在事物转瞬即逝的表面之下。

正是这种探索成了米修作品始终如一的主题，无论是文字还是绘画。他所有的艺术贡献都可以看作是一种集中而激进的剥离表象，为寻找一种全新的本质真理。这是一种渴望将生活描绘成无法归结为任何其他事物的愿景，因为它在每一点上都遵循自身的规律。米修对“本质”的定义（他曾简洁地将其描述为“他自幼就怀疑存在于某处的秘密，而他周围的人显然没有意识到这个秘密”[18]）仍然是高度个人化的，但作为其作品的主要动力，这一点至关重要。这也与许多当代创作的基本关注点一致：问题不仅在于如何用自己掌握的日益不足和贬值的手段来表达任何东西，而且在于如何对生活做出一种“陈述”（虽然这个词听起来过于明确，“建议”可能更准确），使其在这个无信仰、冷漠，且常常是无差别地摧毁偶像的时代中存活。米修就如同他笔下的那些不幸的墨迹，被每一个游离的、常常是非常规的冲动所驱使——“我写作”，他曾写道，“以便让过去真实的一切不再真实”——发展出一种反逻辑，随时准备经历进一步的转变，而不愿固化为一个体系。他的艺术不断尝试超越自我，规避自己的陷阱，并始终对自身的价值观保持警觉，无论这些价值观有多么特立独行。他的表现令人叹为观止。莫里斯·布朗肖[1]曾这样写道：“令人钦佩的米修，他是最接近自己的作家，他与外来的声音交织，怀疑自己是否被困住，这里所表达的幽默不再是他的声音，而是一种模仿他的声音。为了给观众带来惊喜，重新吸引观众的注意，他运用了加倍的幽默、精心设计的天真、狡猾的迂回、撤退、放弃，以及在他生命终结的那一刻，突然出现的尖锐形象，穿透了噪声的面纱。”⑲

在过去几年里，米修的实验欲望、狡黠的天真和对记录的渴望几乎完全聚焦于绘画之上。就写作而言，人们可能会觉得他的主要工作已经完成，尽管最近的出版物如《转角柱》《沉睡的方式，清醒的方式》颇具趣味性，但它们对已有的文本并没有带来实质性的改变。然而，最新的绘画作品延续了研究传统，并通过展现同一主题的巨大生命力来丰富他先前的作品。米修的绘画范围如今与他以往的任何时候一样广泛：他似乎仍在继续创作他迄今为止所创造的各种类型的作品（除了致幻剂绘画；部分原因

1　莫里斯·布朗肖（Maurice Blanchot，1907—2003），法国作家、哲学家和文化评论家。

是他在实验过程中得到的形式概念继续影响他的作品，尽管他已放弃了一切形式的药物——最终创造了一种“悲惨的奇迹”）。米修不仅是一位作家，也是一位画家，实际上，他可以被视为一位多面手画家。他的作品不仅仅是水彩和印度墨水这两种截然不同的媒介，其所创作的每一个画种都是自己独立的领域。例如，当米修用丙烯画来表达他对1968年5月法国事件的回应时，他赋予了作品极为直接的现场感。它们给人的第一印象是粗糙的黑白拼图，但随后颜料奇特而轻微的稠度又让人联想到某种物体在运输途中留下的污迹——就好像一些有机体在快速离开时，让自己的某些部分擦落在画纸上。整体呈现出一种普遍的、明显的形式缺失，且处于一种不断变化的状态：当一个狰狞的头像浮现在混乱之中时，另一个头像坍塌了，而在同一组粗黑线条和污迹中，第三个头像又开始出现。

米修的水粉画作品，以其表意文字的独特性引起了人们的注意。它们可以说是米修艺术的精髓，也是他艺术探索的最终归宿。这些作品在他的所有形式实验中最为稀有，也最为自给自足，它们构成了一种纯粹另类的、不可翻译的语言（当然，它们与米修所钟爱的中国书法有着许多共通之处）。米修的晚期水粉画越来越深入一个又一个宇宙之中。在淡淡的、没有地平线的蓝色背景上，无重量的纤维曲折蜿蜒，这正是空灵之美的体现。它们给人以自由的感觉，就像永恒中飘浮的音符。或者，在其他的时刻，它们就像淡灰色旗帜上的三道迅捷的曲线，本身就是周围空气中白色的温和浓缩。它们朴实无华，象征着永无止境的愿景。

❶ 1964年在阿姆斯特丹市立博物馆展出的作品是亨利·米修的一件重要作品。

❷ 勒内·贝特莱的记录是："我了解的亨利·米修的第一批造型作品分别创作于1925年和1927年。1925年的那件作品是一幅'委约'作品，油画，现属于让·保罗。""关于亨利·米修作品的介绍说明"，发表于《赫尔纳评论：米修》。

❸ 1971年3月31日，《勒穆里克》上发表的对亨利·米修的采访。

❹ 《灵魂》的开头是："马格拉布托，莫尔内米尔和卡萨金/我的父亲运气好，母亲运气坏。"

❺ 亨利·米修的作品《折缝里的生命》(巴黎：伽利玛出版社，1949年)

❻ 乔治·普勒，《亨利·米修与弱者的折磨》，收录于雷蒙德·贝鲁尔（编），《赫尔纳评论 第8期：亨利·米修》(巴黎：赫尔纳出版社，1966 年)。

❼ 亨利·米修，《折缝里的生命》(巴黎：伽利玛出版社，1949 年)，第151页。

❽ “此外，我们不知道宇宙是属于现实类型还是幻想类型。”——豪尔赫·路易斯·博尔赫斯，《关于亨利·米修》，收录于雷蒙德·贝洛尔（编），《赫尔纳评论 第8期：亨利·米修》(巴黎：赫尔纳出版社，1966年)。

❾ 亨利·米修的早期作品，尤其是在以《内部的空间》为名的选集中，包含了类似的主题。

❿ 亨利·米修，《羽毛》(巴黎：伽利玛出版社，1938年)，第123页。

⓫ 亨利·米修，《段落》(巴黎：伽利玛出版社，1963年)。

⓬ 亨利·米修，《论绘画现象》，载于《段落》(巴黎：伽利玛出版社，1963年)。

⓭ 引自勒内·贝特莱的《亨利·米修》(巴黎：皮埃

尔·塞热出版社，1965年），第71页。

⓮ 这段文字发表在1959年在丹尼尔·科迪尔画廊举办的米修印第安墨水画展画册中。

⓯ 让·格勒尼耶在《有序的深渊》一文中如此描述，该文收录于《亨利·米修：1946—1966年作品精选》（巴黎：枢机主教角，1967年）。

⓰ 亨利·米修，《折缝里的生命》（巴黎：伽利玛出版社，1949年），第235页。

⓱ 亨利·米修，《段落》（巴黎：伽利玛出版社，1963年）。

⓲ "从他记事起，他就怀疑在某个地方存在着一个秘密，显然他周围的人都不知道。"亨利·米修，《关于五十九年人生的一些信息》，再版于雷蒙德·贝鲁尔（编），《赫尔纳评论（第8期）：亨利·米修》（巴黎：赫尔纳出版社，1966年）。

⓳ 莫里斯·布朗肖在《未来之书》中的一章节，以《无限与无限》为名重新发表，收录于雷蒙德·贝卢（编），《赫尔纳评论 第8期：亨利·米修》（巴黎：赫尔纳出版社，1966年）。

原载于《艺术国际》，卢加诺，1972年1月。

13
Jean Dubuffet's War with Culture

让·杜布菲与文化的战争

让·杜布菲，巴黎，1964年，伊达·卡尔　摄

这篇生动的文章是我在1967年刚刚抵达巴黎时为《真实》杂志撰写的，文章让人回忆起让·杜布菲曾经在多大程度上撼动了保守的巴黎艺术界。我一眼就洞察到了杜布菲破坏偶像主义别具一格的意义，对于一个初到巴黎的年轻艺术评论家而言，他成了一种试金石。后来，我有幸采访了他，并得以用更长的篇幅报道他的作品；他也鼓励我这样做，因为他特别希望在法国以外的地方建立自己的声誉。十多年后，他的绘画作品，尤其是他大量的“乌尔卢普”系列雕塑，在我看来似乎变得越来越重复，甚至公式化，我开始回避评论他在世界各地画廊和博物馆日益频繁的展览。万神殿，就像棱镜一样，对每一个微小的变化都会做出反应。正如我对毕加索的钦佩从未自他无休止的陶瓷展览中完全恢复一样，杜布菲富有创造性和勇气的早期作品似乎也被他后期大量重复的红白蓝条纹雕塑所掩盖。当然，这并没有使他从我的万神殿中消失，但他就像路易十四身边失去宠幸的贵族，被迫退居到次要的位置。

近期，现代艺术史上划分出了两个新的时期：杜布菲之前和杜布菲之后。如今，有学者预言，“他将成为二十世纪下半叶的代表人物”，“就像毕加索成为上半叶的代表人物一样”。让·杜布菲的名声如日中天，他既是一座小型金矿，也是法国文化天空中的一颗璀璨明星。但情况并非总是如此。

就在25年前，杜布菲还只是一名葡萄酒商——虽然他并不是巴黎那种普通的葡萄酒商。17岁那年，他离开出生地勒阿弗尔，前往巴黎学习艺术。但不久，他便对所学产生了深深的怀疑。他的教授们所赞誉的艺术——博物馆里受人尊敬的艺术——让他无动于衷，痛苦的他开始敷衍地学习音乐、语言和文学。当兵役期满时，至少一件事已经变得很明确：那种艺术并不适合他。他必须另寻他途。

因漂泊不定且为自己的无所作为感到羞愧，杜布菲开始羡慕当地屠夫和邮递员等普通人的世界。于是，他决定加入他们的行列。葡萄酒本是他父亲的行业，在家族企业试水后，杜布菲在巴黎开设了一家葡萄酒店。贫困和偶尔涌上心头的绘画冲动困扰了他好几年。有一段时间，他开始制作面具和牵线木偶。但由于这项计划在财务上陷入了灾难，他很快就被迫回到了葡萄酒行业。然而，令杜布菲难以置信的是，他的生意开始好转。到了1942年，他终于可以把商店托付给一位朋友，从而全心全意地投入自己的绘画创作中——他坚信，艺术的真正需求在于平凡、丑陋和未知。

他的目标是创造一种能让街头巷尾的人们立刻产生共

鸣的艺术，一种新颖且远离博物馆大师们之“乏味”的艺术。他渴望画出人们喜欢的东西，如同喜欢游乐场和连环漫画一般。相较“文化”，任何事物都更具吸引力。毫不奇怪，杜布菲当时最痛苦的事就是看着巴黎善良的人们在湿漉漉的周日下午打着哈欠穿过长长的“改进”艺术的画廊。他希望通过自己的画作来改变这种状况。

最初，杜布菲的作品以其搞笑而幼稚的人物形象，以及粗糙简单的风格，给人带来了强烈的震撼。自文艺复兴以来，艺术中一切神圣的元素都被粗暴地亵渎。高贵的人脸变成了滑稽的墨迹；女人的乳房变成了随意涂抹的圆点。杜布菲仿佛从一个噩梦般的婴儿房中眺望这个世界：其成人世界的荒诞感正以儿童的语言和视角得以传达。然而，他最初的简单手法逐渐深化为更为厚实、迷人的血肉。

在杜布菲的画笔下，出现了一系列奇特而诱人的头像。它们的粗糙质感呈现出一种新的秩序，仿佛是在一种聪明而有机的怪癖下从画布上爬出来的一般。巧克力先生、石头小姐、云雾头和枯叶头等这些奇特且无定形的生物，就像人们在岩壁或烟雾中偶尔瞥见的影像，成为他新神话中的主角。他们是没有固定地址或时间的“神奇伙计”，与古典肖像画中的心理韵味或理想化的美相去甚远。

普通人先胜利地进入了艺术领域。

在这些作品中，杜布菲提出了他的艺术宣言，它是针对西方艺术传统中那些濒临死亡的价值观的挑战。他首先决心将大师们的作品从博物馆的橱窗中取出，因为他们的存在，他觉得，让真正当代艺术的活力窒息了。杜布菲相信，只有在摆脱大师们专制的基础上，大众艺术才能得以进化，并在“城市中最富有活力的地方”得到展示。

在一段时期，巴黎的墙壁、阴暗的地铁走廊和丑陋的围板似乎有望像拉巴斯一样，被大量生动的涂鸦和滑稽的面孔点亮。杜布菲进一步拓展了他的想法，提议任何材料都可以用来创作这类画作。他嘲笑传统艺术家使用的精致画笔和小罐颜料，并认为观察房屋油漆工或泥瓦匠的工作能带来新的视野。

最终，杜布菲将一切素材，从煤尘到牡蛎壳，都融入了他独特的画布之中。艺术家的手在怪异的技法和材料中渐渐隐去。他用无烟煤雕刻雕像，用蝴蝶翅膀拼贴，用树皮和树叶编织风景。有些画作上覆盖着厚厚的面包，有的则利用随手可得的物品，如厨房用具，创造出新的纹理。杜布菲表示，他的目标是创作出“像会说话的狗一样”令人意想不到且为之着迷的作品。

杜布菲的另一张王牌是粗野艺术或“原生艺术”。除了少数超现实主义者，大多数人并未真正重视疯子、文盲和农民的幻想。然而，杜布菲却将他们视为艺术创新的新鲜血液，并在二战结束后开始大量收藏这类作品。所有原生艺术作品——有时作者不详，被冠以“巴塞尔囚徒”或“钱币学家”等称号——之间的共同联系是它们，对于杜布菲而言，毫无顾虑地摆脱了艺术文化的束缚。正因如此，杜布菲认为他们能够探索传统艺术家难以触及的领域。自从这些作品大规模面向公众展示以来，有人预测它们对未来艺术的影响将如同五十年前的非洲和大洋洲雕塑一般产生颠覆性效果。

在很长一段时间里，杜布菲在这些作品中找到了与自己作品相对应的东西，特别是在他事业的早期，杜布菲曾被人公开视为疯子。自那以后，他在风格和公众认可度上都发生了显著的转变。在整个20世纪60年代，他主要创作了一系列精巧的拼图式画作，画中展现了一个由紧密相连的人物和形状组成的世界，等待人们的探索。就像连体婴儿一样，一个人物常常从另一个人物中分离出来；或者一只手臂或一双嘴唇从色彩鲜艳的拼图中脱颖而出。这些画作中的语言愈发难以理解：原本看似公共财产的图像已转变为私人符号。人们不禁要问，从前的伙计都去了哪里？

在某种程度上，杜布菲的辉煌绚烂的艺术之旅似乎不得不被视作一种失败。他的艺术并未触及城市的“生活场所”，反而走进了“阴森的博物馆”。他的艺术能否走进普通人的家中，甚至令人怀疑。当被问及此时，杜布菲最近一次展览的博物馆讲解员表示，他并没有太多时间去欣赏这些特殊的作品，他更偏爱之前的展览——那个关于宗教艺术的展览。杜布菲抱有如此的希望或许是高尚的，但也许过于天真。在艺术领域，似乎只有那些内心复杂的人才会被非常简单的事物所触动。

原载于《真实》，巴黎，1967年。

14

From Breton to Beckett: The Writers in Giacometti's Circle

从布勒东到贝克特：贾科梅蒂圈子里的作家

致苔蕾丝·提格里蒂·贝托 (Thérèse Tigretti Berthoud)，**她是阿尔贝托·贾科梅蒂家族中少数仍然健在的成员之一。她慷慨地将大量收藏借给了我，用于我在汉堡策划的贾科梅蒂展览。**

塞缪尔·贝克特、让-玛丽·塞茹[1]和阿尔贝托·贾科梅蒂在巴黎奥德翁剧院排练《等待戈多》，1961 年，鲍里斯·利普尼茨基 摄

1 让-玛丽·塞茹（Jean-Marie Serreau，1915—1973），法国舞台导演、演员和戏剧制作人。

正如我在这里和后来在第418–453页的《培根/贾科梅蒂：并行的恐怖真相之眼》中所提及的那样，贾科梅蒂的生活和工作构成了我存在的支柱之一。在众多吸引我的现代艺术家之中，他是最能引发我深入思考和评论的一位。我已经撰写了近半个世纪关于他的文章，但仍然觉得有许多感想未能化为文字。这在一定程度上是因为，从他的雕塑、绘画和素描，到他在巴黎简朴而痴迷的生活，都激发了我强烈的欲望，想要描述、分析并试图用文字捕捉它们所散发出的独特气息。但事实证明，他双手下的人类形象不仅在各种解释面前显得取之不尽、用之不竭，而且令人难以捉摸。他的图像就像一个无法用任何其他媒介固定下来的真理，需要人们全神贯注，同时又能毫不费力地使注意力转移。正如让·热内雄辩地指出的那样，贾科梅蒂不仅为逝者创作雕塑，他还为尚未降临人世的生命塑造雕像。因此，他的雕塑现在属于罕见的艺术作品，超越了时代，变成了永恒。

因此，贾科梅蒂吸引了从超现实主义者到萨特和热内，再到后来的诗人雅克·杜宾（关于他与贾科梅蒂的友谊，请参阅我与他的访谈，第266–285页）。他收获20世纪所有艺术家中最为卓越的评价和赞誉也就不足为奇了。这一现象始终让我深感好奇。在筹备汉堡展览的过程中，我开始探讨他与作家们独特且紧密的联系，以便在展览开幕式上发表演讲。

当我最初决定探讨阿尔贝托·贾科梅蒂及其至关重要的作家伙伴时——无论是创作伙伴还是朋友——这个话题似乎简单明了。从超现实主义领袖安德烈·布勒东到存在主义大师让-保罗·萨特，再到让·热内和塞缪尔·贝克特（Samuel Beckett）等魅力非凡的个人主义者，他们均在其中占有一席之地。然而，随着研究的深入，我发现贾科梅蒂与他的作家朋友们之间的关系愈发错综复杂，故事中包含了无数引人入胜的曲折与繁复。参与者不仅包括成千上万的演员，还有数十位哲学家、文学家、出版商、编辑、艺术评论家和记者。

因此，尽管起初看似紧凑易懂，但实际上，这个主题不仅庞大、多面，而且对贾科梅蒂的生活和工作至关重要。如今我意识到，它甚至足以支撑起一本完整的书。最近，在翻阅了大量关于贾科梅蒂的文献后，令我惊讶的是，许多致力于研究贾科梅蒂这个无限扩展之宇宙的杰出评论家们，对于这个丰富多彩脉络的挖掘竟是如此之少。结果，我发现，一旦专注于这一主题的某一特定方面——在最广泛的意义上可以称之为“贾科梅蒂与文学”——我的注意力就会被其他十几个方面所吸引。例如，贾科梅蒂与专横跋扈的布勒东之间的关系，只有对贾科梅蒂与其他超现实主义作家［如和蔼可亲、风度翩翩的保罗・艾吕雅或才华横溢、饱受折磨的诗人勒内・克利瓦尔，后者因其情感问题而被布勒东逐出了超现实主义“教会”（后来自杀）］之间发展出的更为平等的友谊进行比较，才能正确理解贾科梅蒂与布勒东之间的关系。这又让人联想到贾科梅蒂与米歇尔・雷里斯几乎终生的羁绊，这位作家一直谨慎地站在超现实主义和存在主义的边缘，可能由于压抑的倾向，他也曾试图自杀。再者，他与热内这样的局外人的联盟也引人注目（热内对低级生活和小偷小摸的喜好经常让他锒铛入狱，而不是参加任何文学运动）。后来，随着发现贾科梅蒂拥有从特里斯坦・查拉到乔治・巴塔耶等更多的文学界朋友，人们会更加偏离原来的路线，想知道他究竟是如何取得了时间、耐力和深厚的同道之情，方能与如此多才华横溢、往往要求苛刻、难以相处的作家们建立持久而有意义的关系。

当我提到我正在准备一篇关于贾科梅蒂的新论文时，我相信至少有一些本次研讨会的演讲者会认同我的观点，即在撰写论文的过程中，我们都会感受到巨大的压力。尽管已经有如此多出自杰出之手的著作，但仍有许多故事等待被讲述。无论从哪个角度尝试去理解贾科梅蒂，我们都愈发强烈地意识到，他是一个无法用固定定义来加以概括的人。这正是他的伟大之处，也是他普遍性的标志。他是一位雕塑家，一位擅长设计装饰的画家，一位会写作（法文和意大利文）的绘图员，一位拥有众多著名或无名朋友的隐士，一位在陋巷酒吧消磨漫漫长夜的深邃思想家，一位喜欢在咖啡馆露台上侃侃而谈的健谈者。但他的整个人生都在破旧、不舒适、混乱的工作室里孤独地进行着挣扎。

贾科梅蒂的工作室对我而言具有特殊的意义。在准备这次演讲的过程中，我知道自己会被它深深吸引，并认为工作室是与他相关的一切事物的起源。对我来说，它始终是一块试金石，人们可以通过它来检验自己对贾科梅蒂的理解，并使之更加恰当。我也同样喜爱工作室的照片，这个神奇的小屋见证了贾科梅蒂对工作的孤独奉献：不仅有疯狂塑造、然后抹去、再塑造、再毁掉的泥塑头像，还有几十年的工作，满地的揉皱、丢弃的素描与书籍、报纸、石膏碎片混在一起——这里是一只手的碎片，那里是一个完整的鼻子——还有各种大小的雕塑成品，就像一个憔悴的新种族，一支即将入侵世界的外来私人军队。而在它们身后坑坑洼洼、剥落的墙壁上，是一幅蔓延的史前风格草图，凝视的骷髅头和许愿的肢体组成的壁画。偶尔，墙上还会有一句动人的、潦草的提醒或电话号码，这些批注将我们带回到工作室阴暗窗户外那所谓的现实世界。

随着时间的推移，贾科梅蒂就像塑造躯壳一样将这个狭小的空间塑造成了自己的工作和需要。这里成了他所需要的一切，每在这里工作一小时，这个空间就会更紧密地与他相贴近——这也是为什么，尽管这位隐居的艺术家已经成为声名远扬的国际富豪，他仍然没有搬离这个工作室，无论它变得多么破败不堪。事实上，这个躯壳，时而带来胜利的喜悦，但更多的是重复的、最终不可避免的失败的回忆，紧紧地束缚了贾科梅蒂，使他难以解脱。然而，当他终于放下调色刀，除去粘在头发上的泥巴，简单地整理一下衣服后，贾科梅蒂最终还是在午夜时分走出了他的洞穴，转身走向蒙帕纳斯明亮的霓虹灯下，而那里，则有一个截然不同的生活在向他招手。

贾科梅蒂喜欢在库波勒或精选酒店他最喜欢的那张桌子旁落座，周围精心摆放着他的报纸、书籍和香烟，寻找着交谈的对象。对他而言，谈话的艺术——无论是倾听还是交谈，他都表现出同样的专注和智慧——至关重要。他曾说，自己愿意付出世上任何东西来换取一次愉快的谈话，还宣称，只要能将自己当作一个人的躯干固定在壁炉架上，让他与房间的每个人畅谈，他甚至愿意接受截去双臂和双腿。一旦贾科梅蒂开始交谈，言语便如洪流般涌出，这无疑是白天无谓工作的压抑所致。这位曾绝望地认为自己永远无法再现一个鼻子或一只眼睛的衣衫褴褛、孤独一人的雕塑家，如今却变成了一位才华横溢的健谈者，轻松自如、别出心裁、妙语连珠地谈论着每一个话题。每一位与他交往的名人（包括萨特、热内和贝克特等他那一代最杰出的思想家）都认为阿尔贝托是一位独一无二的谈话高手。虽然我们没有贾科梅蒂在这些史诗般的讨论中的录音（西蒙娜·德·波伏瓦[1]曾遗憾她未能录下萨特和贾科梅蒂在一起谈话的情景），但我们确实有大量已出版的贾科梅蒂访谈录，这些访谈展现了他躁动不安的语言智慧、对悖论的热爱，以及分析自身美学态度矛盾的天赋。

尽管这种天赋从未得到充分的发挥，贾科梅蒂的非凡才华得到了一种几乎同样令人印象深刻的写作天赋的支持。他的写作形式多样，包括诗歌、散文、艺术评论，以及大量的书信和工作室笔记。作品和访谈录汇总起来有超过600页之多，其多样性和清晰度可与德拉克洛瓦的《日记》

1　西蒙娜·德·波伏瓦（Simone de Beauvoir，1908—1986），法国女哲学家、作家和社会活动家。

和凡·高的《书信集》相媲美，成为我们深入了解艺术家想象力世界的宝贵资料。除非感受到他自己的文学能力和野心，否则人们无法完全理解写作和作家对贾科梅蒂有多么重要。他最早的长篇作品《昨日流沙》(1933年出版)很好地展现了贾科梅蒂文学想象力的运作方式。在此，我将引用其中的最后一段：

在同一时期的几个月里，我夜晚难以入眠，除非先幻想自己在黄昏时分穿过一片茂密的森林，来到一座灰色的城堡，它屹立在最为隐蔽、被人遗忘的角落。在那里，我杀死了两个人，他们在反抗之前就被我无情地结束了生命；其中一个大约17岁，面色苍白，常显惊恐；另一个身着盔甲，左侧胸甲上有一个金子般闪闪发光的物体。有一次，我剥去了两个女人的衣物，强暴了她们——一个32岁，身着黑色衣服，肌肤如雪；另一个是她的女儿，戴着随风飘动的白色面纱。整个森林回荡着她们的哭泣和呻吟。我也杀害了她们，但过程并不迅速(那时夜幕已降临)，只是在城堡前的一个死一般的绿色池塘边。每次行凶都有所不同。最后，我烧毁了城堡，心满意足地进入了梦乡。

显然，贾科梅蒂的传记片段在主题和技巧选择上受到了他超现实主义朋友那些受梦境启示的“自动”写作[1]的影响。正如我们所见，贾科梅蒂在坚定地置身于这一圈子时，与超现实主义运动的作家们建立了许多联系。他不仅阅读他们的作品，还从20世纪30年代中期开始专门为他们的出版物制作版画，为当时许多著名作家的书籍绘制插画——从克利瓦尔到巴塔耶，从艾吕雅到查拉，从布勒东到热内——这份名单几乎构成了战前和战后巴黎文坛的缩影。在这些作家中，布勒东对贾科梅蒂产生了尤为持久的影响，不仅因为他是超现实主义运动无可争议的领袖，还因为他的人格力量。虽然布勒东与贾科梅蒂年龄相仿，但当贾科梅蒂的父亲于1933年去世时，布勒东瞬间成为贾科梅蒂的精神导师。布勒东在他们的信件中称呼这位年轻的雕塑家为“我的孩子和朋友”，并邀请贾科梅蒂在1934年他与杰奎琳·兰巴的婚礼上担任伴郎。他还欢迎这位瑞士新兵加入自己的行列，成为超现实主义雕塑家中的佼佼者，在回答自己的反问“什么是超现实主义”时，布勒东回答道：“这就是在与无形之天使搏斗的阿尔贝托·贾科梅蒂，

1　超现实主义运动的一个重要概念，起源于20世纪20年代的法国，由诗人安德烈·布勒东首次提出。“自动”写作是指在摒弃逻辑和理性思维的前提下，通过潜意识、梦境和偶然性来表达创作，试图揭示人类心灵深处的奥秘和潜意识中的欲望。

他在盛开的苹果树下与天使相遇。”

起初，贾科梅蒂为与超现实主义的关联而感到欣喜。1922年抵达巴黎后，他并未忘记自己作为一名学子以及求学中的年轻雕塑家所经历的迷茫与疏离。仅仅十年后，他在布勒东的支持下成了巴黎艺术与文学界核心人物，既与萨尔瓦多·达利、巴尔蒂斯、路易斯·布努埃尔[1]和安托南·阿尔托等活跃分子建立紧密的合作，也与让·科克托等潮流引领者，以及让-米歇尔·弗兰克等优秀设计师，查尔斯和玛丽-劳尔·德·诺瓦耶（Marie-Laure de Noailles）等独具慧眼的收藏家有所交往。然而，随着时间的推移，他对超现实主义的基本原则，尤其是想象力与无意识作为创作关键源泉的信仰逐渐淡薄。尽管他的超现实主义雕塑作品充满了创新性与表现力，但贾科梅蒂认为自己已经达到了创造物体而非真正雕塑的阶段，他渴望回归现实的表现形式，将其视为艺术试金石。此外，他对布勒东的独裁统治也渐感不满。这位年轻的雕塑家本质上是一位个人主义者和独行侠，最终在1935年2月的一次超现实主义会议上公开挑战布勒东的权威，声称自己所获赞誉的超现实主

1　路易斯·布努埃尔（Luis Buñuel，1900—1983），西班牙导演、编剧和制片人，超现实主义电影运动的奠基人之一。

义作品不过是“自慰”。就在布勒东因他的直言不讳而要将他逐出师门时，贾科梅蒂抢先宣布：“不必费心，我要离开了。”

这一反叛行为让贾科梅蒂付出了沉重的代价。他失去了许多超现实主义作家朋友，但也有一些持不同政见者，如不久后去世的克利瓦尔和雷里斯，坚持与他在一起。之后，他经历了一段疯狂的实验和严重的自我怀疑，这段时间基本上从他被驱逐到战时流亡瑞士，一直持续到现在。尽管在日内瓦，贾科梅蒂通过与当地主要艺术出版商阿尔伯特·斯基拉的密切关系以及他的评论《迷宫》，设法保持了对当代写作的兴趣，但直到回到解放后的巴黎，他的艺术财富以及与当时主要作家的友谊才得以恢复。虽然当时的巴黎破旧不堪、灰头土脸，人们衣衫褴褛、神情沮丧，在食品店门口无休止地排队等候，但贾科梅蒂所遇到的巴黎却即将进入一个思想高度发酵的时期，仿佛生存这一事实本身就唤起了创造力的迸发。起初，他担心自己最喜欢去的地方可能会消失，但酒吧、小酒馆甚至妓院，就像传说中的斯芬克斯一样，都在营业。贾科梅蒂不失时机地在蒙帕纳斯和圣日耳曼德佩重新开始了他的夜间漫游，在那里，他找到了许多以前的文友和几位新文友。其中一位是现象学哲学家莫里斯·梅洛-庞蒂(Maurice Merleau-Ponty)，他关于感知在艺术中的首要地位的理论引起了贾科梅蒂的兴趣，以至于他采纳了——或者更确切地说，是改编——这些理论，将某些基本的现象学方法纳入自己的话语之中，从而解决了他作为艺术家在试图传达现实时所面临的问题。在新文友中还包括一对权力夫妇——让-保罗·萨特和西蒙娜·德·波伏瓦，他们在圣日耳曼和整个法国乃至其他国家的知识界与时尚界都建立了绝对的影响力。

贾科梅蒂的好感首先并且更持久地投向了德·波伏瓦，由于不知疲倦的知识应用能力和勤奋工作，她也被称为“海狸”。两人之间似乎自发地产生了感情，贾科梅蒂因此为波伏瓦创作了多幅著名的素描和雕塑肖像。就波伏瓦而言，虽然从未对贾科梅蒂的作品做过多的描写，但她确实为这位艺术家留下了非常难忘的笔下肖像，她在写给她的美国情人、作家纳尔逊·阿尔格伦的一封信中（用她那迷人的外国英语），记录了自己对贾科梅蒂的早期印象。这封信的日期是1947年11月，信中还提到了贾科梅蒂即将在纽约皮埃尔·马蒂斯画廊举办的一场重要展览：

我想我没有谈到我们的一位非常要好的朋友，他是一位雕塑家。作为一名艺术家，我非常钦佩他。首先，因为他是我所知道的最好的现代雕塑家；其次，因为他在作品中表现出如此的纯净、耐心和力量。他叫贾科梅蒂，下个月将在纽约举办大型作品展。二十年前，他非常成功，依靠超现实主义雕塑赚了很多钱。富豪们愿意出高价购买他的作品；就像购买毕加索的作品一样。但后来他觉得自己无路可走，浪费了自己的一些东西，于是他背弃了势利小人；他开始独自创作，几乎不卖任何东西，只买生活所需的东西。因此，他的生活相当拮据，衣服也很脏。我得说，他似乎喜欢脏东西：洗澡对他来说成了问题。昨天我去看了他的房子，简直糟透了。在一个被人遗忘的漂亮小花园里，他有一个工作室，他在那里工作。屋顶上有洞，雨水就落在地板上，还有锅碗瓢盆用来接住雨水，但上面也有洞！他每天工作15个小时，主要是在晚上。当你看到他时，他的衣服、手和一头浓密的脏头发上总是抹着石膏；他在寒冷的天气里工作，手都冻僵了，他却毫不在意。

尽管在很长一段时间里，两人喜欢定期在咖啡馆见面，讨论太阳底下的一切（如前所述，德·波伏瓦在她的日记中感叹道，这些史诗般的谈话，由香烟、代用咖啡、干邑，以及萨特的安非他明所推动，从未被后人记录下来），贾科梅蒂与萨特之间的交往或许并不是那么私人化。然而从职业角度而言，这被事实证明非常有价值。尽管当时双方都不这么认为，但回过头来看，他们的关系可能是自发地建立在自身利益基础上的。对于萨特来说，贾科梅蒂代表了卓越的存在主义艺术家，而这位哲学家也不失时机地将雕塑家与存在主义事业联系在一起，并提出了一系列微妙的概念。我并不是说这是萨特有意识的决定，就像贾科梅蒂热衷于让萨特为1948年在纽约举办的展览撰写序言一样，这也不是他职业生涯的战略之举。那场展览让贾科梅蒂在国际舞台上崭露头角。但这两个人本能地相互吸引是因为他们知道这对双方来说都有益处。

在很大程度上，这种合作是富有成效的。萨特在他的文章《寻找绝对》中，对贾科梅蒂做出了一些令人难忘的观察。当时最优秀的作家与最优秀的艺术家聚集在一起，并写下了他们的故事（在法国，这一传统至少可以追溯到查尔斯·波德莱尔）。随着萨特的出现，贾科梅蒂的成就突然而持久地被置于戏剧性的视角中，第一次成为公众的焦点。萨特的文字——贾科梅蒂已经读过并仔细做了注释——充满了精辟的措辞，它们可以脱离上下文，但仍能提供引人入胜的见解。例如，"关于石头的想法萦绕着贾科梅蒂。他一度对空虚感到恐惧；几个月来，他来来往往，身旁都是深渊；空间已经通过他知道了它荒凉的贫瘠"，还有"贾科梅蒂深知，活人身上没有多余的东西，因为那里的一切都是功能性的。他明白，空间是存在的毒瘤，吞噬一切。对他来说，雕塑就是去掉空间的脂肪；他压缩空间，以便排出其外部性”。

就贾科梅蒂而言，他的作品显然受益于在当时最具争议性的哲学分析，然后又巧妙地将其融入其中。自被超现实主义运动驱逐以来，他一度默默无闻的生活就此结束，在国外和巴黎的声誉稳步上升。萨特的序言标志着贾科梅蒂职业生涯的一个分水岭。或许是因为后来认为自己的作品被挪用到了一个从未认同的体系中，贾科梅蒂对于萨特的怨恨与日俱增。与萨特不同，贾科梅蒂认为自己作为雕塑家、画家和绘图师，无须证明或宣传什么。与其说他要说服公众，不如说他要说服自己，让自己相信能够捕捉到瞬间凝视的转瞬即逝的现实，并赋予它永恒，这是一项更谦逊但也更艰巨的任务。与法国顶尖知识分子的合作有益且有趣，因为没人比贾科梅蒂更喜欢与这样一位一流思想家进行灵活的哲学争论。但渐渐地，这种联系变得淡薄了，就像在布勒东身上发生的那样。当结局来临时，它来得非常明确，尽管表面上只是因为萨特在自传《话语》中转述了贾科梅蒂曾经发生过的一次事故中的一个相对较小的事实错误。为此，贾科梅蒂表现出了极大的愤慨，不想被看作与某种信仰体系有联系，试图撇清关系——他认为这种信仰体系是强加给他和他的作品的，它更多源于埃及古代艺术，而非现代哲学体系，如存在主义。

美丽没有其他起源，唯独我们每个人内心的伤口（独一无二，每人各有不同，或隐或显）。我们珍藏它，每当我们想要从世界中暂时抽离，寻求一份深刻而短暂的孤独时，我们便回到这个创伤之中……我认为，贾科梅蒂的艺术试图揭示每个生命、每个事物内心深处的那个秘密伤口，使之得以照亮。

让·热内在其著名文章《阿尔贝托·贾科梅蒂的工作室》的开篇宣言中，为贾科梅蒂的世界定下了最具个人特色的基调，而且在许多方面仍是最具启发性的探索。这种伤口——热内称之为“一种隐秘的痛苦之心”——本质上是在艺术家剥离所有伪装后留下的人性残余。这篇文章一直是贾科梅蒂最喜爱的关于他作品的文字，它从微妙的美学和哲学探究流畅地转向实事求是的描述和对话片段，展现了后来成为好友的两人的亲密关系。他们在1954年真正见面之前就已经知晓对方作品。这可能是通过萨特，因为他曾撰写过关于他们两人令人难忘的文章。贾科梅蒂的好奇心无疑被这个既以惊人的犯罪记录，又以广受赞誉的戏剧和小说（后者主要歌颂前者）闻名于世的人所激发。他也对热内放纵、背叛及充斥着低级趣味的生活产生了兴趣。但真正吸引雕塑家的是热内光秃秃、圆顶般的头颅——他在拥挤的咖啡馆首次瞥见，并热切地希望能在一幅肖像画中捕捉到这个形象。在热内接受了贾科梅蒂的热情邀约后，他开始定期前往艺术家的工作室——贾科梅蒂创作了一系列肖像：包括三幅油画和六幅素描。

有一次，热内坐在了一把他形容为“特别不舒服”的厨房椅子上，贾科梅蒂专注地审视着这位作家，感叹道：“你多么美丽！多么美丽！”又说：“就像其他人一样，不是吗？不多也不少。”在贾科梅蒂不断写下的零散笔记中，他描述热内的头部：“固执而猛烈地向前突出，嘴角露出痛苦的表情，夹杂着失意的悲伤，仿佛在惋惜生命只不过是一道鸿沟。”但贾科梅蒂也不断强调，对他而言，似乎不可能完全捕捉到他面前椅子上那个人的全部现实：“我永远无法在一幅肖像中表现出一个头部所包含的所有力量。单是活着就需要如此多的意志力和精力。”当热内从一动不动的聋哑坐姿中解脱出来时，他趁机闭上眼睛，用手抚摸着一个已完成的青铜人像。这是对他长时间沉默专注的奖赏。热内后来写道：“我无法描述我的手指有多快乐”；在其他地方，他曾称赞贾科梅蒂是位“盲人的雕塑家”。

这两位男士之间形成的紧密纽带，以及他们对地下世界和生活在社会习俗之外的共同兴趣，使他们离开工作室，在蒙帕纳斯的各家咖啡馆闲逛，并进行着长时间的自由交谈。二人关系的发展不仅源于对彼此深深的钦佩，还因为他们对彼此的要求并不太高。贾科梅蒂一眼就能看出热内并不寻求他在艺术上的支持，这一点与布勒东和萨特不同，他们将热内的作品和个性融入了各自的思想体系。对于热内，没有丝毫挪用的迹象：贾科梅蒂既不是超现实主义者，也不是存在主义者，而是更自由、更专注于自己的人，仿佛与另一位饱受折磨却又无拘无束的创作者相识，只是强化了他自己天然的个性。他们之间的交流主要基于他们可以轻松而饶有兴趣地谈论任何话题。热内可能会用“内部”生活的故事取悦贾科梅蒂，而贾科梅蒂则可能会因为他对国际政治、历史和军事战役（包括贾科梅蒂热衷研究的拿破仑战役）等意想不到的话题的专业把握让他的作家朋友大吃一惊。但这也是一种礼物交换：如果热内写了一篇关于雕塑家的文章，贾科梅蒂就为他的剧本《阳台》的封面画出一个人物。随着友谊的发展，热内将他零散的思考和印象整理成文，首先在1957年巴黎梅格特画廊贾科梅蒂的展览画册中进行了发表，并附有艺术家的三幅石版画原作，随后又将其作为一本小册子出版，书中配有恩斯特·鲜伊代克[1]拍摄的关于贾科梅蒂工作室的精美照片。在文章的

1　恩斯特·鲜伊代克（Ernst Scheidegger, 1923—2016），瑞士摄影师、艺术家。

结尾，热内用一种似乎永远能够捕捉贾科梅蒂狂热工作状态的描述与他进行了告别：

他的手指起起落落，如同园丁在修剪或嫁接攀缘的玫瑰。他的手指在雕像上上下翻飞，整个工作室都为之震动，充满了生机。我有一种奇特的感觉：只要有他在，甚至无须触摸，那些已完成且年代久远的雕像就会发生变化，因为他正在创作它们的姐妹作品。……一切都摇摇欲坠，仿佛即将倒塌；一切都即将溶解，一切都悬浮不定。然而，这一切似乎都捕捉到了绝对的真实。当我离开工作室，来到外面的街道上时，周围的一切都变得不再真实。可以这样形容吗？在那个工作室里，一个人正在逐渐消逝，被吞噬，在我们眼皮底下蜕变成女神。

通过他们看待世界的方式，贝克特与贾科梅蒂的相遇似乎已经注定。贾科梅蒂所创作的那些骨瘦如柴的人物形象，仿佛是贝克特那悲凉、简洁的散文的视觉化身；而贝克特的某些言论，又像是贾科梅蒂对其艺术绝望态度的宣言。在《与乔治·杜特伊特的三段对话》中，贝克特说："成为一名艺术家就是失败，因为没有人敢如此失败。"在这部作品中，这位爱尔兰诗人阐述了他所面临的不可调和的矛盾，这个矛盾可以作为贾科梅蒂那副瘦骨嶙峋、幸存者般的形象的标题："没有什么可以表达，没有可以表达的工具，没有可以表达的来源，没有表达的力量，没有表达的欲望，但又有表达的责任。"

贝克特和贾科梅蒂——他们于1937年秋天在花神咖啡馆第一次见面——往往是偶然相遇，而非特意安排发生会面。二人的友谊建立在相互同情和尊重的基础上，尽管他们经常一起饮酒，但总是保持着某种程度的控制。由于都是夜猫子，喜欢散步，且住在蒙帕纳斯林荫大道附近，所以他们很可能经常在不经意间相遇。当然，诗人和画家的身影成为一道熟悉的风景，很快便在蒙帕纳斯传为传奇。据战后刚到巴黎的希腊画家康斯坦丁·拜赞提奥斯（Constantin Byzantios）回忆，似乎是贾科梅蒂促成了他们的关系。"有一天晚上，或者说是一个晚上，"他回忆道，"贾科梅蒂来到库波勒，坐在塞缪尔·贝克特的旁边。贾科梅蒂通常是那个被倾听的人，人们都围绕着他聚在一起，然而他做出了一次前所未有的努力——试图进入邻居的思想，用一连串的问题紧紧地包围住他，仿佛被无尽的好奇心所驱使——然而贝克特似乎并没有注意到这一点。"

除了喜欢深夜饮酒和散步至黎明，两人还对妓女情有独钟，主要因为他们在这种关系中掌控主动权，而无须承担感情的纠葛。他们经常光顾当地的妓院，尤其是斯芬克斯妓院，并对这家声誉卓著、装修豪华的妓院的倒闭感到惋惜。贾科梅蒂将其誉为“超越所有其他妓院的奇迹”。

有一次，当贝克特被问及是否曾与贾科梅蒂坐在一起时，他显然一脸惊讶地说：“没有。”贝克特可能对被描绘表示缄默，就像他避免被拍照一样。然而，贝克特高大、匀称、前倾的身材使他本人看上去与贾科梅蒂的《行走的人》极为接近，而贾科梅蒂则可能就是贝克特流浪汉形象的原型。他面临着荒谬的困境，甚至可能被雕塑家洞穴的瓦砾困住了脖子。如果说贾科梅蒂的许多作品很容易——也许是太容易了——诠释贝克特的小说和戏剧，那么贝克特作品中大量的短语则为贾科梅蒂的严酷意象提供了戏剧性的缓解。《等待戈多》中的一句话成为贾科梅蒂葬礼赛跑的恰切象征：“他们跨坐在坟墓里分娩，光芒闪烁了一瞬间，然后又是黑夜。”在贝克特于20世纪50年代中期创作的小说《莫洛伊》《马龙之死》和《无法称呼的人》中描绘的景象，与贾科梅蒂的宇宙有着无数相似之处。贾科梅蒂密密麻麻的图画中弥漫着灰蒙蒙的空气，灰烬般渗入他色彩沉闷的室内空间，这在贝克特阴郁幽默的思索中找到了不断的呼应。例如，在这里，贝克特几乎可以定义贾科梅蒂的人物所沐浴的那种独特的、近乎液体的元素：

空气，空气，那陈旧的坚果中还有什么可以榨取出来的呢？在我身边，它是灰色的，朦胧透明。而在那迷人的圆圈之外，它的颜色更深了，铺上了一层细密且无法穿透的雾霭。是我投下微弱的光芒，让我看清了眼皮底下发生的一切吗？暂时还没有什么收获可以如此假设。我曾听人说过，没有黑夜会如此深邃，以至于最后无法被穿透，除了那被熏黑的天空，或者地球本身的光亮。然而这里没有夜色。这灰蒙蒙的一片，先是阴沉沉的，接着又是坦荡荡的不透明，实际上仍然发光。但是，我的眼睛徒劳地探究着这道屏障，把它看成更浓密的空气，难道它实际上不是像铅一样密实的围墙吗？

奇怪的是，贝克特和贾科梅蒂之间的交往似乎并没有留下太多痕迹。早在1939年，贝克特在信中就向一位老友描述过他们相处的大部分时间都是“愉快的沉默”——即便是在与亲近的朋友相聚时，贝克特也倾向于保持这种沉默。贝克特曾在某个时刻提到：“事情对贾科梅蒂来说是无法解决的，但这使他一直前行。”至于贾科梅蒂对贝克特的态度，记录下来的东西就更少了。根据意大利作家吉尔吉奥·索瓦维的描述，贾科梅蒂曾对他们的友谊发表过这样的评论："贝克特和我偶尔会见面。他不喜欢在酒吧里待到深夜。他可能有点害羞。但是，当我们不期而遇时，我总是和他一起待到清晨六七点。"

尽管两人之间的互动鲜有记录，但在1961年，当贝克特在巴黎的奥德翁剧院筹备新版《等待戈多》时，他特意邀请了贾科梅蒂而非其他的艺术家朋友来设计舞台布景。此时，他们已相识了近四分之一个世纪。这段时间里，二人均从相对默默无闻的状态成长为社会名流，各自塑造了一种独特而引人不安的战后人类形象。

1953年，贝克特的《等待戈多》在巴比隆剧场——一个充满实验氛围的小型舞台——首次与观众见面时，遭到了大多数人的负面评价。尽管贝克特对成功持有谨慎的态度，但他仍然对该剧能够于1961年在声望更高的奥德翁剧院复排感到十分兴奋。这一次，贝克特亲自执导了这部作品，剧本依旧简洁，仅要求以"一条乡村道路、一棵树"作为舞台背景。实际上，这样的场景几乎任何人都能轻松搭建——象征着死亡与重生的一棵瘦骨嶙峋的树。然而，作为导演的贝克特与作为作家的贝克特一样严谨细致，心中孕育着一棵独一无二的树。因此，他写信给贾科梅蒂，表达了一个心愿：希望对方能设计出这棵树的布景。在信中，他满怀期待地写道，若贾科梅蒂能够完成这一任务，那么“我们都会非常开心”。

在二人共同漫步巴黎街头的温馨时光里，树木实际上扮演了一个非常重要的角色。有一个轶事，不管是否真实，都让我想起了他们一次漫步时的对话，当时他们可能都陷入了存在主义绝望之中。贝克特突然说：“我再也看不了树了。”而贾科梅蒂则轻声回应道：“那是因为你太爱它们了，萨姆。”

无论贾科梅蒂对自己的作品投入了多少热情、决心和耐心，他始终对作品以及所有人类创造力在整个宇宙中的位置保持着一种超凡的清醒认识。在他生前留下的最后一张纸条中，他对所有艺术形式进行了深入的思考，并得出了一个平静的结论：“它们都有自己的位置，仅此而已。”这张纸条是他去世后在他的工作室被发现的，其标题简洁地写着“这一切都没什么大不了的”。

这一切都没什么大不了的，
所有的绘画、雕塑，
绘画、写作，或是文学。
它们都有自己的位置，仅此而已。
尝试就是一切。
多么美妙！

原载于2013年1月汉堡布赫里乌斯艺术论坛的一次演讲。

15

Remembering Giacometti: An Interview with Jacques Dupin

缅怀贾科梅蒂：雅克·杜宾访谈录

雅克·杜宾在巴黎的家中，2003 年，洪莲 摄

我刚刚重新阅读了自己在2012年——也就是杜宾去世前几年，在巴黎对他进行的关于贾科梅蒂的访谈记录。深感遗憾的是，当时自己没有更多地与他探讨其熟知的每一位艺术家，他生活中的作家，以及他自己作为诗人所从事的创作。基于对他诗歌的深度敬意，我总是担心自己会占用他宝贵的写作时间，甚至可能因为坚持询问一些他可能不愿回答的问题而让他感到不悦。这是一个真实的担忧，因为杜宾从来不是一个健谈之人，他更多的时候是沉默寡言的，很难侃侃而谈。

但我深知，在20世纪艺术和文学的众多领域中，杜宾是一位极具价值的资料宝库。记得1966年，当弗朗西斯·培根在梅格特画廊举办首次展览时，我初次遇见了他。此后的几年里，我频繁地见到他——尤其是在培根访问巴黎时，他总是会邀请我们共进晚餐。然而，实际上，培根也非常欣赏杜宾，这让我在交往中更加小心翼翼，因为培根不喜欢他的朋友们在自己缺席的情况下聚在一起。因此，除了那些晚宴和偶尔的聚会之外，我们之间的见面并不太多。我想我第一次与杜宾进行深入的交谈还是在1992年培根去世之后，当时我正在为《弗朗西斯·培根：一个谜的剖析》进行初步研究，这部传记在四年后终于出版了。

在这里，我有一个非常具体且合理的理由与杜宾坐下来进行深入的交谈，激发他畅所欲言，那就是我需要他讲述关于培根的一切。当我致力于第一部全面阐述培根生平与作品的专著时，我惊讶地发现关于他的资料竟是如此稀缺。培根似乎有意通过各种访谈——尤其是与英国艺术评论家大卫·西尔维斯特的对话——让自己的思想广为人知，然而，对于自己生活中的许多方面和更多细节，他却始终保持着沉默。我知道自己与他人一样，关于培根生活的大致情况有着比较清晰的认知，这是因为我投入了数百个小时与他进行过深入探讨，话题涉及方方面面：他的个人生活、他的早年生活、他的职业生涯、他的挚爱，以及他内心深处的绝望。培根的坦诚让我感觉他似乎认定我是传递他记忆的最佳人选。但是，仍有两个问题困扰着我。首先，培根的陈述是我唯一的资料来源（我所知道的，都是他愿意告诉我的）；其次，他只会谈及自己生活的某些方面，对于任何称职的传记作者都需要了解的其他方面，他却不愿诉说。

因此，我必须转向那些与培根有着紧密关系的人，希望他们能够填补我对培根知识和理解中的空白。然而，令我感到失望的是，我发现培根的一些亲密朋友要么不愿意谈论起他（他们不愿意的原因只有他们自己清楚），要么虽然愿意交流，但却不知道该如何表达。我永远不会忘记，在一次耗时一天、乘坐多趟火车的旅程之后，当我与培根的一位老朋友坐下来交谈时，面对我关于他的种种恳切询问，他只是反复地说："哦，弗朗西斯喜欢喝一杯，不是吗？"

与此同时，杜宾的表现堪称卓越。他并非培根的旧友，对培根的生平与个性缺乏深入了解。然而，凭借诗人的直觉，杜宾回顾了自己与培根的所有交往，并以一些生动的故事和描述对其进行了精炼。我将所有这些宝贵的信息都融入了我正在创作的传记之中。特别让我印象深刻的是，杜宾讲述了他与培根的一次漫长的饮酒狂欢，最终培根遇到了他的一个旧情人——一位身材高大的摔跤手。艺术家热情地、反复地投入那位摔跤手的巨大怀抱，每次回归都是为了与杜宾继续关于委拉斯凯兹[1]的讨论，这是他们在当天较早时候，还都相对清醒时就开始的一个话题。

因此，当我多年后在纽约的艾金—麦克林画廊策划贾科梅蒂作品展时，我毫不犹豫地联系了杜宾。我渴望在展览画册中收录一篇对贾科梅蒂的全面访谈，而杜宾对贾科梅蒂的认知比对培根更为深入和持久。在贾科梅蒂家族重要成员苔蕾丝·提格里蒂·贝托的大力支持下，我们成功地汇集了

1 迭戈·委拉斯凯兹（Diego Velázquez，1599—1660），西班牙黄金时代最重要的画家之一。

大量令人印象深刻的作品，并为这些作品撰写了画册序言。但真正缺失的，是一个熟悉贾科梅蒂之人的真实声音，他能让那段珍贵的往事重见天日。

我期待你们在阅读接下来的访谈时，会感受到杜宾没有令人失望，但事件的发展却远超出了我们的常规预期。在约定的采访日期，我乘坐早班火车从伦敦抵达巴黎，来到了杜宾位于布列塔尼街离共和国街不远的公寓。我们原计划在上午晚些时候开始采访，之后共进午餐，解决剩余的问题，并视情况决定是否需要进一步的录音。由于紧张，我提前到达了一会儿，在圣殿广场上徘徊了许久，沉浸在对于圣殿骑士团早期历史的思考之中，同时也反复检查了我带来的两台录音机，确保一切准备就绪。到了约定的时间，我爬上了杜宾公寓的楼梯，心想他一定能欣赏到广场和周边的美景。我按响了门铃，等待着。但没有回应。过了片刻，我再次按响了门铃，依旧无人应答。与此同时，我意识到我的整个行程可能就此浪费，我答应给我的朋友克里斯·艾金和尼克·麦克林贾科梅蒂画册的计划也因此遗憾地取消了。

然而，就在我开始下楼返回的时候，门口突然传来了一阵混乱的声音。我转身一看，惊恐地发现雅克·杜宾穿着睡衣，浑身上下都是血迹。

“雅克，很抱歉打扰你了。”我结结巴巴地说道，心中充满了恐惧。

“进来吧。”那个血迹斑斑的幽灵清晰地回应道。

“你必须回床上去，我会叫救护车的。”我坚决地说，跟着杜宾走进了厨房的入口，门口和瓷砖地面上的血迹让我感到更加惊恐。

杜宾坚持说：“没必要叫救护车。”同时，我注意到他头上的血还在明显地沿着脸颊滴落。

“好吧，我会打电话给你的医生，雅克，”我说，“把医生的电话号码给我。”

“不，我们说好了要做采访的。”杜宾紧追不舍。

“但雅克，”我含蓄地说，“我们不可能在这种状态下进行采访。没关系，我改天再从伦敦过来。”

杜宾面无表情地说：“你大老远跑来就是为了采访。我们会进行这次采访的。”

我们在厨房的餐桌旁坐了下来。我小心翼翼地拿出两个录音机，焦急地确认在几分钟前就检查过的设备没有任何变化。

“雅克，我们真的可以改天再谈。”我有气无力地说，看着杜宾眉梢的血丝在脸上蜿蜒而下。

杜宾坚定地重复道：“我们会进行采访的。我在这又滑又烂的厨房地板上滑倒了，撞到了头。没有看上去那么严重。我想我的头皮被割破了，当然会流很多血。”

录音机在寂静中发出呼呼的声音。我的问题突然充满了新的紧迫感，仿佛自己在向一个即将在我面前离世的人进行着提问。我幻想着，他可能真的会突然离世，留下一具血淋淋的尸体和我必须向警方解释的模糊情况。另一方面，杜宾看起来不仅全神贯注，而且几乎是兴奋的。他直接而全面地回答了每一个问题，为我们勾勒出一幅贾科梅蒂的真实面貌，这是那些未曾亲身体验的人和没有记者敏锐眼光的人无法为后人再现的。血流的速度虽然减慢了，但并未完全停止，偶尔会有血滴溅到地板上、桌子上，最令人不安的是，它们甚至溅到了录音机上，仿佛它们也想在谈话中确认自己的存在。

杜宾不时地点燃一支烟，此刻他已经完全放松，在继续讲述之前停顿了一下，深吸一口烟，然后再缓缓地吐出。我已经感觉到这次访谈的成功，尽管我对在杜宾显然处于不佳状态的情况下进行访谈感到有些内疚。然而，他似乎沉浸在这种矛盾的境地中，享受着其中的微妙平衡。我突然意识到，如果不是刚刚经历了新近的磨难，他可能永远不会如此畅所欲言，没有丝毫的犹豫。

我收拾好东西，杜宾陪我慢慢地、小心翼翼地走到他的公寓门口。

开始下楼时，我转过身来向他最后挥手告别。

杜宾的脸，比以前更加血迹斑斑，却裂开了一个告别的微笑。

“现在，至少，”我楼梯下到一半时，他喊道，“你知道我的血是什么颜色了吧！”

迈克尔·佩皮亚特(MP)：雅克，你第一次见到贾科梅蒂是在什么时候？

雅克·杜宾(JD)：1953年。当时我在克里斯蒂安·泽沃斯的艺术杂志《艺术纪事》工作，他们经常派我去不同艺术家的工作室撰写文章、拍摄照片。有一天，他们让我前去拜访阿尔贝托·贾科梅蒂，并带回足够填满十页杂志的文字和照片。于是，我第一次踏入了位于巴黎蒙帕纳斯后面的一条普通街道——希波吕特-曼德隆街。这条街上有一栋楼房，46号，内有六七个工作室。大门敞开着，于是我直接走了进去，阿尔贝托的工作室就在左手边的第一间。我选择在傍晚时分到访，因为阿尔贝托习惯于夜间活动——他上午睡觉，下午两点左右出门喝咖啡，然后一直工作到晚上七点左右，通常会有模特在场——他的兄弟迭戈、他的妻子安妮特，以及后来的女友卡罗琳。之后，他会去咖啡馆再喝一杯咖啡，吃一个火腿三明治。然后，他继续工作到午夜，再去蒙帕纳斯吃晚饭，与朋友或他在该地区认识的人——通常是女孩子——共享晚餐。之后，他会回到工作室，继续工作到天亮。我去见他时非常紧张，因为我听说了很多关于他的事情。但他对我非常和蔼可亲，彬彬有礼，就像他对大多数人一样。他喜欢聊天，这让我感到轻松许多，所以我们畅谈了许多话题。从那以后，我开始每周都去看他，在傍晚时分，当他完成了模特身上的工作后，我们会一起出去喝一杯。他非常喜欢我在1954年写的那篇文章，我们的友谊就这样开始了。

后来，我从《艺术纪事》离职，开始了在梅格特画廊的工作，负责包括贾科梅蒂在内的几位画廊艺术家的相关工作，组织他的展览和画册。他后来邀请我为他写一本书，我接受了这份邀请——那是我所写的关于他的第一本专著，于1960年出版。在那段期间，我经常拜访他，因为我渴望更深入地了解他的作品。阿尔贝托还为我的两本诗集创作了一些精美的版画。

不过，我想更深入地与你们分享阿尔贝托工作室的景象。这个工作室虽小，却塞满了已完成或正在创作中的雕塑作品，有的被湿润的破布覆盖着，有的则随意摆放在墙角，画布堆积如山，地板上则铺满了厚厚的石膏和黏土。

画架上总是摆放着他正在创作中的画作——他总是在同一幅画上不断地涂抹、刮除，然后重新开始。他仅有的离开画布的方式，就是将它们拿去展览。否则，他可能会永远在同一块画布上创作。当他不忙于雕塑或绘画创作时，他依然总是在画画，经常在任何旧纸张或杂志上作画。如果没有东西可画，他就在墙上画画。似乎对他来说，画画就是一种无法停歇的冲动。绘画，在他眼中，无疑是所有工作的源泉。他甚至在灰尘中也能找到创作的灵感，或者在我们去咖啡馆时，他会在我们交谈之间，用手指在桌面上不停地画着什么。最让我印象深刻的是，工作室中没有一件物品不是为了工作而存在的——甚至连灰尘都能助他一臂之力。正是这种专注工作的氛围，使得这个工作室成为他创作的圣地，因为他对于工作的投入是如此彻底。其他一切——比如寻找另一个工作室——对他来说都显得无关紧要。

MP：当时阿尔贝托本人给您留下了怎样的印象？

JD：他给我的印象极为深刻。他总是穿着那套熟悉的旧衣服，衬衫似乎不是每天更换，而那条午夜蓝色的领带则是他的日常搭配。无论在一天之中的任何时间他总是打着领带。他那浓密的头发，以及那张棱角分明、眉头紧锁的面孔——就像一位瑞士或意大利的登山家，你绝不会将他误认为其他人。他的外表更像是个流浪汉，而非艺术家。他的步伐因为曾遭遇过车祸有些踉跄。他的嗓音沙哑，说法语时带着浓厚的意大利口音。因此，他拥有一种独特的存在感，但一旦他开始交谈，他便会变得极为热情和亲切。

MP：在您和他讨论完画廊的业务之后，你们还会探讨其他话题吗？

JD：阿尔贝托热爱畅谈各种话题。对他而言，对话的重要性不言而喻——有时，甚至在抵达工作室的时候，我都能听到他独自一人沉浸在谈话之中。他对政治充满热情，而对军事战役的热爱更是出人意料——这是一个鲜为人知的事实。他喜欢重温拿破仑的战役，不断尝试不同的战略部署。此外，他也是个勤奋的读者——浏览《现代生活》《新法兰西评论》等文学评论杂志——因此，他对文学界的动态了如指掌。我们经常讨论诗歌，以及我们阅读过的作品。众所周知，他的许多挚友都是作家——比如，米歇尔·雷里斯撰写了关于他作品的第一篇文章；还有萨特、西蒙娜·德·波伏瓦、让·热内。相较于其他艺术家，他更倾向于与作家混在一起。

MP：很多人都来过，但是每个人都受到了同样的欢迎吗？

JD：阿尔贝托享受与人相伴的时光，因为他热爱交谈。在工作时，他边吸烟边与人对话，因此他不会感到被打扰——除非他正在根据模特进行创作，那时他会关起门来，将全部注意力集中在模特身上。总体而言，他总是乐于见到他人的，尽管偶尔也会有人令他不悦。他常说自己无论做什么都是徒劳的，他的作品总是糟糕的、可怕的、无用的。然而，人们通常会回应："哦，不，这真是太棒了，你的想法真是令人惊叹。"我记得有一次，道格拉斯·库珀到访时，阿尔贝托一直在抱怨一切有多糟糕，库珀则回应道："是的，确实很糟糕。"这番话立即激怒了贾科梅蒂，他竟然将库珀赶出了工作室！从此，库珀就再也没有回来过。

MP：如果他不喜欢自己的作品，那么他对别人的作品又持何种看法呢？

JD：阿尔贝托不喜欢任何当代艺术家。唯一的例外是毕加索——尽管并非毕加索的所有作品都能得到他的青睐。他们之间存在着某种相互的尊重。我了解这一点，因为在那段时间里，我经常前往毕加索的住处，而毕加索则总是问我："阿尔贝托近况如何？他目前在做什么？"然而，你很难捉摸毕加索的真正想法，因为他总是会玩弄一些小把戏，假装对那些他并不真正喜欢的事物抱有兴趣。相比之下，阿尔贝托就要直接得多。他通常直言不讳，从不追求事业上的虚荣与发展。如果有什么追求的话，那也是恰恰相反。尽管他内心非常悲观，但他喜欢与人交往，社交圈子很广。

MP：他和您谈过个人问题吗？

JD：嗯，他的个人生活很复杂，他有一位名叫安妮特的妻子，但他身边也有其他女性朋友，比如卡罗琳。她经常晚上来为他当模特，之后他们会一起去蒙帕纳斯享用晚餐。卡罗琳曾是一名性工作者，其黑社会关系依旧错综复杂。她常常会陷入困境，甚至有一次曾被判入狱。我想阿尔贝托可能正是被这种生活方式所吸引。他可能美化了自己的生活，但他确实喜欢这种没有太多资产阶级虚伪的人际关系。显然，这样的关系给安妮特带来了困扰。总的来说，阿尔贝托是一个难以捉摸的人——白天沉睡，晚上工作，生活在一种不太舒适的环境中，这使得与安妮特共同生活变得几乎是不可能的。即便在她搬出去之后，安妮特仍然每天来为他摆造型、打扫卫生、处理账目。他们总是资金紧张。尽管他慷慨地送出了许多画作，但阿尔贝托在金钱上却相当吝啬。在我待在那里的时候，安妮特经常特意过来跟我打招呼，然后会说："我需要钱来买这个买那个。"因为我就坐在那里，阿尔贝托也不好意思拒绝，就会给她一点钱。

MP：没有什么热情。

JD：一点都没热情，但他对作品非常慷慨。我仍记得有一天傍晚，当我离开工作室时，我发现垃圾堆里有一幅画作，其上挥洒着令人瞩目的才华。我于是返回，对阿尔贝托说："如果这幅画你真的不再需要，我希望能拥有它。"他凝视了画作片刻，然后缓缓地说："或许这幅画并不像我想象的那么糟糕，但我不想再看到它了，你就拿去吧。"那幅画我一直妥善保管在某处，虽然一直未曾将它挂起，但它无疑是我珍贵的收藏。

MP：您去看阿尔贝托的时候，遇到迭戈的机会多吗？

JD：是的，迭戈对阿尔贝托来说无疑是至关重要的。这不仅仅是因为阿尔贝托在铸模、铜绿以及整个技术工艺上都依赖他的协助。他总是在关键时刻寻求迭戈的意见——他会召唤迭戈前来，询问“你觉得我是不是应该把手臂做得更高一些”等问题。迭戈总是耐心地在一旁协助。尽管迭戈外表看起来时常脾气暴躁，略显疏离，但他对阿尔贝托的友情却是真挚的，愿意为阿尔贝托提供任何帮助。他们之间的友谊牢不可破，这让迭戈看上去就像是阿尔贝托的影子。从这个角度看，阿尔贝托或许根本不需要婚姻。他和安妮特的关系始于战争期间的日内瓦，不知怎的便步入了婚姻殿堂。然而，阿尔贝托生命中最重要的女性始终是他的母亲——安妮塔。她是整个贾科梅蒂家族的支柱。

MP：您见过他的母亲吗？

JD：是的，我和阿尔贝托曾两次前往斯坦帕。第三次前往，则是为了出席他母亲的葬礼。阿尔贝托与他母亲用意大利语交流，至少是瑞士那一带的意大利方言。他对母亲怀有一种近乎宗教般的崇敬。每次阿尔贝托回到斯坦帕，他的母亲都会让他脱去衣物，然后从头到脚为他涂上香皂，进行沐浴。此外，她还坚持让他遵循规律的饮食习惯。母亲也曾作为他的模特——在斯坦帕期间，安妮塔成了他的主要模特。

MP：您自己也曾为他担任模特。事实上，在这次展览中展出的两幅贾科梅蒂的画作中，有一幅是为您创作的。当您的肖像画完成时，您有何感受？

JD：阿尔贝托对模特的要求极为严格。他要求模特必须保持绝对的静止，并且始终直视他。哪怕是最微小的动作，也会引发他的愤怒——他会开始呻吟并大声呼喊："啊，你又动了！"显然，这样的状态很难长时间维持。因此，我们每隔二十到二十五分钟就会休息一次。整个过程大约会持续三个小时，相当耗费体力。但之后，我们会一起去咖啡馆喝上一杯。因为他不会在画室里煮咖啡或给别人倒水，所以这成了我们小小的放松时光。他在那里时，只是专注于工作、聊天和抽烟。他并不经常喝酒，不是一个真正的酒鬼。正如你所了解的，这是一种生活方式。但他始终抽烟，通常是一根接一根地熄灭（在他正在制作的人物的潮湿泥脚上)，然后再点燃另一根烟。

MP：他对自己的作品满意吗——比如您的肖像？

JD：没有，他总是觉得自己失败了。但同时，他也常感到自己有所进步，仿佛是穿越隧道的旅人在前方看到了一线曙光。在他为我创作肖像的过程中，他一次又一次地刮去颜料，然后又迅速地再次绘制出一幅新的肖像。在我看来，这些肖像之间几乎没有任何区别。但他从未认为任何作品是最终的完成。在他最后一次离开瑞士时，他的身体状况已经非常糟糕，但他仍然希望能回来继续他的工作。可惜他再也没有回来。

MP：遗憾的是，我未曾与他见面，甚至在他在伦敦与弗朗西斯·培根相聚时，我也未能有幸与他们同处。当时您是否也在他们身边呢？

JD：是的，我与他们两人一起度过了几个晚上。看到他们相聚的情景真是令人心动。弗朗西斯说他特别喜爱贾科梅蒂的素描，而对于他的雕塑和绘画则保持了一定的距离。我不太清楚阿尔贝托对弗朗西斯作品的看法，但他显然被作品中的力量和气势所打动。他们在一起时交谈甚多，但我不能确定他们是否真的在倾听对方。

MP：我常常觉得贾科梅蒂的整体风格对培根产生了一定的影响。您知道的，他们都有着那种工作室里的混乱，挂着单个裸露灯泡的景象。他们都坚守着自己狭小、杂乱、不舒适的工作室，即使在声名鹊起、金钱滚滚而来的时候也是如此。然而，在许多方面，他们的艺术追求和人生哲学又是如此不同。

JD：他们确实有许多共同之处，包括对底层生活和黑帮文化的兴趣。我记得有几次我和阿尔贝托一起去了蒙帕纳斯附近的酒吧，比如阿德里安之家这样的地方。一次晚餐后，我们又去了阿德里安之家喝酒。我带了一沓阿尔贝托的画作，大约有三十张，结果不小心把它们全部留在了餐厅。幸运的是，卡罗琳认识那里的服务员，她回去找到了那些画。还有一次，深夜时分，我们正在阿德里安之家坐着，突然有几名武装人员冲了进来，开始朝吧台旁的镜子射击——那时我们赶上了一场帮派战争。于是阿尔贝托、卡罗琳和我赶紧躲到了桌子下面，直到事情结束。当我们站起来时，发现地上到处都是玻璃，而大多数人已经消失得无影无踪。我们受到了不小的惊吓，于是去了另一家酒吧继续喝酒。就在我们坐下来没多久，同一群歹徒又进了酒吧，但这次他们已经冷静了下来，只是静静地站在那里喝了几杯。

MP：阿尔贝托真的喜欢所有这些。

JD：是的，阿尔贝托很喜欢这些。他认为那非常有趣。

原载于展览图录《阿尔贝托·贾科梅蒂：一幅亲密的肖像》（纽约：艾金–麦克林画廊，2010年），前言。

16

A Broken Dream of Balthus

巴尔蒂斯的残梦

巴尔蒂斯在法国夏特吕城堡的工作室里创作，1956 年，鲁米斯 · 迪恩　摄

我经常提及巴尔蒂斯的原因之一是，在我自己非常年轻、容易受影响的时候便遇见了他（就像我遇见了培根和杜布菲）。他身上的浪漫主义谜团深深吸引了我，成为我对其作品着迷的一个组成部分。当时我太过年轻，太容易被影响，没有意识到巴尔蒂斯在美第奇别墅任职期间，有意识地塑造了自己的神话，并采用了那个可疑的称号“科洛索夫斯基·德拉罗拉伯爵”，尽管在采访他时，我内心对他的某些说法确实持怀疑态度，比如他自称是拜伦勋爵的后裔。在我们的对话中，他暗示自己的生父可能是赖内·马利亚·里尔克，但鉴于诗人确实是他母亲的情人，我对他的这一说法持保留意见。无论如何，当我们漫步于别墅花园，巴尔蒂斯慵懒地指着1650年委拉斯凯兹第二次访问罗马时所画的景色时，我非常欣赏他在浓重的夏日空气中营造出的那份虚幻氛围。

巴尔蒂斯通过在构图和技法上对于文艺复兴伟大传统的借鉴，神话了自己的作品和出身，并增强了这种高贵魅力的内涵，仿佛他就是皮耶罗·德拉·弗朗切斯卡[1]的直接传人。但是，这样的传说在我心中已经逐渐变得

1 皮耶罗·德拉·弗朗切斯卡（Piero della Francesca，约1410—1492），意大利文艺复兴时期的著名画家。

模糊，至少在他于1983年至1984年举办大型回顾展时就已经如此。

我的失望，正如所示，自那时起一直延续至今。在2013年纽约大都会艺术博物馆举办的巴尔蒂斯大型展览上，我所见到的不再是那位曾经充满神秘色彩的艺术家，而是一种肤浅的矫揉造作和一种过时的时代魅力。巴尔蒂斯生前的神话对他大有裨益，但随着时间的流逝，这一切都被证明只是一层掩饰。尽管他的画作依然展现了艺术家高超的技艺和非凡的天赋，但它们却缺少了一种变革性或深刻性。如同杜布菲一样，巴尔蒂斯依然是我的艺术万神殿中的一员，但考虑到他在社会和艺术史方面的自命不凡，他在我心中的排名已经悄然下滑。

向巴尔蒂斯致敬的礼炮已经鸣响。如今，大批观众——其中许多人甚至未曾听闻巴尔蒂斯的名字——纷纷涌入了巴黎和纽约的回顾展，熙熙攘攘。这些展览虽然备受批评，但也揭露了许多艺术家的私密传记。毫无疑问，它们至少在目前将这位难以捉摸的艺术家定格在了现代艺术大师的神殿中。大型展览、厚重画册、大众的认可：长期只被少数开明人士所欣赏的巴尔蒂斯绘画，如今终于得到了广泛的关注和公众的瞩目，粉丝们理应感到欣慰。

然而，我也不得不反思，为何自己对巴尔蒂斯作品的深厚喜爱并未因这些回顾展而加深，反而有所消减？确实，去年夏天的多数时间，我都期盼能够亲眼看见这位大师的作品齐聚一堂。为了撰写巴黎开幕式的文章，[1]我阅读了关于这位画家的所有资料。我通过电话与艺术家本人、展览组织者，以及他的老朋友和热心的支持者进行了交谈，他们都是从很久以前就开始钟爱他的作品的。随着展览日期的临近，我与他们一同感受到了所谓的“巴尔蒂斯热”。或许，这样的期待注定要失望，但随后的失望并非无缘无故。将我在巴黎回顾展前完成的文章与画作装箱运往纽约时撰写的“后记”（下文）进行比较，或许是分析这些原因的最佳方式。

巴尔蒂斯，年届75岁，即将赢得当代艺术界所能赋予的最高荣誉：在蓬皮杜艺术中心举办一场回顾展，紧接着在纽约大都会博物馆举办另一场回顾展。在当今这个人们对具象艺术重新燃起热情的时代，这些展览将提供一个久违的机会，让人们能够重新评价这位艺术家的作品。新闻界赞誉巴尔蒂斯可能是当代最鲜为人知的伟大画家之一，这样的评价并非言过其实。由于对巴尔蒂斯绘画作品进行全面展出的机会极为难得，关于他的文献资料至今也仍然十分稀少。[2]

造成这种局面的原因并非偶然，也非疏忽，而是艺术家本人刻意为之。巴尔蒂斯自始至终都是一个孤独的人，一位特立独行者，他的作品虽然只有少数人欣赏，但这些欣赏者都极具影响力。随着声誉日益增长，他的画作也成了越来越多人崇拜的对象，而艺术家却越来越不愿意讨论作品的任何方面。他巧妙地避免了所有采访，曾说："我对我的画作能说什么呢？毕竟，如果它们足够好，它们应该自己说明一切。"[3]甚至连巴尔蒂斯传记中的基本事实也被他严密守护，成为一个谜。在大部分有关他的文本中，这些事实甚至没有被提及。一位知名的评论家在为巴尔蒂斯的大型展览准备导言时，收到了艺术家的一封电报，要求他在导言的开头这样写道："巴尔蒂斯是一个人们一无所知的画家。现在，让我们一起来欣赏他的作品吧。"[4]

当然，巴尔蒂斯身世的神秘色彩，并未打消世人对他的好奇。他那些鲜为人知的真实传记资料，本身便蕴含着无穷的趣味，对于深入理解其作品来说是至关重要的。虽然相关资料零散，但我们仍能从中勾勒出艺术家早期生活的大致轮廓。巴尔塔萨·克洛索夫斯基生于1908年，是波兰裔德国人埃里希·克洛索夫斯基与其俄罗斯籍妻子巴拉丁的次子。他的父母都是艺术家，父亲还撰写过关于艺术的文章（尤其是一本关于奥诺雷·杜米埃的专著）。巴尔蒂斯，就像文艺复兴时期的艺术大师一样，使用了名字作为自己的艺名。他在婴儿时期就被带离了巴黎，此后在瑞士长大。克洛索夫斯基家族拥有高雅的文化素养和国际视野，吸引了众多作家和艺术家加入他们的家庭圈子。里尔克是巴拉丁的忠实崇拜者，也是这家的常客。这位伟大的隐居诗人成为巴尔蒂斯的某种精神导师，鼓励着他，并为这位年轻艺术家画的40幅关于猫的画作撰写了文字——这些画作在1921年以《米佐》为名的小书形式出版。克洛索夫斯基家的其他常客还包括安德烈·纪德和皮耶·勃纳尔，由此我们可以得出这样的结论：当巴尔蒂斯16岁重返巴黎时，他已经对世界有了深刻的认识，特别是对艺术家生活的理解。

巴尔蒂斯也很早就证明了自己的独立性，而这正是他作为画家的整个发展历程的特点。年轻的巴尔蒂斯从未接受任何正规训练，取而代之的是在卢浮宫临摹尼古拉斯·普桑[1]的作品，稍后又在阿雷佐临摹皮

1 尼古拉斯·普桑（Nicolas Poussin，1594—1665），法国画家，巴洛克艺术运动的代表人物之一。

耶罗·德拉·弗朗切斯卡的优美壁画（在那里，他学会了意大利语，进一步丰富了他已经非常国际化的文化教育）。他似乎是从与更为成熟的艺术家们的讨论中，尤其是与安德烈·德朗[1]的交流中，学到了那些自己在实践中无法领悟的东西。德朗在第一次世界大战前的风格变革中对于古典价值的回归，对具有类似信念的年轻画家来说一直是一个重大的鼓励。巴尔蒂斯早期受到的某些影响——不仅是西奥多·杰利柯[2]和卡拉瓦乔[3]，还有约翰·坦尼尔[4]为《爱丽丝》所作的插画、海因里希·霍夫曼[5]的《蓬蓬头彼得》中的素描，以及1830年的《埃皮纳尔插画》——已为人所熟知。但毫无疑问，巴尔蒂斯对当时意大利和德国的"现实主义"画家也有着深刻的认识。在融入巴黎生活的过程中，他结交了许多艺术界的朋友，其中最重要、最持久的关系便是与贾科梅蒂的友谊。与贾科梅蒂一样，他选择了独立的艺术道路。自幼年起，文学

---

1 安德烈·德朗（André Derain, 1880—1954），20世纪初期艺术革命的先驱之一，与亨利·马蒂斯共同创建了野兽派。

2 西奥多·杰利柯（Théodore Géricault, 1791—1824），法国浪漫主义画家。

3 卡拉瓦乔（Caravaggio, 1571—1610），意大利画家，巴洛克艺术运动的代表人物之一。

4 约翰·坦尼尔（John Tenniel, 1820—1914）是一位英国画家。

5 海因里希·霍夫曼（Heinrich Hoffmann, 1809—1894），德国医生、心理学家和作家。

就成为他想象力的不竭源泉，他本能地被作家所吸引。于勒·苏佩维埃尔[1]、安托南·阿尔托以及后来的阿尔贝·加缪都充分认可这位年轻艺术家的才华，并曾委托他制作舞台布景。这些经历对于巴尔蒂斯绘画中空间概念的塑造发挥了重要作用：他早期许多画作中的人物都仿佛站在舞台上，呈现出一种独特的视觉体验。

一旦我们勾勒出这些成长岁月，传记中的细节似乎就显得不那么重要了。特别是从1933年开始，这一年，艺术家证明了自己的想象力。半个世纪后，巴尔蒂斯为《呼啸山庄》所做的插画依然保持着尖锐的轮廓和激情的笨拙：人物像木偶一样，拥有巨大的头部，在怪诞而富有表现力的场景中演绎着艾米莉·勃朗特关于自我毁灭的故事。同年创作的《凯茜的盥洗室》（艺术家再次将自己描绘成了希斯克利夫[2]）延续了压抑的暴力和即将来临的毁灭氛围。然而，这幅作品却展现出了复杂而完整的绘画叙事，其磅礴气势令人印象深刻。叙事性绘画——那些讲述普遍可识别故事的作品——在19世纪末遭遇了不

1　于勒·苏佩维埃尔（Jules Supervielle，1884—1960），法国诗人、小说家和剧作家。

2　英国作家艾米莉·勃朗特所著小说《呼啸山庄》中的主人公之一。

佳的声誉，以至于20世纪的艺术家们几乎都避之不及。巴尔蒂斯却是唯一的例外。或许自从乔治·修拉的《大碗岛的星期天下午》以来，还没有一幅叙事性画作能像巴尔蒂斯的第二版《街道》那样集中。这幅画在1933年创作，质量远超第一版。通过九个人物在平整的剧院式装饰中的精确摆放,《街道》再现了整个宇宙的忙碌和乐趣——中央的梦游者是关键的见证者，他深邃而坚定的目光仿佛吸收并超越了其周围强烈的日常人性。人们可以分析这种奇特的结合：梦一般的幻境——像机械人一样苏醒过来的生活——以及完美平衡、古典构思的组合。然而，核心之谜依然存在：这个显然不真实的场景是如何传递出如此浓缩的真实生活的？毫无疑问，更能说明问题的是，这一矛盾现象的反面解读亦同样成立,《街道》正是对现实生活中那些经常出现的虚幻现象的深刻感知。

20世纪30年代末至40年代，巴尔蒂斯创作了许多令人难忘的肖像画（如巨大的、眼袋明显的《德朗》，画中的模特衣衫褴褛，神情呆滞；还有非同寻常的《诺瓦耶子爵夫人》，她的四肢像烧过的青铜一样闪闪发光）；一幅画风华丽的《静物》，描绘了打碎的酒壶和刺破的面包，其暴力程度不亚于他的其他作品。此外，还有多幅令人心驰神往的美丽人物画作。这些作品的主角几乎全是青春期的少女，她们或以挑逗的姿态做着白日梦，或全神贯注地进行着阅读（如同莎士比亚笔下的哈姆雷特）。画家运用丰富的冷暖色调创造了悬浮的亲密氛围，如在《美好时光》中，冷色调的绿色天鹅绒和炽热的红黄色火焰形成鲜明对比，少女象牙色的皮肤和男孩红润的背部亦是如此。

在1952年至1954年间，巴尔蒂斯创作了他最完美的作品——《圣安德烈商业街》。这幅画堪称21世纪最具“古典”风范的作品。当我们的视线在丰满的轮廓和精确勾勒的建筑之间游移时，仿佛穿越回了几个世纪前的意大利文艺复兴初期，回到了西方艺术的历史核心。画中的构图平衡感、比例感，以及部分与整体的比例，深深植根于古代大师的传统。人们不禁好奇，巴尔蒂斯在组织构图时是否融入了“黄金分割”的理念。无论如何，画面远处墙上的金钥匙无疑承载了深远的象征意义。同时，商店门上的数字“8”似乎也暗示着（只要我们的幻想不太过分）人物数量以及神圣比例中的首个整数。

在《街道》中，中心人物向我们走来。而在这里，主角正背对我们离开。他背部挺直，信心满满。手中的金色法棍就像是一个象征，一根权杖，代表着他的力量。巴尔蒂斯在最为普通的场景，如《商业街》中保持神秘并暗示更深层次意义的能力，正是他画作所产生的魅力的核心所在。在没有神话的情况下，他成功地赋予了平凡本身一种神话般的维度。

在同一时期创作的《房间》中，一股未经命名的暴力和色情气息弥漫其中。窗帘仿佛随时会拉开或落下，一位玫瑰色的裸体少女横躺在长沙发上。她的状态模糊不清——是已经死去，还是在遭受强暴后筋疲力尽，或是沉浸在深邃的欲望之梦中？窗前，一个棱角分明的矮小人物，宛如一个复仇者，一个满怀怨恨的煞星。在这里，唯一的目击者，与巴尔蒂斯其他作品中的猫一样，智慧地蹲在一本大书上。尽管《房间》以微妙而沉郁的色调绘制，极具戏剧性，但其中也蕴含着一种喜剧的潜流——给人的感觉是，主人公可能只是在一所空房子里玩耍的孩子。

巴尔蒂斯坚信“童年是人类的英雄时代”，他曾宣称自己“从未经历过从童年到成年的过渡。一切似乎都以同样的方式延续着”。确实，直到20世纪50年代中期，他的绘画作品都充满了童年或青少年时期的视角，笨拙、折磨，尤其是自我陶醉式的自由，这些成为许多画作的基本主题，赋予了它们一种特殊的心理张力——这种青春期的视野仍然回荡着青春期本身所经历的逆境。

1954年，巴尔蒂斯告别巴黎，搬到了莫尔旺一座古老且偏远的宅邸，并在此地居住至1961年。这场生活的剧变自然而然地带来了他艺术主题的转变。在此前，巴尔蒂斯最感兴趣的是将风景作为人物背景，而现在，风景成为他主要的创作焦点。与1935年至1937年间创作的《山》相比，巴尔蒂斯对新自然景观的描绘几乎没有人烟：人类在精妙的构图中被缩减为一个斑点，成为众多元素中的一个。取而代之的是美丽的和谐，层层递进，每一抹干燥、易碎的颜料都经过深思熟虑，如同1960年的《有树的景观》。艺术家本人，曾以具体形象出现在他的作品中，如今已消失不见，变得默默无闻。用詹姆斯·乔伊斯的话说，他已经“精炼至消失”。这种转变也适用于巴尔蒂斯后巴黎时期的人物画。艺术家作为独立个体的形象已不再存在。例如，《金色午后》(1957年)的色彩组合大胆而精致，堪称奇迹。但主题——叙事暗示和心理张力——已不复存在，留给我们的是娴熟的图案设计。

1961年，巴尔蒂斯离开莫尔旺，前往罗马担任法兰西学院院长。在接下来的十五年间，他一直担任这一享有盛誉的职位，并负责美第奇别墅壁画的修复工作。在这段时期，他的创作步伐明显放慢，新的作品往往需要数年才能完成。这些作品在技术上的神秘性是无可否认的，而且大部分都散发着深邃的美感。但唯美主义开始排斥其他一切。曾经吸引阿尔托和加缪的那种含蓄威胁和讽刺幽默，在这个优雅而诱人的世界里，可能从未存在过。在这里，唯一的关注点是形式上的价值。例如，在《土耳其卧室》中，女性的肢体和桌腿是如何相互平衡的，或者偶尔出现的、刻意的、令人耳目一新的色彩失调。

然而，这种成功的唯美主义并非只是一个阶段。巴尔蒂斯离开美第奇别墅后，这种美学理念仍在他的作品中延续。对纯粹视觉品质的执着追求导致了内容意义的逐渐丧失。例如,《镜子里的猫》堪称一幅技艺精湛的消遣之作，它吸引了人们的目光，却未能给人以启示。近期的一些画作似乎也经过了刻意的人工处理，使其颜料显得拖拽、粗糙，宛如神奇地保存下来的古代壁画。随着这种仿古色调的涌现以及近期画作日益空洞，一种矫揉造作的风格逐渐渗透其中。在蓬皮杜艺术中心收藏的1980－1981年的《画家与模特》中，两个瘦小的人物悬浮在空灵细腻的氛围之中。这里已不再关注“什么”，而只关注“如何”。将这件作品与蓬皮杜艺术中心的另一件巴尔蒂斯在近半个世纪前创作的重要作品《凯茜的盥洗室》相比，我们可以感受到其活力和信念的消退。

当然，如果巴尔蒂斯在年轻时期未能达到如此之高艺术成就，这种损失或许就不会那么显著。有人认为，评估其作品的主要困难在于，我们只能将他的作品与他的大师们——从皮耶罗到普桑再到修拉（当然，卡拉瓦乔和库尔贝[1]在他的发展中也起到了至关重要的作用）——的作品进行比较。这一长串艺术家都是古典风格的代表。从这个角度来看，新一代的具象画家如何在一种深深植根于伟大的传统艺术中——以及需要多年耐心和精确劳动的绘画中——找到自己的定位，是一件令人兴趣盎然的事情。无疑，巴尔蒂斯在我们这个世纪是独树一帜的，没有其他画家能够在如此执着地遵循传统艺术经过时间考验的规则的同时，传达出完整的视觉感受。正是这些“限制”——这些屡试不爽、无限变通的“游戏规则”——使得巴尔蒂斯创造出了一个完整的世界，它拥有自己的男女主人公们，拥有明确无误的巴尔蒂斯氛围，更重要的是，拥有其神秘性——语言试图将其单独列出，但无

1　居斯塔夫·库尔贝（Gustave Courbet，1819—1877），法国画家，19世纪法国现实主义绘画运动的代表人物之一。

法解释。归根结底，对一位作家而言，对于巴尔蒂斯最优秀作品的最大褒奖就是，在经历了各种分析之后，它们仍然保持着未曾触及的核心机密，且如同以往一样充满力量和魔力。

后记

这篇文章的最后一句话直接揭示了一个潜在的问题。在蓬皮杜艺术中心的回顾展上，巴尔蒂斯的“核心机密”显然不再像以前那样“充满力量和魔力”。毫无疑问，我最初的沮丧源于突然间面对大量绘画作品的物理现实，而这些作品曾是我根据记忆和复制品来完成描述的。在我心中，许多作品都蒙上了一层特殊的诱人色彩。在思考和书写它们的过程中，我占有了它们；它们在我的精神世界中占据了岌岌可危的高位。因此，当我在一面又一面的展墙上看到它们明显的差异时，我无法将自己心中的巴尔蒂斯们拒之门外……事实上，也无法将艾略特那句“那根本不是它，/那根本不是我的意思”拒之门外。

这是一种常见的职业风险。事情往往未能达到人们的预期效果，尤其是当人们的期望值过高时。但我失望的根源何在？是巴尔蒂斯并非我想象中那般卓越的艺术家，还是回顾展对他的评价不够公允？还是两者兼而有之？……显然，回顾展最容易让最了解艺术家作品的人们感到失望，因为他们在观展时心中已经有了理想的展览图像。因此，他们会很快发现选择、悬挂和灯光方面的问题。同时，他们对展览举办地的“正确性”也最为敏感。

在蓬皮杜艺术中心，几乎所有伟大的巴尔蒂斯作品汇聚一堂，无论环境如何，原始的美感都得到了呈现。它体现在炽热的红色与尚未成熟的蓝色之间的尖锐歌声中，体现在《圣安德烈商业街》所展现的精确比例的古老和声中，体现在古怪幽默与尖刻观察的意外音符中，以及体现在结构严谨的景观的完美静谧中。它再次出现在《壁炉前的裸女》令人惊叹的磅礴气势中，在这里，传统的体积语言重新焕发出雄辩的魅力，我相信这在21世纪是绝无仅有的。难道仅仅因为我只能在两顶帽子和三个喋喋不休的头部之间瞥见它的优雅，就无法充分领略它的魅力？这种魅力是否被人群的喧嚣以及导览员不可避免、不可原谅的吹嘘所打破？

当然，这是部分原因。在此之前，我对巴尔蒂斯的了解总是带有某种令人愉悦的私人色彩。作为一名25

岁的年轻评论家，我曾有幸在美第奇别墅与这位艺术家共度一天，当时他正担任那里的法兰西学院的院长。我的几位朋友拥有他的作品，其他人则在巴黎或罗马与他熟识。多年来，一种共谋感、一种属于某种巴尔蒂斯圈子的归属感逐渐形成。这也许是我深入欣赏这些画作的核心所在。巴尔蒂斯的艺术首先是私人的，是为少数几个人而创作的，是由一个明显具有贵族倾向的人所创作的。首先，这面向的是20世纪30年代巴黎的某个精英阶层，这个阶层是巴尔蒂斯在年轻时便认识并钦佩的。从这个意义上说，以及从其与伟大的古典传统的隐秘联系上说，这是一门神秘的艺术。没有人比艺术家本人更清楚这一事实。正是出于这一原因，直到最近，他都不鼓励通过大型展览、书籍或访谈来宣传自己、作品及其来源。

蓬皮杜艺术中心的回顾展充分证明了艺术家的直觉是何等准确。在这里，为私人房间准备的私人艺术品并非挂在真正的墙面上，而是挂在临时隔板上；不是在一个正常的封闭空间里，而是挂在艺术中心粗大的裸露管道下，挂在不必要的刺眼灯光下。很少有建筑能像这台当代文化机器（无论其优点如何）一样直接与巴尔蒂斯的精神背道而驰。在这个宽敞、功能性强的玻璃和钢梁空间中，一种稀有的精雕细琢的秘密世界的芬芳扑面而来——然后又消失。

然而，在展览中转了一圈，沿着艺术家五十年的发展曲线，我意识到自己被一些更重要的问题困扰着。展览的真正推动力，也就是作品的真正推动力，在于展览的前半部分，一直持续到1955年，比如说,《梦》和《壁炉前的裸女》都是在这一年完成的。从那时起，正如我在文章中所说的那样，作品变得越来越空洞——偶尔也有例外，如《黑镜日本女子》，在这幅作品中，纯粹的美占据了上风；而在《画家与模特》这幅作品中，空灵优雅则达到了顶峰，展览也在这幅作品中结束。在这个意义上，无论从艺术史（而非美学）的角度来看这样的回顾展多么有价值，巴尔蒂斯的作品显然不适合大规模的回顾展。因为巴尔蒂斯是现代伟大的神秘画家和微妙感觉画家，所以他的作品需要相应的简洁、微妙的表现形式。伟大的巴尔蒂斯作品并不多，但它们本身就是一个世界。在几个比例匀称的房间里，摆放十几幅最优秀的巴尔蒂斯作品，再配上一些杰出的素描，将是对他独特而又难以捉摸的成就，最为恰当也是唯一真正的致敬。

❶ 法文译本发表于《艺术鉴赏》，巴黎，1983年11月。

❷ 当然，自回顾展举办以来，情况发生了翻天覆地的变化。相反，蓬皮杜艺术中心的图录是一部长达四百多页、插画几乎同样多的厚重之作。除了认真汇总了关于巴尔蒂斯的主要文献（包括阿尔托、加缪、朱维、皮埃尔·克洛索斯基和约翰·罗素撰写的有关作品）外，还添加了一些最新的观点。总的来看，这本书无疑将逐渐成为巴尔蒂斯学术研究的一座丰碑。

❸ 参见《真实》，巴黎，1967年10月。

❹ 参见约翰·罗素，泰特美术馆展览画册（伦敦：泰特美术馆，1968年）。

原载于《国际艺术》，卢加诺，1984年4月—6月。

17

The Shameful Life of Salvador Dalí

萨尔瓦多·达利的羞怯人生

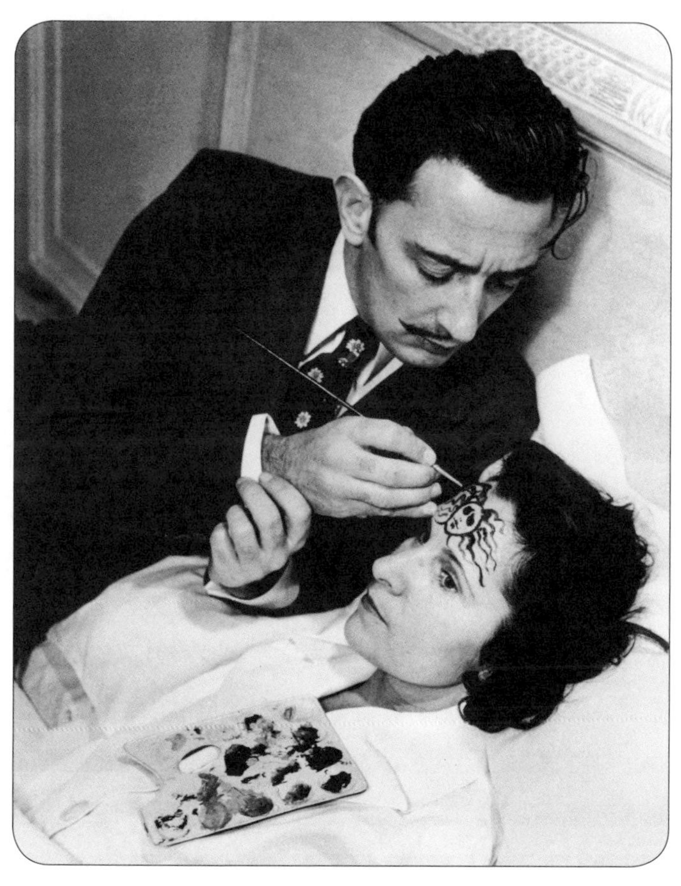

萨尔瓦多·达利与妻子加拉，1942 年，菲利普·哈尔斯曼　摄

如何评价萨尔瓦多·达利？他在公共关系和塑造个人传奇方面的天赋无人能及，他的画作令人不安，却也同样引人入胜。他已悄然自成一格，成为一种天才型的小丑。他的小丑表演和他精心渲染的图像一样，受到广大欣赏者的推崇。他在这两个方面的声誉都实至名归：他的一些作品仍然因其怪异和精湛技术的融合而令人惊叹，而且没有其他艺术家能像他本人和他的作品（如《一个疯子的日记》）那样机智得令人发指。尽管如此，如果达利没有将目光牢牢锁定在名利之上——直到生命的最后一刻，还日益成为安德烈·布勒东巧妙谜语中的“渴望获得美元”的代表，那么他的画作是否会超越其震撼人心的超现实主义烙印，发展成更为完整的作品，这仍是一个值得探讨的问题。达利精心塑造了自己的公众形象，以至于我们只能按照他的形象去接受他——一位具有前瞻性的艺术家和一位自私自利的表演者的惊人结合。

达利或许在表演艺术上有着非凡的才华，但他并非唯一一位渴望公众关注和国际声誉的20世纪艺术家。他的同胞巴勃罗·毕加索也曾巧妙地利用媒体，不仅为自己的生活和作品创造了传奇，而且为持久的艺术成功打下了比达利更为坚固的基础。弗朗西斯·培根对毕加索和超现实主义都有深刻的理解，他很早就意识到，野蛮的图像和丑陋的私生活的结合无疑会吸引艺术界的目光。甚至似乎对成功不屑一顾的阿尔贝托·贾科梅蒂，也允许著名摄影师去拍摄他破败雕塑工作室中那生动的贫困景象，并通过广泛的报道将其传播开来。不过，他们都没有让制造神话和宣传占据上风，而达利却最终使他的恶作剧比他的艺术本身更具吸引力。

在成为家喻户晓的名字之前，萨尔瓦多·达利首先被看作一位表演者——夸张的自我营销者和诙谐的丑角。他在法国度过了自己一年中的大部分时间，在任何活动或公开辩论中，都能成功地活跃气氛。但即便在这个被他滥用的角色中，他的影响力也开始逐渐减弱。我记得，1971年在巴黎大皇宫举办的弗朗西斯·培根回顾展上，我几乎与他迎面相撞。达利那狂躁的眼神、尖尖的八字胡和异国情调的服装让人过目难忘。他大声对身边的人说："它们非常、非常'合理'。"他用银顶手杖指着培根最令人不安的图像，当这种超现实主义的抢戏举动未能吸引更多注意时，能看出他显然感到不快。不知何故，即使是他的丑角表演，也开始显得有些陈词滥调。

伊恩·吉布森为这位加泰罗尼亚艺术家撰写的新版大型传记，清晰地讲述了达利从青年时代的颠覆性辉煌走向日益空洞的、以赚钱为目的的展示主义的历程。这是一个令人沮丧的故事，细致记录了达利如何逐步浪费和贬低他那卓越的天赋。吉布森选择将重点放在达利的早期职业生涯上，因为那是迄今为止最有趣的部分。他认为“达利1940年移居美国后，作品越来越老套和重复”。此外，吉布森还补充道，达利本人也变得越来越怪诞。

尽管如此，萨尔瓦多·达利在年轻时代就已经显露出了他那种无情的操纵欲和自我膨胀的倾向，这一特点在他后来的生活中变得更加明显。例如，在未满16岁时，他曾在日记中自信满满地宣称：“我将成为一名天才，我将成为一名伟大的艺术家：也许我会被憎恨和误解，但我一定会成为一名天才，一名伟大的天才，我对此深信不疑。”他身材高挑，风采英俊，一头乌黑的长发随意披散在肩上，为最大限度地展现自己，还开始穿着时尚的波希米亚风格服饰。尽管性格内向害羞，但青少年时期的达利已经下定决心要征服世界。

在传记的开篇，吉布森全方位描绘了达利的家族背景，以及他永远视为家园的巴塞罗那北部地区——菲格雷斯和卡达克斯。这位始终自豪于自己的加泰罗尼亚血统而非西班牙身份的艺术家，对这个地区一直保持着深厚的感情。达利的童年看似平凡无奇(除非你相信他后来编织的神话)，他有一个哥哥，也叫萨尔瓦多，在他出生前9个月就不幸去世。达利的家庭条件优渥，父母受过良好教育，对他充满了爱与关怀，愿意满足他的一切愿望。然而，吉布森认为，达利从小就饱受羞涩的困扰，这使得他“难以与周围的人保持正常的关系”。

其他迹象显示，萨尔瓦多·达利并不只是一个在加泰罗尼亚中产阶级家庭成长的普通男孩。他的极度羞涩和一系列独特的怪癖——比如对臀部的着迷和对蝗虫的病态恐惧——伴随了他的一生。进入青春期后，达利开始探索自己复杂的性取向。首先，他意识到自己在性行为上遇到了困难。虽然这一发现令人不安，但达利还是以他特有的勇气和直率记录了下来。

若这对于理解达利日后的行为和艺术作品并非至关重要，那么它们或许可以被忽略。然而，达利内心深处的缺失感无疑是推动他全情投入创作的强大动力之一。吉布森精准地勾勒出了达利备受困扰的性欲，并在一章引人入胜的内容中深入探讨了他与诗人费德里科·加西亚·洛尔迦（Federico García Lorca）之间持续且未能如愿的恋情。达利后来称洛尔迦为他青年时代最好的朋友。在这段时间里，他的另一位亲密伙伴是路易斯·布努埃尔。吉布森在书中描绘了这个才华横溢的西班牙三人组在马德里学生时代的友谊，这是书中最为激动人心的篇章之一。回首往昔，这一切似乎令人难以置信：这个国家最富有才华的三位年轻人如何在相遇的过程中互相影响，共同分享着梦想，从而改变了彼此的一生。吉布森在书中为洛尔迦撰写了传记，并生动地记录了布努埃尔和达利如何共同拍摄了他们的第一部颠覆性电影《一条叫安达鲁的狗》，该片于1929年在巴黎上映。

大约在这一时期，有两大事件对萨尔瓦多·达利的生活产生了深远的影响。首先是他对超现实主义的皈依——如果达利那不太可靠的回忆录可以作为参考的话。这一转变发生在他的第二次巴黎之行期间，他与超现实主义运动领袖安德烈·布勒东的相遇。达利后来回忆道："当时，我感到自己获得了第二次生命。"超现实主义团体对他来说，"就像是一个滋养的胎盘，我坚信超现实主义，就如同它构成了律法”。在描述艺术家的新信仰时，吉布森让读者感受到超现实主义运动周围的热烈氛围，这场运动不断地进行着内部的辩论和外部的斗争，决心颠覆一切关于文化和生活的固有观念。曾有一段时间，超现实主义的意识形态似乎成功地抑制了达利内心畸形的自我膨胀和自私的玩世不恭。而他开始为之服务的另一项事业则截然不同：它从一开始就激励着他勇往直前。

自1929年他们首次相遇的那一刻起，加拉似乎就牢牢地占据了达利的内心，既让他着迷又让他感到恐惧。当时，她已与诗人保罗·艾吕雅结婚，但这对夫妇对彼此的不忠行为予以接受，甚至是鼓励，这使得加拉感觉自己的丈夫实际上是在将她推向他的朋友达利。不久，她离开了艾吕雅，与画家同居。对达利而言，出生于俄罗斯的加拉不仅为他带来了肉体上的释放，还承诺成为他智慧上的伴侣。而对加拉来说，艺术家似乎是她的事业和财富的象征，也是一个能够容忍她多变情感需求的丈夫。最终，他们似乎成了一对畸形的伴侣，传记的后半部分主要内容都在追溯他们共同的堕落。

在这段旅程中，达利的生活亦不乏短暂的喘息时刻。例如，他拜访西格蒙德·弗洛伊德的事件，便是这段历程中的一个小的插曲，似乎一下子揭示了20世纪的许多真相。达利以其惊人的精力，承担起了他空洞的小丑表演和重复图像制作所带来的日益沉重的负担。随着绘画、无尽的印刷品和各种达利风格的商品带来的财富，这位艺术家身边围绕着一群美丽年轻的随从，他还设法结识了几乎所有让他心动的人，从教皇、佛朗哥到克拉克·盖博[1]和鲍勃·霍普[2]。加拉

1 克拉克·盖博（Clark Gable，1901—1960），美国电影演员。

2 鲍勃·霍普（Bob Hope，1903—2003），美国演员、主持人、制作人。

去世后，达利的生活迅速走上了下坡路，而他自己的晚年生活也与这位令人不安的幻想大师自己设计的一样，充满了令人毛骨悚然的元素。人们不禁要问，这位画家是否真的像他的传记作者所说的那样对自己感到羞愧。但这并不重要。这本书提供的不仅仅是一个警示故事，而是一个值得信赖的、不偏不倚的达利一生的描述，而达利的一生至今仍困扰着我们的想象力。

最初作为伊恩・吉布森著的《萨尔瓦多・达利的羞怯人生》（纽约：诺顿出版社，1997年）一书的书评，发表于《纽约时报书评》，纽约，1998年12月22日。

第四部分

PART IV

ARTISTS

18

Looking Back at Nicolas de Staël

回顾尼古拉斯·德·斯塔埃尔

回顾尼古拉斯·德·斯塔埃尔在巴黎戈盖街的工作室，1954 年，丹尼斯·科洛姆　摄

与尼古拉斯·德·斯塔埃尔画作的第一次接触是在1966年的《真实》杂志。那时，我手中有一沓画作复制品，并被告知要为它们撰写相应数量的评论。我已习惯了一周评论皮萨内洛[1]或帕蒂尼尔[2]，下周则转向亚历山大·考尔德[3]或让·杜布菲。然而，斯塔埃尔却与众不同：那些巨大而破碎的构图散发出的张力，尖叫一般冲击着我的心灵。❶在我看来，他是一个被绘画所撕裂的人，他的艺术日益强烈地要求他深入探索位于具象与抽象之间的模糊领域，那里充满了危险和未知。我认同斯塔埃尔及其命运，因为像许多年轻人一样，我也因自我怀疑而感到内心的分裂；尽管我并没有自杀倾向，但我时常在想象斯塔埃尔在昂蒂布那令人眩晕的纵身一跃而结束生命的场景。

这种认同感促使我在其他几次机会下撰写了关于斯塔埃尔作品的评论，并在访问梅纳布（一个艺术家购买的隐居地）时结识了他的遗孀弗朗索瓦丝和他的孩子们。我认为斯塔埃尔的作品应获得更广泛的认可，并因此尝试在伦敦——他非

---

1 皮萨内洛（Pisanello，约1395—1455），意大利文艺复兴时期的著名画家。

2 约阿希姆·帕蒂尼尔（Joachim Patinir，约1480—1524），比利时弗拉芒画家，活跃于16世纪初期。

3 亚历山大·考尔德（Alexander Calder，1898—1976），美国艺术家，被誉为“动态雕塑之父”。

常喜欢这座城市——策划一个关于他作品的展览，但这个项目最终因缺乏支持而未能成形。多年后，当另一位伟大的斯塔埃尔爱好者大卫·纳什（David Nash）邀请我为他在纽约画廊组织的斯塔埃尔展览作序时，我愉快地接受了这个机会。再次站在斯塔埃尔那令人惊叹的画作前，我感到无比欣慰，因为我发现对这位艺术家及其独特成就的兴趣依然深植在心中。

> 黑色A，白色E，红色I，绿色U，蓝色O：元音，
> 有一天我将揭示你神秘的诞生。
>
> ——阿蒂尔·兰波，《字母》（1883年）

你像孩子一样探索着回顾尼古拉斯·德·斯塔埃尔的画作，因为你正在接触一种全新的语言。你仔细审视画布的每一部分，仿佛他用画笔和调色刀轻轻揭开了一层面纱，揭示了一个充满色彩的未知世界，一片充满鲜艳冲突和华丽和谐的疆土。一抹白色在阳光下消散，露出了耀眼的黄色。两块断裂的黑色困住了一大片沉闷的蓝色。这些相互冲突的元素处于刀锋之上，它们之间的张力如此之大，仿佛一声声窒息的尖叫般清晰可闻。颜料上布满了威胁：阴险的金属绿色表面，渗入每一个色调休战的边缘。

然而，在这个瞬间，从混沌中抽离并在画布上重现的脆弱平衡得以维持。

理解斯塔埃尔成就的关键在于整体平衡的概念：艺术家本人是极端情绪矛盾的集合，这些矛盾时刻威胁着要将他撕裂。他突然从自我怀疑和绝望的低谷中崛起，如同在生活中从赤贫走向成功，从家庭安全走向痛苦孤独。亲近他的人曾描述过他在画室里一会儿跳起狂热的欢快舞蹈，一会儿又陷入沉默——黑色的抑郁。斯塔埃尔内心的冲突驱使他成为画家：只有通过绘画，他才能希望以一种无论如何都极其脆弱的方式，将他的复仇女神们留在身边。“在我的生活中，我一直需要思考绘画，”这位艺术家在1953年说，“去看画，画画，帮助我生活，让我从所有印象、所有感觉和所有焦虑中解脱出来，而我只有通过绘画才能找到出路。”

绘画对于斯塔埃尔而言，是一个释放内心冲突的竞技场。一旦冲动被融入无限柔韧的颜料之中，他的画面便变得流畅而狡猾。艺术家允许那些敌对力量在此激战，直至它们陷入一种奇妙的僵局——光与暗、音调与音调之间的冲突，这为他带来了短暂的喘息。然而，斯塔埃尔与生俱来的紧张感始终需要寻求新的解决办法，推动着他不断地重新审视和调控内心的冲突，以及维持生活的平衡。

斯塔埃尔并非从一开始就全副武装地投身于这场耗尽精力的斗争。他于1914年出生于圣彼得堡，在一个与皇室有着密切关系的贵族家庭中长大。幼年时，他目睹了沙皇俄国的颠覆，随后经历了流亡波兰的苦难，又在8岁时失去了双亲。在布鲁塞尔，由善良的养父母抚养长大（但从未被真正理解），斯塔埃尔直到青少年晚期才重新找到自己的方向——发现了自己对于绘画的热爱。他经常在艰苦的条件下学习整个艺术史，精心挑选从伦勃朗、委拉斯凯兹到库尔贝和马奈的大师作品。他还四处旅行，手头有多少钱就走多远，频繁出入各大博物馆，并为他所见的异国风光进行写生。虽然作为一个彻头彻尾的北方人，斯塔埃尔身材高大魁梧，但最吸引他的却是地中海的璀璨色彩，无论是在巴塞罗那、那不勒斯，还是在西西里和摩洛哥。

漫长的艺术学徒生涯已经开启，但斯塔埃尔并非神童。战争和战后的大部分时间，他在巴黎度过，努力在纷繁的流行风格中找到自己的声音。他在卢浮宫临摹，并在费尔南德·莱热的自由学院进行了短暂的学习，这段经历后来几乎摧毁了他当时创作的所有棱角分明的作品。他与其他画家的友谊，尤其是与乔治·布拉克的友谊，对这位坚定的外来青年来说意义深远。为了追求艺术理想，他不惜忍饥挨饿。然而，1946年，他的生活再次发生悲剧性转变，在孩子出生不久后，他的妻子因营养不良去世。深感震惊的斯塔埃尔更加全身心地投入创作之中，完成了一系列纵横交错、充满黑暗和愤怒笔触的爆炸性作品。这些作品的标题都非常明确，如《黑色构成》《艰难的生活》和《怨恨》等。

尽管如此，斯塔埃尔的才华、敬业精神以及他独特的智慧和魅力逐渐开始在巴黎艺术界那些封闭的圈子里得到认可。喜欢冒险的画商开始购买他的一些作品，让娜·布歇（Jeanne Bucher）在她位于蒙帕纳斯的著名画廊为他举办了个人画展。他再婚，组建了新的家庭，并在蒙苏里公园旁的布拉克工作室附近找到了一间宽敞的工作室。这给了他足够的空间和安静的环境来痴迷地进行创作，并能定期与这位他敬仰的老画家接触。虽然生活条件仍然简陋（一家人住在一个改建的车库里），艺术家的情绪也继续在狂躁的亢奋和沉郁的忧郁之间摇摆不定，但随后出现了一段相对平静的时期。在此期间，斯塔埃尔的作品开始变得明亮起来，创作形式也不再那么激烈破碎。他的生活中仿佛出现了一股新的暖流，战争年代的黑暗困惑开始消散，让位于更柔和、更明亮的色彩。

到了20世纪40年代末，斯塔埃尔的名字已被艺术界广泛认可，并作为抽象艺术的新星在法国声名鹊起。他的作品在纽约和伦敦的画廊中迎来了好评如潮的首次个展。然而，斯塔埃尔本人却并不认同自己属于“抽象派”这一标签。他的画作，即使是那墙面上斑驳的裂缝，都有着深邃的主题。他对归类总是持有一种抗拒的态度。他是斯塔埃尔，一个艺术家，在获得了足够的经验和技巧之后，正准备展开新的艺术探险。他的艺术追求，超越了抽象与具象的界限，是对生活本源的执着追求。他对这个世界充满敬畏，无论是那遥远地平线上无垠的天空，还是地面上那些深色的落叶，或是巴黎错落有致的房顶。他这样说：“我热衷于捕捉那些稍纵即逝的奇迹。我，是一个捕捉图像的猎手。”

斯塔埃尔是一位真正的冒险家，他的个性促使他不断挑战极限，勇于探索未知的领域。随着对自己视觉天赋的日益自信——无论是本能的构图能力还是对完美色调的敏锐洞察力——他的艺术赌注也随之增大。他会找到一个主题，如鸿弗勒尔天空下的海景，通过一系列油画习作将其表现得淋漓尽致，然后又迫不及待地继续前行。他四处游历，尤其是去南方，寻找那些能够即场记录下来的主题，在回到他整洁如僧侣般的工作室后再进行创作。斯塔埃尔最不愿的就是加入一个有着共同理论的画派。他的追求并非一套美学纲领，而是与之背道而驰的自由：探索任何他喜欢的风格或主题，即便是那些“意外”——纯粹的偶然因素，一个随机的痕迹可能让画作熠熠生辉，但也可能使画作毁于一旦。

“我相信偶然，”斯塔埃尔在一封充满激情的信中写道，“我只能从一个偶然性走向另一个偶然性。”他的生活似乎也从一个偶然性走向另一个偶然性，如同一名俄罗斯轮盘赌的高手，不断挑战概率。他充满活力，精力充沛，夜以继日地专注于创作，这种执着的程度足以让一个普通人早早崩溃。在生命的最后五年里，他创作了近九百幅作品，但这并未阻止他享受生活的乐趣，与朋友们度过漫长的夜晚，畅饮欢歌。这些都是他迷人性格的一部分，他过度热情、自由奔放，然而，人们对他的首要任务的认知却从未发生动摇。他曾对他新婚的妻子说：“你想生多少孩子就生多少，但请牢记，对我来说，绘画始终凌驾于一切。”

到了20世纪50年代初期，斯塔埃尔将创作的重心明确地转向了对可见世界的描绘。他曾说道：“我只在目睹之后才会绘画。我不追求隐秘之物，只寻找那些人人可见的画作。”这一次的决定性转变完全出人意料：一场在王子公园举行的足球比赛，一场在灯光下的较量。球场上形状与色彩的冲突激发了斯塔埃尔的灵感，他将这场比赛的印象转化为一系列作品。在这些作品中，他称之为有“一吨重的肌肉”的人物，由厚重且鲜明的红色、白色和蓝色的楔形块组成，但仍能清晰地辨认出其足球运动员的身份。当然，若不是这些作品，以及随后的风景画、静物画和裸体画，如同新种族一般从抽象画的矩阵中脱颖而出，将所有形式上的陌生感和严谨性融入画框之中，它们就不会产生如此非凡的视觉冲击力。

在多次长时间居住在普罗旺斯，并与诗人勒内·夏尔（René Char，长期居住在沃克吕兹）建立重要的友谊（如同兄弟般）之后，斯塔埃尔发现自己无法抵挡南方魅力的诱惑，这与凡·高并无二致，他们在很多方面都很相似。1953年，在纽约举办第二次画展归来后，他穿越了意大利，一直走到西西里岛。那里的光线让他着迷，尤其是他所描绘的黄色天空、红色大海和紫色的沙滩，让画家陶醉不已。从那时起，直到去世，斯塔埃尔的大部分作品都围绕着地中海沿岸展开。1953年秋天，凭借最近成功举办画展的收入，斯塔埃尔在普罗旺斯的一个山村梅纳布买下了一座堡垒式的半废弃老屋，并将他日益壮大的家庭安置在那里。然而，此时的他已经开始了一段新的恋情，这位女性成为他伟大的“裸体”系列的主题。虽然这段关系使艺术家与家人疏远，但并未发展下去，尽管斯塔埃尔本人已经做出了最终的承诺——对他来说——将新欢置于画作的核心位置。

1955年3月，正如我们如今无法完全理解他最后的绝望行为一样，斯塔埃尔的朋友们也都未曾察觉到他的自杀倾向。然而，我们似乎无法避免地透过他戏剧性死亡的棱镜，来审视他一生中创作的作品。这一决定仿佛早有预兆，因为在从工作室阳台跃下之前，斯塔埃尔留下了三封晦涩的告别信。在他去世时，工作室里还有一幅未完成的《音乐会》，这是他用稀薄的半透明颜料创作的巨幅作品，创作灵感来自一次深深打动了他的勋伯格[1]和韦伯恩[2]的音乐会。此外，他还留下了《海鸥》，画面中灰色的鸟儿在一片昏暗的淡蓝色天空中悲伤地飞翔，让人不禁想

1 阿诺尔德·勋伯格（Arnold Schoenberg，1874—1951），奥地利作曲家、音乐理论家和画家。

2 安东·韦伯恩（Anton Webern，1883—1945），奥地利作曲家、音乐理论家和指挥家。

起凡·高最后一幅画中的乌鸦。长期处于令人难以承受的紧张与孤独之中，斯塔埃尔在情感的极端之间徘徊挣扎。他的创作之旅耗尽了他的精力，最终，他为之付出了生命。

如果说斯塔埃尔的死亡之谜依然有待解开，那么更加重要的是，他的绘画之谜同样深邃而难以捉摸。他的作品吸收并超越了20世纪中期艺术的痛苦矛盾。这位艺术家完成了自己的使命，他直面色彩的语言，并通过一系列难以捉摸的音节重新创造了它，表达了他对这个世界的惊叹以及自己内心的动荡。数个世代过去，斯塔埃尔独特视野的生命力超越了他本人，以其令人痛心的勇敢和雄辩力，深深地吸引着我们。

❶ 尼古拉斯·德·斯塔埃尔在英语中通常被简称为“德·斯塔埃尔”（de Staël）。然而，正确的用法应该是“斯塔埃尔”（Staël），这是他自我介绍的方式，也是他的姓氏在法国的用法。就像“德·萨德”（de Sade）在英语和法语中应该正确地称为“萨德”（Sade）或“德·波伏瓦”（de Beauvoir）称为“波伏瓦”（Beauvoir）一样。

原载于回顾尼古拉斯·德·斯塔埃尔展览的画册，纽约，米切尔-因斯&纳什画廊，2013年。

19

Zoran Music: Art after Dachau

佐兰·穆希奇：达豪之后的艺术

佐兰·穆希奇在威尼斯的工作室, 1997 年, 马丁·弗兰克　摄

尽管多年来我陆陆续续地观赏过他的作品，但对他并不算特别熟悉。穆希奇礼貌而谦逊，不同于我认识的许多艺术家，他并不擅长滔滔不绝地介绍自己的画作，反而觉得要对自己的绘画做出满意的评论是一件困难之事。我还了解到，他曾遭受过被纳粹关押在达豪集中营的苦难，然而战后多年，他依然继续绘制着达尔马提亚和威尼斯的动人风光，也正是这些作品使他在艺术界声名鹊起。然而，早在几年前，死亡集中营的景象就不受控制地出现在他的作品当中，多伽纳[1]和喀斯特地貌的迷人景观被成堆的死人和濒死者取代，他们的尸体就像火堆中的原木一样堆放在一起。

在接下来的二十年里，穆希奇在我的几次访谈中逐渐敞开心扉，详述了自己在达豪的往事。那时，我们已经结下了深厚的友谊，常在巴黎或威尼斯共度难忘的夜晚，或偶尔为了庆祝他在某地画展的开幕而穿越欧洲。90多岁的穆希奇依然执着于画笔，创作了一系列低头沉思、孤独的人物形象，这些形象似乎映射出了他晚年的自我写照。绘画被视作“一种老年人的职业”，而穆希奇无疑为这一说法增添了不少说服力。我个人的体会也是如此：在写作的过程中，许多原

1 威尼斯历史建筑，曾经是威尼斯共和国的海关和税务机关办公地。

本晦涩或复杂的元素往往会突然间变得明朗起来，而前进的道路也随之变得豁然开朗。

就像悲剧尾声的孤独角色一样，佐兰·穆希奇发现自己独自站在黑暗、寂静的舞台上。不时地，演绎着一个熟悉的动作，肩膀佝偻，向前倾斜，伸手作画，或者双手掩面。他苍白如幽灵，轮廓模糊，一瞬间清晰可见，但随之又渐渐模糊，消失在背景中，成为阴影中的阴影。

在过去的几年里，穆希奇将全部精力都集中在这个主题之上：一个老人面对死亡的临近。与艺术家早期在达尔马提亚和威尼斯创作的欢快场景相比，没有什么比这些无情的探寻、阴郁的肖像更能让人感受到每一个轮廓都有消散的危险。这些晚期的自画像犹如残像般固执地萦绕在想象之中，仿佛直接注视过黑暗的太阳。它们构成了一个见证了近一个世纪的人的一生，留下了令人难忘的美丽和恐怖的记录。然而，在探索人类极端经历的同时，穆希奇的作品却保持着惊人的低调，它们的形式几乎没有被勾勒出来，它们的色彩几乎没有染上画布：即使它们以最生动的细节描述达豪的尸体堆，也依然保持着低调。我相信，正是这种面对欢乐和苦难时的细腻矜持，赋予了穆希奇的艺术打动人心和令人信服的力量。

穆希奇的人生开始于一个与我们如今相去甚远的世界，以至于我们必须有意识地去努力重新进行想象。当他于1909年出生在斯洛文尼亚和意大利交界的小镇戈里齐亚时，奥匈帝国仍然统治着欧洲中部。穆希奇成长于一个使用斯洛文尼亚语、意大利语和德语的环境，并能根据情况从一种语言切换到另一种语言；他后来还学会了塞尔维亚语、克罗地亚语、一点捷克语，以及西班牙语和法语。在第一次世界大战爆发时，穆希奇尚年幼，对那段时期的记忆却清晰如昔。随着战争的蔓延，他和母亲以及弟弟被迫疏散，成了难民。他们四处流离，穿梭于前线附近的城镇之间，勉强接受了一些教育，并见证了奥匈帝国的其他前哨。

穆希奇的流浪生涯确立了一种持久的生活模式。他的学习之旅起初带他前往了萨格勒布、布拉格和维也纳。随后，又去了西班牙。在那里他在普拉多博物馆临摹过戈雅和埃尔·格列柯[1]的作品，并对托莱多大教堂内部富丽堂皇且略带黑暗的装饰感到无比震撼。年轻的穆希奇在抵达巴塞罗那后，不幸遭遇了内战的爆发。他被迫返回家乡，随后又继续向南行进，沿着达尔马提亚海岸抵达了科库拉岛。在那

1　埃尔·格列柯（El Greco，1541—1614），西班牙文艺复兴时期的著名画家、雕塑家。

里，他开始描绘喀斯特山脉的壮丽风景。自童年起，穆希奇就对喀斯特地区的风貌情有独钟，后来在卡斯蒂利亚所见到的山峦也常常唤起他对这片荒凉而雄伟的山脉的记忆。这些山脉成为穆希奇艺术创作中的首个真正主题，如同他之后的所有主题一样，对于它们的描绘源于一种深刻且持久的不舍。后来，他将喀斯特地区称为自己艺术的“母体”。

威尼斯对旅行者和艺术家穆希奇一直有着难以抗拒的诱惑。随着战争的再次爆发，到了1942年，达尔马提亚和斯洛文尼亚均被占领；由于意大利各地的艺术家和知识分子纷纷逃往那里，威尼斯变得更加具有吸引力。1943年，穆希奇首次访问了这座令他终生难忘的城市。在的里雅斯特的一次展览上，他遇到了威尼斯著名美术学院的院长吉多·卡多里恩（Guido Cadorin）和他的小女儿画家伊达·巴尔巴里戈（Ida Barbarigo），后者后来成为他的妻子。深受鼓舞的穆希奇重返威尼斯，在小画廊举办了近期画作展览，并在城市边缘徘徊，描绘了威尼斯与海天交融的幻象。他对潟湖和穿梭于亚得里亚海上船只的痴迷，以及他与某些抵抗组织成员的友谊和其他政治忠诚的迹象，都引起了人们的怀疑。1943年，穆希奇被盖世太保逮捕，囚禁在的里雅斯特，随后被送往达豪。

在我发表于其他地方的访谈中，穆希奇对他在死亡集中营的经历做了最动人而克制的描述。尽管他的处境越来越恐怖和屈辱，但他的创作欲望从未减弱；当一场伤寒疫情席卷营地时，穆希奇得以在死者中间绘画而不用担心被发现。他用偷来的纸张迅速描绘出所见所闻，并把它们藏了起来，直到被释放。穆希奇曾意味深长地说：“没有达豪，我可能只是一个普通的插画家。然而在达豪之后，我不得不深入事物的本质。”

身体状况刚刚好转，穆希奇便重返了宛如美丽与自由之幻境的威尼斯。他开始如痴如醉地用水彩记录下晨光中闪耀的公爵宫、拥挤在运河上的船只，以及朱代卡岛附近划过的船只。从那时起，威尼斯就成为穆希奇最喜爱的题材之一。他怀着更为沉思，甚至忧郁的心情重返这里，捕捉到了圣马可教堂内部闪烁的黑暗，以及被遗忘的宫殿忧郁的赭色外墙。近年来，他就像描绘自己一般描绘着这座城市，用毫不留情的洞察力将其刻画成一个逆境中的幸存者。在他的笔下，威尼斯犹如一层薄雾般的建筑群，紧绷在充满敌意的天空之下。

在这座移居城市中，这位新近成为政治犯的艺术家很快就在皮萨尼宫顶层的一间工作室里安家落户。尽管环境变迁，他依然念念不忘往昔岁月。如今，穆希奇的作品仅描绘那些在他脑海中萦绕不去的图像——那些白日梦中的景色，或是闭目静坐时最为清晰的幻象。画面在他笔下自然成形，提炼杂质，映射出他内心深处对坚韧命运的直面与渴望。随着岁月的沉浮，那段年轻时对达尔马提亚群山与吉卜赛骑手狂热的爱恋，如同潮水般重新涌入他的记忆，仿佛达豪集中营的阴影顿时消散，取而代之的是温馨往昔的重现。穆希奇以惊人的细腻与活力，重绘着战前的记忆，他在画中采用了在达尔马提亚内陆古老教堂壁画中见到的扁平化视角与干燥而透明的色彩。除此之外，他还为他的新婚妻子伊达绘制了令人回味的小头像，伊达以法尤姆肖像[1]的直观形象出现，目光穿越世纪，散发着永恒的气息。

不过，达豪的梦魇并未随着时间消逝，反而如同霉菌般在穆希奇的生活中深深渗透，影响着他的每一项创作。如果潟湖上的光芒以狂热而欢快的舞姿绽放，那么，与之形成鲜明对照的，不就是那背后隐约可见的集中营所散发的黑暗吗？达豪的记忆剧烈地烙印在他的心中，但画家还未找到恰当的形式来表达这些感受。当这些记忆首次在他的画作中显现时，它们是如此隐晦，甚至连穆希奇本人也感到震惊。他曾在火车上穿越锡耶纳周边的乡村，目光被一座山脉

1 古罗马时期，法尤姆地区流行一种特殊的肖像画，通常被绘制在木板上，以精细的细节描绘出人物的五官和特征，多用于装饰墓室和寺庙，以纪念逝去的亲人或神祇。

所吸引。这些山脉形态奇特，植被被剥夺，在阳光下显得苍白；山体的侧面形成深邃的沟壑，仿佛是一排排并排躺下的胸腔。穆希奇被这景象深深触动，莫名地感受到了一种强烈的情感。当他开始描绘这些山脉时，他意识到它们不可避免地让他想起了达豪集中营中那些堆积如山的尸体。

穆希奇的作品，以其耐人寻味的主题和极具个性的风格，逐渐赢得了认可。到了20世纪50年代中期，他满怀信心地迁往巴黎，加入了法兰西画廊，并接管了著名摄影师布拉塞的工作室。从此，巴黎成为他生活的另一个重心，这座知识与艺术的摇篮，以其忧郁之美，补充了他心中永远的威尼斯。起初，战后法国文化的蓬勃发展对穆希奇产生了一种不安的影响。他本就易于自我怀疑，不断质疑自己艺术的正确性——在巴黎，他发现许多成功的艺术家和有影响力的评论家都已经转向抽象艺术。渐渐地，穆希奇对自己视觉艺术的信念开始动摇，他开始尝试抽象风景：美丽而神秘的形状和色彩的组合，却让他感到困惑和不满。由于对西方艺术伟大具象传统的潜在依赖，画家开始感到自己迷失了方向，甚至可能失去了身份。随之而来的是痛苦的危机，其间他甚至无法创作。在痛苦、自我质疑和失望中，第一批《我们不是最后的一个》的行尸走肉诞生了。

这个系列一旦开始，那些渴望释放的记忆似乎就没有了尽头。一具又一具憔悴的尸体，他们的手脚如同枯死的树根般纵横交错，从幸存者口中涌出，恍若一个反复出现的噩梦。每次，都有一些突出的细节——闪闪发光的眼睛，死人嘴巴的黑暗——在单调而恐怖的幻觉中被重塑。就像戈雅一样，在穆希奇的眼中，对于暴行的记录呈现出完全不同的强度，他可以这样说："我看到了。"在达豪，他看到死人和濒死者"像木头一样"被堆叠在一起，很多时候，集中营当局都不知道该如何在他们被焚烧之前将他们堆放在那里。夜幕降临时，他听到堆在一起的尸体一动不动，其肢体如同被风吹拂的树枝般吱吱作响。到了清晨，他看到尸体被小雪覆盖，再也无法动弹。他穿梭其中时感到尸体的眼睛在盯着自己，目睹了在这场不真实的仪式中每一幕恐怖的场景：官员低着眼睛数死亡人数，每当他听到牙齿撞击金属水桶的声音，就会在笔记本上做个记号；濒死的囚犯坐在死去囚犯的头上喝着汤；隐瞒死亡人数，以便让活着的人可以分享他们的口粮。

"你见证了太多的恐怖，以至于你对恐惧变得迟钝。"穆希奇回忆道，"他们把你排成一行，如果你被指向左边，那就是去毒气室；如果你被指向右边，你可能还能再活几天。但慢慢地，你变得如此冷漠，你不再知道自己是被送向左边还是右边，你也不再关心。逐渐地，你开始接受这个残酷世界的奇怪而精确的规则，认为这些都是不可避免的。”然而，穆希奇的画家身份并未让他对此免疫。他被那些尸体的“悲剧性的优雅”深深打动，他们修长而憔悴的四肢，脆弱的手指，张开的口腔，以及几乎透明的细腻皮肤。正是这种视觉印象，而非痛苦和羞辱，成为他心中难以抹去的阴影。这无疑是一种画家的视角。穆希奇被尸体非同寻常的美所吸引，这种美与克劳德·莫奈[1]在妻子去世时所被迫捕捉到的那种苍白脸上的蓝色阴影有着惊人的相似。穆希奇甚至开始认为他对尸体的记忆是一种宝藏，以至于他曾经做过一个噩梦，梦见尸体从身边溜走，消失在视线之外。

正是穆希奇的温柔使得这些对达豪逝者的纪念呈现出深刻、感人的意境。没有哗众取宠，没有复仇或愤怒的迹象。他说：“这是一件已经发生的事情。如果它没有发生，那就好了。但是，它确实发生了。”事实陈述没有任何叙述性的描述：没有指挥官或瞭望塔，没有毒气炉或生石灰墓。仅仅是无数的无名尸体，他们超越了时间和地点，被画家以惊人的克制描绘了出来。他们几乎不在画布粗糙的开网

1　克劳德·莫奈（Claude Monet，1840—1926），法国印象派画家，印象派运动的领导者之一。

纹上留下任何熄灭的痕迹，就好像他们以最温柔的方式接受了痛苦和死亡。然而，他们却带着永不停息的控诉萦绕在我们身边:“我们不会是最后一个。”

穆希奇多次回归达豪的主题，直到他觉得自己已经充分对其进行表达。他的一些关于根部的精妙习作，不仅回到了自己在抽象画领域的探索，还将他对达豪死者瘦弱肢体的迷恋融入其中。从那里开始，穆希奇的创作转向了风景画，并用水彩和油画创作了许多难忘的荒凉景象，展现了他对自然骨骼形态的热爱。在此处，穆希奇找到了他的艺术根源，让他能够在完全孤独的环境中，心满意足地度过许多沉浸在观察、思考和写生中的日子。迷雾笼罩的威尼斯，或在雨水浸泡的荒凉外墙上瞥见的威尼斯，总能激发出他的遐想。然而，穆希奇似乎仍在寻找一个能够与他的达豪图像产生共鸣并具有普遍性的主题。

在短暂尝试抽象主义创作之后，他更加坚定地成了一名具象主义画家。他始终坚信，要绘制自己最亲近的事物，要描绘自己眼皮底下看得最清楚的事物：经验的残留，就像他在托莱多黑暗的大教堂中等待的那微弱的光芒一样逐渐聚焦。与大多数艺术家一样，穆希奇是一个延循习惯的生物，他每天都毫无例外地前往工作室，即使没有创作灵感，也会在那里忙碌，翻看旧画，修补粉彩，或是准备画布。对他来说，没有什么是比他自己工作室这一题材更接近内心的了。20世纪80年代初，当威尼斯和群山暂时失去了吸引力时，穆希奇开始描绘的便是这样的场景。最初的草图逐渐发展成为更多的素描作品，然后通过水彩和水粉进行创作，最终用油彩在画布上完成。“工作室中的艺术家”成为一系列令人回味的长篇画作的主题，在这些画作中，一个孤独的身影在深邃的空间中若隐若现。

这一系列作品，以其精致的色彩层次——深棕色、淡棕色与白色斑驳，以及淡蓝色的天空，散发出穆希奇威尼斯场景的忧郁魅力。艺术家身着绘画用的长袍，偶尔与妻子一同出现，或独自坐在阴森的深色画布旁。这些小幅画作以简洁的方式传达了画家日常生活的点滴，让观众得以窥见幕后，见证图像创作的奇特冲动和仪式。然而，在达豪的“一课”之后，这种亲密的绘画方式已无法满足穆希奇将题材提炼至不可化约的本质需求。尽管这些工作室画作引人入胜，但回过头来看，它们可以被看作更宏大、更不留情面的自画像的前奏，从那时起，艺术家几乎只进行自画像的创作。

在穆希奇的早期作品中，没有任何迹象能让我们预见到他后来那些令人恐惧的老年自画像系列。从骑在马背上的小吉卜赛人和其他达尔马提亚海岸风景如画的诱惑，到这些被绝望笼罩的禁欲主义隐士，都透露出一种难以言说的自省和痛苦。这才是穆希奇的真相，是他人生旅程的最终意义。曾有一段时间，达豪的恐怖似乎已被他吸收，他似乎能够以莫扎特式的轻盈和技巧重新拾起他年轻时的欢乐主题。然而，随着时间的推移，达豪的阴影不仅没有消散，反而变得更加深重。在穆希奇后来的生活中，无论是大皇宫的回顾展、赞誉还是奖章，都无法转移他对最令人不安的问题的关注：我为什么能活下来？达豪之后如何生活？等待我的将是怎样的黑暗？

这些问题引导我们直面一个赤身裸体的老人轮廓，他在那里沉思着自己的命运，似乎想从审视的阴影中逃离。他像李尔王一样被剥夺了一切，周围是光秃秃的画布。在这冥想之中，衰老并非“傍晚时分愤怒地燃烧”，而是以无可奈何的忧郁和一丝顽强幸存者的黑色幽默接受命运的终结。我认为，在这些简约、阴沉的自画像中，救赎的迹象已难以寻觅。但是，即使在光线消逝之际，佐兰·穆希奇仍然在坚持不懈地通过艺术寻求答案，从而也为我们提供了一个最难忘的机会，让我们相信人类的精神。

原载于《国际艺术》杂志，卢加诺，1981年8月至9月。

20

Dado and the Atrocity of Everyday Life

达多与日常生活的暴行

达多在赫鲁瓦尔磨坊的工作室，诺曼底，法国，1967 年，丹尼斯 · 科洛姆　摄

米奥德拉格·朱里克，又名达多，同穆希奇一样，不仅是我的密友，也是我敬重的艺术家之一。他那非凡的创造力和敢于冒险的精神深深地震撼了我。正如我在引言中所提到的，作为战后在欧洲不同地区成长起来的(接近)同时代人，我理解并赞同他将生活视为一系列极端情境的观点。2009年，当达多的身体状况不再适宜旅行时，他问我是否能在威尼斯双年展上为他策划一场雕塑展览。我们获得了佐尔齐宫庭院的优雅场所来展示这些大型、复杂且充满奇异的作品。尽管远在他方，达多依然密切关注着展览的筹备工作，对整体布局进行了无数次的调整，直到黑山政府代表团乘飞机抵达，并以传统的李子白兰地祝酒和身着当地服饰的民俗舞蹈宣布了活动的开幕。以下是我为这次展览撰写的配文。

达多代表了我们内心深处的良知。在每天的媒体报道中，我们不断遭受全球范围内争议边界和黑暗街角的残酷与痛苦的冲击。堆积如山的伤亡人员、鲜血淋漓的场景、泣不成声的家属、瓦砾之中的村庄以及死去或被遗弃的孩童，这些我们都再清楚不过。我们的心中充满了愤怒，随后，我们即寻求解脱——将注意力转向足球比赛的结局，或是某位不幸明星的最新丑闻。

然而，达多并没有让我们轻易逃避。他将全世界的痛苦都融入了他那些怪诞（却并不夸张）的图像中。肢解与畸形的景象几乎被他精准地捕捉，并以无限的创意和塑性巧思转化为千百种形态。在达多的世界里，色彩鲜艳、阳光强烈，天空残酷无情，若要有快乐，那只能是无尽和无意义的怪诞痛苦的滋生。这种死亡和羞辱的滋生永无止境；在达多的画笔和铅笔下，恐怖以越来越复杂的景致被不断重塑，无穷无尽。

有时，人们甚至会怀疑达多有些自鸣得意，仿佛他在发明残暴方面变得过于自在，但这是对艺术家本质的误解。如果丘吉尔在一句难忘的警句中总结说，“人类的历史就是战争”，那么达多会补充说：“还有痛苦、畸形和羞辱。”这并不是达多在他漫长的职业生涯中沉迷并不断完善的一种恐怖游戏。这是他看待生活的方式，也是他认为最真实的东西。对于某些观众来说，达多作品中的扭曲和怪异之处，正是他的现实，也是评判其他一切的试金石。在他看来，一切美好都是一层面纱，一切和平都是一种伪装。在绿草如茵之下，尸体正在腐烂，而在娇嫩的玫瑰中，蠕虫早已开始工作。

这些都是达多无法忘记的现实，也是我们无法回避的现实，尽管我们每天都在充斥着恐怖事件的报道中度过。当目睹这些现实在达多的熟练画笔下被转换和重塑时，我们不仅仅会回想起发生在我们周围的最新暴行。我们陷入了对自己生命无常的认识——意识到所有生命的脆弱性，意识到我们有责任不畏艰险地保护生命。

佐尔齐的挽歌

在20世纪70年代初的巴黎，我曾参加了一场让娜·布歇画廊的开幕式。那里，我与一位自称“达多”的艺术家展开了一段有趣的交谈。他的形象独特——矮小、瘦削而结实，双眼炯炯有神，充满智慧，欢声笑语在浓密的头发和胡须间回荡。他的谈话同样引人入胜，从艺术谈到闲言碎语般的丑闻，再到神秘的历史典故，都能信手拈来，整个人似乎被快速咕哝、口音浓重、色彩斑斓的法语所激发。我立刻被他所吸引，首先是他鲜活的性格和出奇制胜的魅力，接着是他展示给我的一系列画作中那精致、引人不安的陌生感和恐怖气息。在接下来的几年里，我们频繁地在各种场合相遇，我开始为他撰写一些评论、访谈和画册前言。不久之后，我开始在工作中不时看到他一些令人难忘的画作，尤其是他为我创作的一幅巨大拼贴画（画中人体碎片在蔚蓝的天空中飘浮），以及一幅纷繁复杂的“肖像”，画中的我沉浸在各色怪物的盛宴之中。我的“达多化”从此拉开了序幕。

随后，在20世纪80年代初，经历了多次默契的相遇和几次奇异的冒险之后，我们各自踏上了不同的道路。我从一名艺术评论家转变为《国际艺术》杂志的编辑和出版人；而十年后，当杂志停刊时，我带着年轻的家人离开了巴黎，回到了伦敦。达多则不再频繁出现在塞纳河边的画廊和咖啡馆，也不再是那个满口高谈阔论、笑声感染力十足的人。他逐渐远离了喧嚣，在诺曼底的吉索尔购置了一座旧磨坊——在那里工作、养育家庭，并接待越来越多的经销商、收藏家和仰慕者的来访。

几十年后，我忽然收到了达多及其妻子赫西的邀请，担任他在威尼斯双年展上一次展览的“专员”——这是一个独特的“混合”角色，涵盖了艺术评论家、活动组织者、知己以及保镖的职责。

于是，在我们第一次相遇近四十年后，我重返达多的身旁，回到了他那现实与艺术交融的奇妙世界。这段时间里，有哪些翻天覆地的变化呢？首先，在与艺术家的对话中，我注意到他那不断涌现的创意已经如同野火般燎原。它们不仅挤满了画廊、博物馆、书籍和画册，还溢出了整面墙壁，填满了艺术家家中的房间，以及那些默许的当地药房、废弃的小教堂(包括附近令人叹为观止的圣吕克礼拜堂)、被遗忘的农舍和废弃的海岸堡垒。在任何能够触及的表面上，他都留下了它们富有表现力的绝望和堕落。不知何故，达多现象——艺术家喜欢称之为“达多综合征”——得以不受遏制地出现并像虫卵或细胞一样在最不可能的地方蔓延。这一切显然是由一位战略大师（艺术家无疑是战略大师，需要一切机智和创新，仅仅是为了在自身生活的喧嚣和需求中生存下来）领导的攻势。

换句话说，在这段时间里，我们都逐渐变得“达多化”了。这是如何实现的呢？我们又是如何容忍这些极具侵略性的生物在我们眼皮子底下傲慢地展示它们那去皮抽筋的躯体和油腻的亲密关系？难道是我们以某种无意识的状态被这些精心描绘的恐怖景象所吸引，而这种吸引力源自艺术家对恐怖的无穷痴迷？我们是否因为它们突破了社会和艺术所能接受的界限而沉迷于达多对人类的仪式性羞辱，就像萨德侯爵的性行为一样别出心裁地重复？还是说，它们更多的是通过揭示我们自己的脆弱和形而上的混乱来触动了我们？如果是这样，我们难道不是被他们隐含的承诺（即引领我们深入人类历史的粪堆）所诱惑，——从而，也许，揭示了一种被禁忌的真相？

预知的真相

历史是一场噩梦，我正试图从中醒来。

——詹姆斯·乔伊斯，《尤利西斯》（1922年）

从孩提时代起，我们就深知生活中充满了无数我们最好避免揭开的黑暗秘密。窥视那深邃的黑夜，你可能会发现恐怖的形状和阴影；闭上眼睛，堵住耳朵，那些未知的事物或许会消失，恐惧也会随之减弱。然而，米奥德拉格·朱里克（更多人熟知的名字是“达多”）却从未选择逃避。相反，他勇敢地深入探索恐怖的深渊，直至它成为他唯一的现实。甚至在生活最诱人的外表背后，达多也揭示了生活的真相，这成为他信仰的基石。

达多成长于黑山，一片饱受占领和战火摧残，以及内部冲突、饥荒和地震之折磨的土地。在他的成长岁月中，痛苦和恐惧如影随形。当被问及为何如此痴迷于描绘痛苦时，达多会回忆起那些在采蒂涅自家窗户下被押走的意大利游击队员，以及他在市中心绞刑架上目睹的悬挂了几天的尸体。（这些记忆依然历历在目：士兵们围绕着游击队员的尸体跳舞；小达多惊恐地穿过广场时，他那双特大号的手工鞋里积满了雪；被斩首者的遗孀正在仔细梳理被斩首者头上的头发。）一些亲眼看见的恐怖场景很快转化为图画。特别是在当地外科医生发现了他的绘画天赋，并让他记录下了一个即将接受手术的男孩的兔唇和锐利的乳牙（这些元素在达多的后续作品中多次出现）后。因此，毫不奇怪，让这位年轻艺术家印象最深刻的第一幅画就是神秘地悬挂在达多祖父——一位医生——接待病人的书房里的伦勃朗的《解剖课》。

当然，这一切都似曾相识。这位天赋异禀、敏感的孩子，不仅在早年遭受了残酷与贫困的洗礼，而且，更为悲惨的是，在他还不到11岁的时候便失去了母亲。这给他的心灵留下了难以愈合的创伤，使他在余生中不断寻求痛苦与折磨。然而，这种简单的解释却忽视了关键之处。无数孩子（达多主要记得他的出生年份是希特勒上台的那一年）经历的命运要比这位年轻的黑山天才凄惨得多。而那些幸存者中，只有极少数人会将余生投入成千上万的图像之中，演绎一场没有演进，没有救赎，也看不到尽头的荒谬而堕落的戏剧。“我不知道这种痴迷、这种病毒从何而来，”达多承认，几乎无法掩饰他对这种想法的狂热，“对我和其他人来说，这都是一个谜。换句话说，我的生活是一场噩梦，而我的作品则是另一场噩梦。”

恐怖的剧场

当你凝视深渊时，深渊也在凝视着你。

——弗里德里希·尼采

艺术家们擅长在创作的道路上隐匿自己的踪迹。他们一旦找到自我，便会重新塑造那些曾经走过的道路，规避显而易见的路径，避免作品被简单解读。大卫·霍克尼曾说过："永远不要轻信艺术家所言，而应关注他们所做的。"（这可能是对西克特[1]名言的引用）在达多的内心深处，弗朗西斯·培根无疑是最伟大的艺术家之一，他以其独特的才华颠覆了人们对自我或其绘画的固有看法。当被问及作品为何带有强烈的恐怖感时，他只会淡淡回答，他认为人们感到恐怖，是因为他们常常透过生活的面纱来看待世界，而他的画作正是适度地掀开了这层面纱，迫使人们直面现实。

当被问到为何他作品中的人物要承受如此精细且近乎无尽的创造性"折磨"时，达多（他自诩为"温柔的折磨者"）表现出了一丝惊讶，甚至有些受伤。他一遍又一遍地阐明，这并非真正的折磨，而是一种对人类复杂性及美感的深刻探索。他继续说道，任何不够深入的事物——那些只是停留在"皮肤层面"的创造力——都不足以表达他心中的艺术追求。

虽然听起来有些不够真诚，但这是艺术家对自己作品的一种理解。尽管他竭力保护自己创造力的秘密源泉，使他显得有些焦虑，但他并非在回避问题或掩饰自己的真实

1 沃尔特·西克特（Walter Sickert，1860—1942），英国画家，英国印象派和表现主义运动的重要代表人物之一。

意图。然而，还有其他更简单的解释，听起来更加直接、接近真相。达多自幼便展现出惊人的绘画天赋。上学伊始，他便轻松地绘制出同学和老师的漫画，引得周围人捧腹大笑。这些画作尖锐而机智，使他声名鹊起，让他的母亲骄傲地宣称他将成为他们这一代的华特·迪士尼。借此机会，达多让朋友们做出最凶猛的面部表情，并在纸上捕捉他们生动的形象，享受着交替的恐惧和惊吓带来的快感。当然，战争的恐怖和当地医院的场景激发了他早熟的病态心理，这些都成为他绘画的素材。甚至在母亲去世的创伤和流亡的痛苦之前，这位未来的艺术家就已经吸收了他所需要的题材。

纵观达多作品的发展历程（跨越了近六十年的令人印象深刻的多样化成就），我们会发现，尽管技巧和构图不断演变，甚至彻底颠覆——颜料本身也从干燥、粉末状变为透明光滑的，然后变为粗糙、无拘无束的厚涂——但主题本身几乎保持不变。从黑山的童年到今天，现实对达多来说一直植根于痛苦、苦恼和屈辱之中。在他不断歌颂的痛苦中，幽默从不完全远离，透过对身体畸形和失败的描绘，展现出讽刺的欢笑（达多的家人和朋友，甚至经销商，都可能在他在画作中展现的人间惨剧中认出自己的身影）。折磨的轮廓和癫狂的程度都以无尽的机智和趣味得到了重塑，就像色彩——尤其是浅粉色和淡蓝色——给最恶劣的暴行投下了善意的光辉，使它们足以让人忍受，从而更深入、更持久地融入观众的心灵。

当然，达多会辩称，他的作品——从雕塑和素描到壁画和架上绘画，再到综合技法——没有一件能与自然世界（更不用说人造世界）的暴力和恐怖相提并论。和他一起漫步在他所居住的诺曼底的树林和田野中，在万里无云的蓝天下，在繁茂的树叶中，很快就会发现大自然的狰狞面目：一只鸟的骸骨、一条奄奄一息的狗、一具身份不明但完好无损的肋骨。这些发现让达多着迷并感到欣慰，然后他高兴地回到工作室，在杂乱无章的工作室图书馆里查阅一些精美的古代动物骨骼版画，或者是一本巨大的《皮肤病学图谱》，其中最令人震惊的皮肤病彩色照片为他提供了一个愉快的间歇。有一次，他在阅读一本专门介绍此类现象的旧书时兴高采烈地对我说，“一个有两个头的孩子”，“说到底不过是大自然逗自己开心的一种方式”。

流亡中的艺术家

一个人并非居住在一个国家，而是居住在一种语言当中。

——埃德蒙·米歇尔·齐奥朗

达多近期表示，每晚入睡前，他都能看到黑山山脉的轮廓在眼前浮现。离开黑山（因轻微的政治抗议行为和逃避兵役而入狱）半个世纪后，这位艺术家仍会梦见童年时那宛如失落天堂的风景。达多成年后的大部分时间都在诺曼底维辛的金色麦田和丰饶的果园度过，他在那里找到了一种令人眩晕的岩壁景观：岩石不祥地耸立着，异常洁净、异常洁白的绵羊（他强调了这一细节），几乎没有可吃的食物，因为几乎没有什么东西能在这里生长。他向往那里，并生动地谈论这些场景以及背后的历史，但他明白他永远无法回到那里，尽管他为黑山最近再次成为一个繁荣、独立的共和国而感到由衷地高兴。很久以前，正如许多20世纪的艺术家和作家一样，达多深知走向完全自我实现的唯一道路就是流放。

达多对此非常清醒，并最终选择了自我放逐的双重生活。他天生热爱社交，热衷于交谈和分享生活的点点滴滴。1956年抵达法国时，他无疑是典型的都市人。一年或两年后，巴黎几乎没有他不知道或不经常光顾的有趣街区、酒吧或咖啡馆，他在那里总能遇到一些特别的朋友和饮酒的伙伴。尽管他的微薄收入难以维持生活，甚至他的亲近之人都对他的栖身之地感到好奇，但他却像登山者一样坚韧不拔。在彻夜的狂欢和交谈之后，达多总能毫发无损地重新出现在人们面前，急切地开始新的版画创作，或者为即将到来的展览完成几幅大尺幅的复杂油画。

然而，工作的需要（以及抚养孩子成长的家庭责任）逐渐占据了主导地位。正如前面提到的，达多在圣日耳曼德佩区周围闲逛的次数日益减少。他一直以工作效率高著称，即便是在咖啡馆里闲聊或欢声笑语中，他的手也从未停止——在随手抓来的面巾纸或桌布上尽情挥动画笔。当达多搬到维辛，这片充满田园诗意的荒凉之地——他的第二次流放，再次将他与他曾经熟悉的世界隔离开来——他的艺术创作似乎找到了一片肥沃的土壤，迅速蓬勃发展起来。在那座被破败的农舍和池塘环绕的磨坊中，达多找到了一个可以安心创作的空间，将内心深处翻涌的想象力倾注在每一寸可及的墙面上。他在广阔的壁画中表达情感，然后在油画创作之余，用铅笔和钢笔在纸上轻轻描绘，捕捉那些不断闪现的灵感。

达多手中的每一件作品都似乎洋溢着一种无法遏制的天性和活力。然而，在私下里，他是一个贪婪而充满好奇的阅读者——他以独特且挑剔的眼光，甚至可以说，成为一名学者。在将这些主题如同新生的疾病一般融入他的视觉盛宴之前，他会深入地思考和研究它们。这些主题的广泛性和多样性，仅从画册中列举的作品标题就能窥见一斑，它们与他的兴趣和阅读广泛紧密相连。随机翻阅这样一个列表，我们都会被诸如：《自然史》《布封》《约伯之书》《亨德尔的〈耶弗他〉》《法国革命》《印加的星辰》《祖先的画廊》《皮埃尔·布列兹的“回应”计划》《向牛顿致敬》《雷兹的红衣主教》《圣马太受难记》《库克的船长之航》以及梅索德姆（指的是他的朋友，作家亨利·米修的《梅迪索姆斯》）等标题所震撼。因此，自然科学与宗教信仰，音乐与历史，文学与物理学等领域只是达多深入挖掘的一些素材。他运用这些知识，创作出一幅幅幻象之画，展现着生活之树上生生不息的奇异与死亡所带来的丰饶。

作为对自己构建的双重流放的回应，达多构筑了两个避风港，在那里他得以极度自我，彻底放松。一个显然是他的艺术世界：一个由他亲手打造的国度，在那里他是唯一的、无可争议的统治者。另一个则在他从古老的书籍、新奇的际遇，以及与各领域的专家和爱好者深入讨论中收集来的奇异知识、传说和幻想的融合体中共同成长。这些知识照亮了达多的日常话语，并已成为他个性的一部分，以至于即便在最实用或无聊的对话中——如火车时间、医院预约、支票兑现等——他都会不可避免地引用克尔凯郭尔[1]或黑山民族诗人的名言，关于黑死病肆虐的鲜为人知的史实，或者是吉尔斯·德·莱斯[2]在强奸农家青年后的惯用伎俩，以及早期文艺复兴绘画或乔治·弗里德里希·亨德尔[3]（事实上，达多曾为亨德尔的歌剧设计了一些令人印象深刻的舞台布景）。接着，当然不能不提附近的吉索尔，这座小镇据说曾是锡安会[4]的诞生地，也是传说中圣殿骑士团藏匿宝藏的神秘之所。这样的背景为达多提供了一个绝佳的舞台，让他作为世界历史学家和神话创造者的热情得以尽情释放——为那些在寻求慰藉而非真相的现代人编织梦境，这一代人早已忘却如何直面生死的严峻现实。

与死者的对话

每一次死亡都是世界的终结。

——亚历山大·莱索·伊万诺维奇（黑山诗人，达多父亲之友）

---

1 索伦·克尔凯郭尔（Søren Kierkegaard，1813—1855），丹麦哲学家、神学家和文学评论家，存在主义哲学先驱，以其对个体、信仰、恐惧、死亡和绝望等主题的深入探讨而闻名，对后来的哲学家，包括尼采和海德格尔，产生了深远的影响。

2 吉尔斯·德·莱斯（Gilles de Rais，1404—1440），百年战争时期的法国元帅，连环杀童案凶手。

3 乔治·弗里德里希·亨德尔（George Frideric Handel，1685—1759），巴洛克时期英籍德国作曲家。

4 一个传说中的神秘社团，据说成立于11世纪，其目的是保护并传承一个与基督教起源和教义有关的古老秘密。然而，这个组织的真实性和历史地位一直备受争议。

拥有过剩的才能和天赋，对达多而言，一直是一道难题。他的炫技线条能在数分钟内勾勒出一群怪物的形象，就像古典大师一样轻松地解决、调和并完善形态，游刃有余地在微微偏移的柔和色调中营造紧张不安的氛围。作为一个在平日里就追求狂热的人，艺术家却保持着惊人的清醒，他深知单纯炫技的风险，并在自己的艺术实践中始终挑战那些他无须真正努力就能达成的事情。这使得他在漫长的职业生涯中尝试了从大型壁画到书籍插画几乎所有可能的艺术形式。然而，在很长一段时间里，雕塑这个截然不同的世界只是一项偶尔的活动；如果不是一场灾难将雕塑推到了达多想象力的最前沿，雕塑在达多的创作中可能永远只能占据次要位置。

1989年，达多在赫鲁瓦尔的工作室遭遇了一场火灾，大部分物品在火海中化为灰烬，包括他正在创作的数件雕塑作品。这一灾难无疑给他带来了沉重的打击，然而，达多却没有被它击垮。相比之下，同样的遭遇可能令许多人一蹶不振，而达多却在火灾的第二天，重返那片狼藉的现场。他在那些烧焦的雕塑残骸中，加入了工作室地板上还冒着烟的漆黑器具和散落的垃圾。就这样，仿佛遵循着一个古老的传说，达多的雕塑之旅，在这片荒芜的废墟中，开启了全新的篇章。

达多对于这种新艺术形式的灾难性起源异常敏感。这场火灾之后，他将雕塑紧密地拥入怀中，允许他那狂热的想象力在每一个低贱的垃圾和充满情感的物品的结合之上自由翱翔，创造出一片将神圣与亵渎交织的新艺术领域。达多因此获得了一套全新的“词汇库”，他以惯有的热情深入探索每一个词，将他在乡村和城镇中的漫步转化为对不寻常、诗意、失传元素的深度探索，以此来丰富或点缀特定的作品。在这个新的维度中，达多不仅展现了他在其他领域的创造精神，而且在雕塑领域也展现出了同样的流畅与创新。精确组合的玩偶头、树干和半熔化的汤锅，或是被焊接在古老洗衣机上水桶中的同形体，都是达多不断调整焦虑的结果。他的画笔会定期介入，小心翼翼地添加精致的笔触，如同母鸡照顾它的雏鸡，直到这些错位的元素组合被大面积的色彩条纹所消解——就像它们的创作者突然被正式认可的三色运用。

这并非言过其实——也不是艺术家轻率编织的神话。这一点在我这个专员身上得到了充分证实。不仅在佐尔齐宫那令人难忘的庭院中，展出的作品选择每日都在更新，许多雕塑最终也是专为这一场地量身定制的；而且，雕塑本身也在持续演变。因为在追求更多色彩赞誉的过程中，艺术家在挥舞着满载颜料的画笔的同时，对这些作品的各个部分进行了大胆的重新排列——有的被剔除，有的被嫁接。甚至画册中的最终照片也无法说服艺术家停止对作品的不断改造。只有当这些作品被打包并从原位置移走时，我们才可以说——至少暂时——它们已经完成了。

达多在那场吞噬他工作室的大火中获得了新的创作灵感。他的儿子多明戈拍摄了大量工作室被毁后残骸的照片，这些照片在多年后被艺术家偶然间发现，令他欣喜若狂。他将这些照片放大成巨大的横幅，作为雕塑背景，其精心编排的程度堪比亨德尔的歌剧布景。在这些照片中，达多还融入了他在最近一次重病中昏迷六天后所保留的一些夸张的视觉元素——这些内容似乎已经足够戏剧化了。

达多的作品《佐尔齐的挽歌》是对他在艺术和生活中失去的挚友的致敬，从圣人到鞋子，每一件物品都充满了深情。他最新的雕塑作品则充满了对个人的回忆，生者与逝者之间的信息在作品中交织。这位艺术家从不隐藏自己狂热的思绪，将数十种持久的痴迷融入这些令人印象深刻的组合作品中。其中一件作品是他半幽默、半真诚的蒙特内哥罗对遥远的瑟瑞尼斯玛（即威尼斯）的报复——长期以来后者一直是达多家乡的统治者。并且，达多以一贯的彻底性阅读了关于蒙特内哥罗长期受到威尼斯人和土耳其人统治的历史记录。

纵观整体，这些雕塑、旗帜和木板绘画占据了和谐的文艺复兴早期佐尔齐宫庭院，共同构成了一曲庄严肃穆的安魂曲。它们重塑了艺术的核心宗旨，并非以肤浅的效果取悦观众，而是将我们的目光和思维引向自我认知以及对我们在地球上一场转瞬即逝的旅程的反思。观众啊，当你路过此地，请停下脚步，感受那份悸动。这绝非一场普通的展览。面纱已经揭开，坟墓已经洞开。在这里，生者与死者交融。在这里，你可以直接而深刻地体会到自己岌岌可危的生存状态。在这里，在《佐尔齐的挽歌》中，我们每个人都成为一曲脆弱而持久的歌。

最初作为展览画册《达多》的序言发表，黑山馆，佐尔齐宫，威尼斯，2009 年。读者们可以在我的回忆录《存在主义的英国人：在巴黎的艺术家中间》（伦敦：布鲁姆斯伯里出版社，2019 年）中找到一篇非常个人化的达多肖像。

第五部分

PART V

21

In Memoriam: Antoni Tàpies

纪念：安东尼·塔皮埃斯

安东尼·塔皮埃斯在巴黎，1981 年，索菲·巴索尔斯　摄

我与安东尼·塔皮埃斯的关系并未像本书中讨论的许多其他艺术家那样密切，但在巴塞罗那和巴黎的几次邂逅中，我们偶尔会共度一些难忘的夜晚。我被他那博大精深的学识深深折服，从东方哲学到量子物理学，再到早期加泰罗尼亚文学，艺术家都能畅谈自如。塔皮埃斯以其狡黠的讽刺闻名，而在他放松的时刻，则会出人意料地展现出其平易近人和幽默的一面。以下这篇悼念文章最初是为我在里约热内卢举办的塔皮埃斯作品展览所准备的演讲稿，后来稍加修改，用作在卡坦扎罗(意大利卡拉布里亚区首府)举办的遗作展的画册文本。

我的第一次塔皮埃斯作品之旅发生在20世纪60年代末至70年代初，当时我作为一名年轻的艺术评论家和作家在巴黎崭露头角。在当时的巴黎艺术界，塔皮埃斯的作品独树一帜，以其创新的技法和独特材料的使用，成为一抹无法忽视的亮色。众多艺术家在当时采纳了暴力和破坏性的创作手法，将低级材料与废弃物融入艺术作品中。然而，塔皮埃斯之所以能从中脱颖而出，并且至今仍被人们所铭记，是因为在这随性涂鸦和杂乱无章的材料之下，隐藏着深沉的文化底蕴和广博的人文精神。这种精神就像是一种隐秘的语言，为他的作品注入了深层的含义，超越了表面的无序。无疑，这也是所有重要艺术家，尤其是那些20世纪艺术家的使命：将周遭的混乱纳入作品中，并以赋予其深层意义的方式对其进行重构。

因此，我对安东尼·塔皮埃斯的作品产生了浓厚的兴趣。不仅许多我所尊敬的作家，还有我的一些艺术家朋友，都对他的创作保持了密切的关注。我依然记得，以严厉对待他人著称（尤其是对他的同行中的成功者）的弗朗西斯·培根，曾两次返回观看了塔皮埃斯的作品展——显然是被他的作品深深打动。在定期评论塔皮埃斯展览并偶尔在各种预展上与他相遇之后，我利用自己作为《艺术国际》杂志主编的身份，策划了一期关于他作品的特刊，并前往巴塞罗那与他度过了一段时间，为特刊进行筹备。

在艺术家的工作室度过的一天，是一次难忘的经历。我不仅因与塔皮埃斯的深入对话而深受启发，还通过工作室本身了解到关于艺术家的无数信息——从空间与光线的布局，到已完成或尚在进展中的作品，再到预备草图，散落四处的画笔和其他工具，以及桌子和地板上堆积的各种材料，它们宛如待烹饪美食的原材料。离开工作室后，我们又被引领至艺术家位于房屋另一层的令人印象深刻的图书馆。在这个特殊的案例中，图书馆几乎与工作室一样具有启发性，因为塔皮埃斯不仅是一位传奇的阅读者，他的藏书广泛涉猎各个学科，而且还是一位深入研究的学者，对特定领域如东方哲学和现代物理学有着浓厚的兴趣。

在那次拜访中，安东尼·塔皮埃斯展现出了异常亲切和蔼的一面。我想，这是因为他感到自己已经攀登上了漫长且成功的艺术生涯顶峰。经过长时间的筹备和数次延期，塔皮埃斯基金会终于成立，并获得了广泛的好评。艺术家对于现在来自世界各地的访客能够前来全面了解他的作品感到非常高兴。因此，这是一个充满认可和胜利的时刻。尽管塔皮埃斯总是以谦虚和谨慎的态度对待他人，但很明显，他对基金会所赢得的大量赞誉感到非常满意。

当然，情况并非总是如此顺利。安东尼·塔皮埃斯早期的职业生涯充满了艰辛、矛盾，甚至有时是危险。尽管他出生于一个受过良好教育、生活安逸的中产阶级家庭（他的父亲是一位与加泰罗尼亚公共生活密切相关的律师），但塔皮埃斯的青春时期却经历了残酷的内战，这场经历塑造了他对左翼运动的坚定选择。在20岁之前，他经历了一场漫长而痛苦的肺病，这虽然阻碍了他的未来计划，但也为他提供了大量的闲暇时间，让他能够广泛阅读、聆听音乐，并尽情地绘画。从他那敏锐的目光和所戴的时髦帽子中——无疑是从巴塞罗那特意带来的，我们不仅能感受到一个年轻人渴望留下深刻印象的愿望，还能感受到他坚定不移的自信和决心。对于那些踏上艺术征途的人来说，这些品质都至关重要，而塔皮埃斯始终展现出一种罕见的才能——知道如何充分利用自己的诸多优点。因此，在他抵达巴黎之前，尽管身体不适，家人坚持让他学习法律，但塔皮埃斯已经在巴塞罗那创办了自己的工作室，在艺术和文学界建立了许多联系（包括与胡安·米罗建立了终生友谊），并频繁举办展览，这对于一位年轻画家来说非常难能可贵。

在他当时的一些作品中，我们可以看到许多困扰着他并与他职业生涯共存的主题和技巧。例如，《变焦》是目前在塔皮埃斯基金会展出的最早的作品之一，它证明了艺术家早期对象征主义的兴趣。在巴塞罗那，象征主义运动蓬勃发展，影响了这座城市最具创造力的众多灵魂，包括杰出的建筑师安东尼·高迪。这件作品还凸显了塔皮埃斯对精神与物质分离问题的关注，如同悬浮的无体头颅，与人类身体的其他物质方面相分离。在塔皮埃斯最早的拼贴作品之一《新闻纸十字架》中，我们发现这个问题又被重新提起：在象征主义中，十字架代表了物质（水平杆）与精神（垂直杆）的结合。但塔皮埃斯的一个特别之处在于，他进一步提高了作品的暗示性，将当地报纸讣告版撕成纸片创作了一个十字架。当你注意到十字架周围的其他纸片看起来非常像卫生纸时，你就会发现塔皮埃斯内心深刻的讽刺和怀疑态度。在当时佛朗哥的独裁政权下，这种关联显得尤其具有颠覆性。但是，如果引入这种谦卑的纸张——它是我们日常生活中的一部分，仅仅局限于打破偶像崇拜，那也是一种错误。对塔皮埃斯而言，生活和宇宙的一切都是二元的。精神与物质并存，我们所见所知的一切都是二者的交汇。十字架，具有精神和神秘的内涵，而卑微的纸张则带有低俗的联想，它们之间有着联系——不仅因为它们都源于相同的原材料木头，而且还因为它们都参与了精神和物质的结合。我想这种二元性始终贯穿于塔皮埃斯的所有作品之中：精神与物质交织在一起，为了阐明这一原则，艺术家特意将最卑微的材料——绳子、破布、空罐头、旧鞋子、任何类型的碎片——提升到艺术境界，以此揭示所有元素从根本上是相互联系的，是一个实体的组成部分。

当你开始深入探索塔皮埃斯作品的丰富内涵时，你会发现自己面对的是一个庞大且激动人心的话题。从各个层面和角度出发，我们都能对塔皮埃斯的作品进行多元的解读。尽管每一位重要艺术家在任何时代的创作都可能拥有这种特质，但在我们这个时代，塔皮埃斯的作品因其深厚的学术底蕴和创作中融合的多元影响而显得非常与众不同。

对于那些熟悉塔皮埃斯及其作品的人来说，他们的起点几乎不可避免地会落在艺术家的加泰罗尼亚身份上——他不仅仅是一个西班牙人，更是一个坚定的加泰罗尼亚人。加泰罗尼亚的历史、文化、风光，以及伟大的加泰罗尼亚城市巴塞罗那（塔皮埃斯于1923年出生并在那里长大，父母非常重视他的加泰罗尼亚血统），这些都是他创作的重要元素。此外，还应该加上加泰罗尼亚语。塔皮埃斯认为这是他不可剥夺的遗产，尤其是在佛朗哥长达数年的独裁统治期间，他和他的加泰罗尼亚同胞曾被禁止使用他们的母语进行对话或写作。在塔皮埃斯的作品中，加泰罗尼亚的影响深远而独特，他本人也将这种影响称为自己的“加泰罗尼亚意识”。我们完全有理由围绕这一主题展开一场精彩的演讲，深入挖掘塔皮埃斯艺术中加泰罗尼亚精神的丰富内涵。然而，今天我希望带领大家探索的，是那些同样深刻地塑造了他艺术之魂的其他元素。

自童年时期起，特别是在他因肺结核而在巴塞罗那郊外的疗养院中度过的那些寂寞岁月里，塔皮埃斯始终保持着对这个世界的好奇与热情。书籍与图像成为他忠实的伴侣，他沉浸在音乐的世界中，无论是对东方智慧的探寻，还是对西方哲学的钻研，从古典艺术到现代创新，从科学理论到精神分析，塔皮埃斯都将它们纳入自己的知识版图。他的探索始于父亲藏书阁中的古籍，以及家中收藏的画作与唱片，从未有过停歇。为了让大家对塔皮埃斯的广泛兴趣有一个大致的了解，我只想简单地列举一些他最热衷的知识领域：他对禅宗的知识和实践有着异常深刻的见解，以及整个欧洲文学与哲学，作家名单从神秘主义者的作品（如加泰罗尼亚神秘主义者）到显而易见的作品（如尼采、伟大的俄罗斯作家、萨特以及存在主义等）；此外，他的兴趣还涵盖了现代科学理论、精神分析（尤其是对荣格的集体无意识和象征理论）、超现实主义（这在很大程度上定义了塔皮埃斯早期的艺术发展）、音乐（尤其是从巴赫到勋伯格等伟大古典作曲家的作品，但也包括具体作品和同时期的斯托克豪森等），当然还有各个时期的艺术作品（尤其是对马克斯·恩斯特、保罗·克利[1]和他的加泰罗尼亚同乡米罗的作品特别推崇，这些艺术家的作品深刻地

1　保罗·克利（Paul Klee，1879—1940），瑞士裔德国画家。

影响了他）以及摄影等等……

然而，为了不让清单显得过于冗长，也为了避免将塔皮埃斯描绘成一位仅仅埋头于书本的知识分子形象，我必须指出，他对街头生活同样保持着浓厚的兴趣，并对其深深着迷。实际上，他的许多画作灵感就直接来源于巴塞罗那街头墙壁上的标语、政治口号和涂鸦。此外，塔皮埃斯所经历的大型政治和社会动荡——从西班牙内战到第二次世界大战，再到佛朗哥政权的终结——同样对他的艺术创作产生了深远的影响，其深度并不亚于那些我刚刚提及的更为专业或深奥的知识领域。自童年时期起，塔皮埃斯就对政治保持着密切关注，这不仅是因为他的父亲和父亲的朋友们都是政治活动家，更重要的是，他自己从学生时代开始就投身于左翼事业。塔皮埃斯对政治的热情是如此深沉不移，以至于不会接受任何非政治性质的致敬或行动。他坚信我们的所作所为、所思所想都蕴含着某种政治含义。这种信念深深地渗透进他的艺术创作之中。他认为，艺术不仅是形而上学的沉思，更是政治和社会现实的映射。

塔皮埃斯在他的写作和采访中屡次强调了一个深刻的信念：艺术家的身份不仅贯穿于其创作之中，就像政治活动家一样，他们同样承担着辩护者的角色。在他的自传《个人回忆录》中，塔皮埃斯以加泰罗尼亚语细腻地勾勒出一种独特的感受力，这段文字深刻地揭示了艺术家对世界感应的细腻机制。他写道："有一种神秘的感觉——几乎无法用言语描述——似乎深深根植于艺术家的灵魂之中。它类似于对现实的'深切感悟'，一种对周遭世界的高度敏锐，无论其性质是善良或是邪恶，光明或是阴暗。这感觉犹如一次心灵的探险，带领我们踏上通向宇宙中心的旅途，为我们提供了一个必要的视角，将生活中的一切置于它们真实的维度之中。"然后他补充道："如果人们相信艺术是获取知识的一种手段，那么指责艺术家卷入道德和政治就是荒谬的。唯一真实的知识源于博爱。当我们爱的时候，我们就会遭受所有独裁政权的各种形式的压迫；我们会渴望为自由、正义和所有保卫人类尊严的事物而战。"

因此，可以说，从艺术家本人的视角来看，塔皮埃斯的每一幅绘画作品都蕴含着形而上学和政治性的深刻内涵，因为在他眼中，界限模糊是宇宙的根本特性，正如他看待心智与身体、精神与物质之间的关系时所展现的那样。尽管塔皮埃斯的作品中许多似乎隐藏着政治的潜流或意涵，但也有作品明确地表达了政治立场。例如，激进的加泰罗尼亚无政府主义战士萨瓦尔多·皮乌·安蒂奇，佛朗哥政权下最后一批被处决的政治犯之一。他在一次汽车爆炸案后被逮捕，此案中一名警察被炸死，据说是由另一名警察所为。尽管案件审理中存在明显的瑕疵，皮乌还是被判有罪，并在全球范围内的抗议声中，在24岁时被处以绞刑。为了纪念这一悲剧，塔皮埃斯创作了一幅几乎无色的画作，其色彩如同皮乌的生命，在最后的瞬间逐渐消逝。画布顶端的小色标强化了这一主题，可以被看作是对色彩的缅怀——提醒我们，在当下的沉闷与严酷的专制之外，色彩、正常的生活、自由和快乐依然存在。

值得注意的是，尽管色彩在塔皮埃斯的艺术创作中扮演了不可或缺的角色，但他所选择的色彩范围往往有限。黑色、白色、灰色、棕色和赭色等中性色调成为他调色板上的主导色彩。塔皮埃斯本人曾阐述，他追求的是那些“接近幻觉与神秘世界的色彩，深藏于表面现实之下的色彩，那些属于幻想、梦境和愿景的色彩，以及虚无与空间的色彩……对我来说，虚无的色彩是冥想的助手。”这种简约的调色板，尤其是与依赖色彩语言的艺术家如马克·罗斯科(Mark Rothko)或肖恩·斯卡利(Sean Scully)的作品相比较时，无疑反映了艺术家内在的禁欲主义和自我克制。但这也是因为塔皮埃斯相信，他无须借助鲜艳或强烈对比的色彩来传达自己的观点，正如人们无须提高嗓音以便被听到一样。这些色彩是城市的色彩，是城市景观的色彩，是剥落的外墙和布满灰尘的墙壁的色彩，深深地植根于艺术家的意识之中。[在此，或许值得回味一下加泰罗尼亚语中“塔皮埃斯”（Tàpies）一词意为“墙壁”，这无疑是一种奇妙的巧合，或许更是命运的安排。]

尽管塔皮埃斯有时会以突如其来的深红色或浓烈的蓝色震惊观众，但他同样能够从绘画作品的实际质感——沙砾、块状、刮痕、刨花、划痕、点缀——中提取丰富的表现力。这种表现力源自作品的物质本质，这也是塔皮埃斯作品中一个反复出现的主题，甚至在他的作品标题中也是如此。艺术家在他的自传中透露，他对物质的迷恋始于早年自己对于“用浓稠的物质来诠释现象的黏稠感的沉迷。这种物质，一种油彩和白垩的混合物，就像一种内在的原始材料，揭示了‘本体的’现实。我认为这并非一个脱离现实的理想或超自然的世界，而是所有事物共同构成的单一、完整且真实的现实”。

在职业生涯的晚期，塔皮埃斯逐渐构建了一个完整而独立的三维雕塑宇宙，他常常将一些寻常的物品，比如一个孤寂的浴缸或一个沉重的袋子，提升至令人惊喜的标志性地位。他将自己关于社会成员平等的政治理念生动地融入对这些物品的重新评价中：无论是脚、稻草还是废弃的浴缸，没有什么东西是低微到不能与罗丹或布朗库西[1]的作品相提并论的。即便是看似平凡无奇的物品，也能被塔皮埃斯捧上神坛，受到人们的敬仰。当然，得益于他的魔法般的触摸，这些物品确实成为重要的，甚至受人尊敬的实体。想象一下，在这个浴缸中曾经温暖过的肌肉、被抚慰过的忧虑、被释放过的梦想，或者那个袋子中不断变化的内容，你就能发现生活的全部——包括所有的渴望和脆弱。

在探讨塔皮埃斯多样而严格的雕塑媒介时，一个显著的特点是其艺术手法之广泛。我认为，塔皮埃斯能够游刃有余地穿梭于各种媒介和艺术创作领域。除了绘画和雕塑，他的热情还延伸至版画制作。他曾与亲密的诗友合作，创作了一系列插画书籍，并为舞台剧制作过精美的布景。当然，他还参与了许多关于自己作品的影片制作，并广泛地著书立说，内容不仅限于自己的生活与工作，还包括文化和社会议题。在所有这些领域，他的

1 康斯坦丁·布朗库西（Constantin Brâncuși，1876—1957），罗马尼亚雕塑家，被认为是现代雕塑的先驱之一。作品以简约、抽象和神秘的风格为特点，对20世纪的雕塑家产生了深远影响。

作品都展现了丰富的创造力，令人赞叹不已。

更严肃地说，我之前提到的“塔皮埃斯魔法般的触摸”并非随意之语。在塔皮埃斯的世界里，艺术与魔法之间存在着一种深奥的联结，它们在根本上是同义的。或许有朋友已经观看了展览附带的影片，其中展现了艺术家与其作品。影片伊始，我们目睹塔皮埃斯在工作室的空白画布间徜徉，他的步伐显得沉重，间或打着响指。这并非为了镜头前的演出，而是他面对新作的常态：在数日的犹豫不决之后，他会在工作室里漫步，有时甚至自言自语，仿佛在寻找些什么。他耐心地等待着各种力量汇聚的瞬间，那一刻，他突然感受到在事物的巨大多样性中存在着一个统一体。这种感觉会激发他突如其来的创作行动，可能是溅落的颜料，或是一个突如其来的黑色符号—— 一个新的形象便在此刻诞生。

在塔皮埃斯的眼中，艺术作品的核心使命是引导观众重新审视和思考。他深信，我们的日常生活被无数视觉信息和微妙的宣传所淹没，因此艺术家的角色在于唤醒人们的视觉和思维，引导他们进行深刻的自我反省和现实评估。“当你观赏一幅画作时，”塔皮埃斯在一段文字中如此忠告我们，“永远不要去想它‘应该’是什么样子，或者大多数人希望它是什么样子。一幅画作可以是一切。它可以是暴风雨中的阳光，也可以是乌云密布的天空。它可以是道路上的一个脚印，也可以是——为何不呢？——一只踩在地上的脚，象征着‘足够’！它可能是充满希望的黎明空气，也可能是从监狱中升起的令人窒息的霉味。它可以是伤口上的血迹，也可以是蓝色或黄色天空下整个民族的歌声。它可以是我们今天的样子，现在的样子，永远的样子。我邀请你深入其中，用心去观察……我邀请你进行思考。”

在讨论“观看”这一关键议题时，塔皮埃斯进一步阐述道：“我们如何学会以正确的视角审视事物，而不是仅仅看到他人告诉我们的，或是它们表面的样子？我建议你们尝试一个简单的游戏：仔细观察最普通的物体，比如一把旧椅子。它可能看起来微不足道，但想象一下它所蕴含的宇宙：木匠的双手和汗水，它曾是棵粗壮的树，生机勃勃，位于高山密林的中央；它曾安慰过疲惫的人们；它曾见证过无数的欢笑和泪水……这一切，每一刻，都赋予了它生命，都赋予了它独特的价值。即使是最古老的椅子，它也蕴含着树液的初始力量，树液曾经从森林的泥土中涌出。终有一天，椅子将化作燃料，在某人的壁炉中燃烧时，树液又会再次提供热量。”

不可避免的是，我只能触及塔皮埃斯艺术的某些重要方面。现在，我遗憾地意识到，自己几乎没有触及他在各种材料和技术上所展现的非凡创造力和多样性。实际上，塔皮埃斯的作品生涯仿佛是一场技术的盛宴，一次对创造力的赞歌。无论创作何种艺术作品，塔皮埃斯的概念创新总是与他的制作方法和所选材料——从大理石粉到椅腿——紧密相连。他像一位炼金术士，一位转化者，将日常生活中的尘埃化为洞察力的宝贵结晶。从根本上讲，塔皮埃斯看待自己的绘画作品如同窗户，通往另一个现实，摒弃了幻觉，揭示了那些在梦境或奇异的启示中隐约可感的视角。这就是塔皮埃斯所做的事情——他探索无意识，挖掘想象力的深渊，并将其形式化，表达了那种令人不安的陌生感。我想以塔皮埃斯自己的话语作为结尾："一幅画什么都不是，"他坚定地说，"它是一扇通向另一扇门的门。然而艺术，无论多么卓越，始终只是玛雅[1]的另一种表现，是一种无处不在的欺骗。我们寻求的真理永远不会在画中找到，它只会出现在观众通过自己的努力成功打开的最后一扇门后面。……艺术就像一场游戏，只有变得非常天真、纯真——也许这是所有人类活动的真谛——我们才能领悟到它所拥有的深刻意义。"

原文为塔皮埃斯展览演讲，巴西银行文化中心，圣保罗，2004年10月。

1 古印度的哲学和宗教文本中的一个概念，意指我们所感知的世界表象，是一种幻觉或错觉，而非其真实的本质。在这个意义上，"Maya"是一种感官欺骗，它遮蔽了我们对事物真实状态的直接认识。

22

The Paradox of Francis Bacon

弗朗西斯·培根的悖论

弗朗西斯·培根和迈克尔·佩皮亚特在大卫·霍克尼的巴黎工作室，1975 年，大卫·霍克尼　摄

在我漫长的职业生涯中，我投入了大量时间撰写关于弗朗西斯·培根的文章，包括评论、画册，甚至是整本书。《星期日泰晤士报》的这篇文章，虽然并没有带来太多全新的信息，却在简洁性方面具有它独特的价值：我需要将对培根的理解浓缩成一种易于消化的精华。由于在对话中经常有人问我“他是什么样的人”，我曾试图用一句话来概括这个复杂而矛盾的艺术家。在尽可能地将这样一个复杂现象简化为一句概括的前提下，这是我能够提供的最佳描述。

“他带你到处游览，告诉你一切，真是太棒了。”约翰·迪肯（John Deakin），苏荷区的才子，弗朗西斯·培根最喜爱的摄影师，在1963年曾这样对我说。当我初到伦敦，希望能为一份学生杂志采访培根时，迪肯在法国之家的酒吧低声将我引荐给了他。显然，迪肯对我们能相处融洽感到非常高兴。“现在，确保你把一切都记录下来，亲爱的，”他警告道，“总有一天这可能会非常重要！”语气夸张。

确实，无论形式如何，我将一切记录了下来。深夜，当我蹒跚着回到朋友的沙发上——或是剑桥的住所时——我记录下了各种含义模糊的语句，像是“绝望的速记”“解锁感觉的阀门”“禁点之爱既悲壮又平庸”。但实际上，我几乎没有必要这么做。在大量香槟的滋养下，培根的这些定义依然在我脑海中潺潺流淌，我可以滔滔不绝地背诵出来，一边模仿培根的声音和手势，一边在房间里摇摇晃晃地走来走去。“就是这样，”我笑着对惊恐的朋友们重复道，“我们出生，我们死去，在这两者之间，我们试图通过欲望赋予生活以意义。”

虽然当时并未自觉，但我所做的不仅是研究培根关于艺术、爱情和死亡的见解，更重要的是，我试图深入理解这个人。在人生旅途中，遇到天才的机会极为难得。然而，在20岁时遇到一个在才华、同情心和狡猾方面都无与伦比的人，这样的相遇足以让我铭记终生。自那时起，我有幸遇见了一些杰出的人物，但直至今天我仍在消化培根对我人生初期产生的巨大影响，这种影响从苏荷区的酒吧和俱乐部开始，延续到伦敦、丹吉尔和巴黎，直到培根去世，大约持续了三十年之久。

“培根究竟是个怎样的人——在那几乎每天都围绕着他的神话背后？”我时常尝试以简洁的方式回答这个问题，但每次又都会意识到，无论我给出的答案是什么，最多只能算是触及了表象。“每当他踏入任何一个房间，”我曾迅速回答，“你都能感受到室温的提升。他出现后，人们似乎注入了新的活力，在欢声笑语和酒杯交错的欢乐中，超越了自我。”培根的存在让人——尤其是那些被他吸引的人——感到紧张。与他相处时，你会不自觉地更深入地思考，更清晰地表达自己——你变得异常自省，这常常是痛苦和不安的来源。“你让我思考自己，毁了我的生活！”培根的爱人彼得·莱西曾情绪激烈地抱怨，他被培根的强烈影响力所困扰，最终选择了逃避，通过过量酒精来惩罚培根。莱西的死，与培根1962年在泰特美术馆举办的首次回顾展的开幕时间惊人地相吻合。同样，乔治·迪耶，培根生活中的另一位深爱之人，也是最脆弱的人，在培根事业取得巨大成功的前夕，即1971年培根作品回顾展在巴黎大皇宫开幕之际，因酒精和毒药而丧命。

真实的弗朗西斯·培根，是一位长期游走在两种极端性格之间的复杂个体。他是酒池肉林中的放纵者，也是高雅聚会的座上宾。这位擅长描绘忧郁与绝望的画家，能够在狂欢的酒后与苏荷区的恶棍们寒暄，又能在品茶的宁静中与严谨正直的收藏家们交流，让他们心甘情愿地为他那些令人胆战（且价格不菲）的作品大掏腰包。或者，他可能会以尖锐的讽刺为武器，轻易地摧毁另一位画家的声誉。他又会为担心客人们未品尝够鱼子酱和路易王妃水晶香槟而急忙点上更多。又或者，他可能会先让自己沉浸在狂欢之中，然后又匆忙前往探望病重的朋友，送上体贴而精致的礼物。

在我们这段漫长的友谊中，我并不常常成为他恶劣态度的靶子。记得有一次，在畅饮了大量愚蠢的波尔多红酒之后，我挑战了他对大卫·霍克尼作品的无限嘲讽。他猛然间，像一只被逼至绝境的野兽，头发根根竖起，向我发出怒吼。又有一次，在巴黎的库波勒餐厅，我与几位年轻艺术家共进晚餐时，大胆地对他在凡·高评价上的重复教条提出了异议，为此我再次付出了愚蠢的代价。然而，最让我费解的是（因为他对我的婚姻始终表示接受），当我告诉他我即将迎来自己的第一个孩子时，他竟脸色煞白，气得几乎无法喘息。这是在他去世前，我们在伦敦必本登餐厅用餐时发生的事。

另一方面，我也经常沐浴在他的关怀与慷慨的帮助之中。不仅仅是在他邀请我参加那些顶级餐厅和豪华酒店的盛宴时——或在那些仅有的几次经历中，他资助我（数额之巨我自认无法承担）在轮盘赌中一试运气。每当我在赌桌上获胜，他总是严厉地告诉我，要把赢得的钱留存起来。培根的慷慨不仅体现在这些显著的行为上，它还以一种更为细腻、更有说服力的方式融入我们的关系中。当我的一位好友不幸腰部受伤时，培根是第一个提供帮助和建议，以及资金支持的人。那时，我正试图在巴黎重新启动一本艺术杂志，但缺乏资金和商业头脑。培根的热心支持和实用建议，包括为我引荐项目的潜在赞助人，对我而言都是无价的帮助。

在面对个人生活的挑战时，弗朗西斯·培根就像是一座坚实的力量之塔。在20世纪80年代中期，父亲去世使我遭遇了一系列的中年危机，巴黎的生活也随之分崩离析。培根本能地感受到了我经历的困境，当我们重逢时，他邀请我一同前往伦敦旅行，这段经历至今仍让我难以忘怀。在克拉里奇酒店那装饰艺术风格的华丽餐厅享用晚餐后，我们前往了赌场。在那里，我在游戏中找到了近期在爱情中失去的乐趣。随后，我们去了安娜贝尔餐厅，继续品尝香槟，享受了一顿午夜晚餐，品鉴了上等的红酒。在培根的机智和活力的鼓舞下，我的精神开始逐渐恢复。然而，培根并未就此止步，为了让我从绝望中找回自我（他可能会这样形容我的状态），他特意安排了这一切。他不停地鼓励我："这里有这么多女孩，你为什么不邀请她们跳舞呢？"直到我克服了羞涩，尽情地在色彩缤纷的舞池中翩翩起舞，直到天明。再也没有比这更有效的疗愈了。第二天早晨，当我醒来时（几个月来第一次），忍不住因为前一晚的奢侈行为而发出了会心的微笑。

无论弗朗西斯·培根身着纳粹风格的黑色皮大衣，显得多么像是撒旦；无论他醉酒后发出的咆哮有多么凶狠，本能的同理心从未离开过他。这是他众多矛盾中的一个，就像他有时看上去是最女性化的男人，直觉敏锐、温顺谦卑；有时又看上去是最坚韧、最勇敢、最具支配力的男人。同样，他会在伦敦的酒馆和俱乐部之间穿梭，为了看医生而穿越整个城市，或者在品尝了城里最豪华菜单上的美味佳肴后，吃一些奇怪的健康食品（他对大蒜胶囊有着特别的偏爱）。那个高声诅咒上帝和宇宙的人，却会心甘情愿地让瓦莱丽·贝斯顿（他的看护人和保姆，培根称之为“吃画廊的瓦莱丽”）告诉他需要赴哪些约会——无论是艺术界的大人物还是一名电工。这位在轮盘赌上挥霍无度的玩家，回家时却会选择乘坐地铁。

所有这些矛盾都在拓展着弗朗西斯·培根的感性世界，使他处于一种显著的紧张状态之中。这种状态在他身上，正如他的画作中所表现的那样，清晰而强烈地波动着。但他保留到最后的一个最大的矛盾是：谁能够想象，培根这位狂热的终身无神论者，描绘尖叫的教皇和兽性结合的画家，在病重时选择由修女进行照顾？实际上，他曾经宣称，没有比在修女中间死去更糟糕的事情了。然而，在他的最后一次马德里之行中，当他意识到自己已濒临死亡时，他选择回到圣母仆人修会的修女们那里，在十字架下的庇护下去世，并在格里高利圣咏中被火化。在培根充满起伏的一生中，这无疑是最令人费解的谜团之一。

原载于《星期日泰晤士报》，伦敦，2008年9月28日。

23

The Legacy of Genius: Van Gogh and Bacon

天才的遗产：凡·高与培根

弗朗西斯·培根与两幅受凡·高《去往塔拉斯孔的画家》启发的作品，1957 年，摄影师不详

在2007年，我的妻子、艺术史学家吉尔·劳埃德为纽约新画廊策划了一场开创性的展览——“凡·高与表现主义”。她邀请我为画册撰写一篇文章。我深知，从委拉斯凯兹到毕加索，在弗朗西斯·培根所欣赏的众多画家之中，文森特·凡·高是他最为亲近的一位，不仅在艺术上，也在人性上。培根总是反复品读并借鉴凡·高的作品，而且始终认为凡·高与他自己一样，是一个“现实主义者”，致力于尽可能强烈地传达对生活最深切感受的“现实”。在无数次开着香槟的讨论中，培根不断地重复和完善这一观点，虽然它听起来极具魅力和说服力，但很难经得起冷静的审视。所谓“现实主义”的程度是无法量化的，因为“现实主义”的概念本身——更不用说“现实”了——抗拒任何持久的界定。培根自认为是“现实主义者”，因为他认为自己的艺术直接源自生活经验。

然而，弗朗西斯·培根对“现实主义”的坚守也是他抵制超现实主义（或者在他看来，甚至更为糟糕的表现主义）影响的一种手段。实际上，他精心避免受到任何艺术运动的影响，部分原因是他认为纯粹的风格比较分析会削弱其作品图像的力量。尽管如此，培根在柏林时确实参观过表现主义（和新客观性）的展览，就像1927年至1928年在柏林和巴黎逗留期间，他对超现实主义的某些方面表示出关注一样。在重读这篇关于培根与梵高深刻共鸣的文章时，我心生探究：除了对“现实主义”的执着之外，还有哪些因素对他的作品产生了影响——也就是他对表现主义以及在某种程度上对超现实主义的排斥。

从我们当前的视角来看，不难发现文森特·凡·高的生活和作品是如何像花粉一样飘散在整个20世纪艺术的进程中的，影响广泛，显而易见，但过程几乎无法察觉。正如本次展览首次深入揭示的那样，凡·高对德国和奥地利表现主义的领军人物们产生了深远的影响。然而，尽管这次展出的画家显然是凡·高最直接的继承者，但凡·高对亨利·马蒂斯、安德烈·德朗、莫里斯·德·弗拉明克（Maurice de Vlaminck）以及整个野兽派运动的重要性同样显而易见。凡·高的影响实际上无处不在，以至于他可以与保罗·塞尚[1]一起被视为20世纪艺术的两大伟大灵感来源。用尼采的方式来阐述，这两位画家可以被视为相互对照的力量，其中阿波罗式的塞尚注重内在结构和古典平衡，而狄俄尼索斯式的荷兰人则坚持本能的原始性和表现的直接性。❶

1 保罗·塞尚（Paul Cézanne，1839—1906），法国后印象主义画派画家，被誉为“现代艺术之父”，其作品对20世纪艺术产生了深远的影响。

写实重于表现

无数艺术家都曾受到凡·高的影响，无论是他的艺术、他的生活，还是他感人至深的书信，这些都揭示了凡·高内心的痛苦、抱负以及对艺术的献身精神。然而，无疑地，没有哪个艺术家能像弗朗西斯·培根那样完全地认同凡·高——既作为画家，也作为人。在职业生涯的早期，这位荷兰艺术家对培根来说具有某种神秘的重要性。培根首先认同的是凡·高对再现现实的强烈渴望，无论使用的手段多么夸张或扭曲，因为对这两位艺术家来说，没有什么比再现鲜活的生活更重要，或更难通过艺术来实现了。正如我们将看到的，两位艺术家都坚信——尽管两人都被誉为“表现主义”——他们首先是现实主义画家，致力于用最直接、最有力的方式来表现他们所经历的世界。

在20世纪50年代后半期，弗朗西斯·培根与文森特·凡·高的艺术联系达到了顶峰。培根在这一时期以凡·高在1888年7月——也就是他在阿尔勒的丰收之夏时期创作的《去往塔拉斯孔的画家》为题材创作了一系列变体作品。这幅在途中创作的感人肖像最初收藏在德国马格德堡的弗里德里希皇帝博物馆，但在1945年不幸被一枚燃烧弹摧毁，这离它成为培根迷恋的焦点已有大约十一年。[2]唯一留存下来的是这幅画的彩色复制品，培根正是以这幅从画册中撕下的复制品为起点，开始了对凡·高强烈而痛苦的致敬。[3]

在职业生涯的这个阶段，弗朗西斯·培根已经习惯于以系列作品的方式来表达自己的艺术构想。年轻时，他笔下的受难基督形象深入人心，而更为人称道的是，自1949年起，他多次对委拉斯凯兹的杰作《教皇英诺森十世肖像》进行大量变体创作。培根对于以系列的形式来探索单一主题的热爱，部分原因在于他对动态图像的迷恋。例如，他对“蓝衣男子”这一形象创作了七个不同的版本，并对“斯芬克斯”这一符号进行了多次的艺术探索。事实上，就像许多画家一样——包括凡·高本人——培根倾向于对特定主题进行深入创作，直到他觉得自己已经穷尽了其中的可能性。

通向过度之路

初看之下，凡·高与培根之间的差异似乎远比他们的相似之处更为显著。凡·高出生于一个牧师家庭，虽然家境并不富裕，但他的家族中有人涉足艺术品交易等较为兴旺的商业领域。与之形成鲜明对比的是，培根出自一个新兴的富裕家庭，他的母亲来自一个声名显赫的钢铁制造商家族，这一背景在一定程度上提升了他父亲日渐式微的贵族身份（他的祖先是知名的地产主，以军人和政治家的身份著称，与那位著名的哲学家和政治家弗朗西斯·培根[1]有着亲戚关系）。两位艺术家的童年都颇不安宁，都曾因为自己的行为给家庭带来麻烦，以至于被家人无情地驱逐出门。然而，凡·高选择了追随神职，关注并描绘博里纳日矿工的困苦生活，而培根则转向了伦敦、柏林和巴黎的声色犬马之地——我们可以较为安全地称其为同性恋者的乐园——在那里放纵自己的生活，同时全身心投入绘画与肉体的堕落。

“过度之路，”威廉·布莱克曾言，“通往‘智慧之宫’。”从最初那一刻开始，两位艺术家的创作就显露出一种近乎偏执的倾向。凡·高的信仰在早期就达到了令人难以承受的宗教性巅峰——甚至他的妹妹威廉明娜也讽刺地说他“沉迷于宗教”；他对上帝、艺术和社会的信念都展现出了如此强烈的执着，让大多数人感到恐惧或疏远。有一次，

1　弗朗西斯·培根（Francis Bacon，1561—1626），英国文艺复兴时期的著名散文家、哲学家、政治家、法学家和科学家，现代科学方法的奠基人之一，被誉为“英国哲学之父”。

在蒙马特的聚会上，亨利·德·图卢兹–罗特列克[1]等人也碰巧在场。凡·高在未经宣布和邀请的情况下，就把自己的画作摆满了房间，然后紧张地等待人们的反应。从这许多轶事中，我们可以想象，尽管凡·高的动机是纯洁的，而且最终是正确的，但他一定经常感到非常尴尬和难堪。无论他是在布道坛上阐述选定的经文，还是在解释自己对某一主题或绘画形式的信念，凡·高似乎都因信念之火而烧焦了面前的土地。培根也有深刻的信念，但他同样敏锐地意识到了生活的虚无，更不用说徒劳无益了。这使他鼓励自己将每种境况推向极限，有时甚至是危险（在他去世后，他的朋友卢西安·弗洛伊德曾形容他为“我所认识的最狂野、最聪明的人”）。凡·高从未放弃过他的信念，即形而上学的总体结构赋予所有行为以终极意义。与之相反，培根——也是他自己时代之人——则以“我们从无到有，从有到无，在这短暂的间歇中，我们通过我们的驱动力赋予生活以意义”这一存在主义信念（像咒语一样重复）来支撑他在地球上的存在。

随着职业生涯和独特风格的不断发展，两位艺术家之间的差异变得越来越明显，至少在表面上是这样。不善交

1 亨利·德·图卢兹–罗特列克（Henri de Toulouse–Lautrec，1864—1901），法国贵族，后印象派画家，近代海报设计与石版画艺术先驱。

际、外表古怪的凡·高孤独地走着自己的道路，缺乏鼓励，也没有取得社交和经济上的成功。而衣着无懈可击、无论在任何场合和环境下都能游刃有余的培根，却总能成为众人瞩目的焦点。无论早期的画作在战后的世界看来是多么痛苦和令人厌恶，他都逐渐积累起来一批忠实的追随者，包括收藏家、博物馆馆长、评论家和画商，直到自己在国际上声名鹊起。凡·高的生活很是拮据，其奢侈行为仅限于光顾下等窑子和在工人咖啡馆喝杯苦艾酒。而培根则是个大赌徒，在高级赌场豪掷千金，并在丽兹酒店请朋友享受香槟和鱼子酱（不过，作为一个嗜酒如命的人，培根无疑会对凡·高的凄惨自白深有同感："如果内心的风暴太过喧嚣，我就会喝上一杯让自己麻木。"）。

两位艺术家，凡·高和培根，都被内心的恶魔所吞噬，尽管这个概念浪漫且模糊。培根，那个狡猾、机智且善于适应矛盾的艺术家，似乎与他的折磨者达成了一种浮士德式的协议——至少在他们在世时，这种协议滋养了他的神话，并没有前来讨债。然而，培根仍然非常清楚这些恶魔在他生活中的存在：他将他们视为复仇女神，埃斯库罗斯悲剧中的厄里倪厄斯，相信他们通过内疚和其最爱之人的死亡来惩罚自己。而凡·高则最终被他的恶魔压垮，尽管1890年那个夏日他自杀的原因从未被世人完全理解。但是，如果不是凡·高的人格如此不可救药地分裂，我们不禁要问，他的画作还能散发出那种独特失调的强度吗？他支离破碎的灵魂难道不是其成为天才的条件，也是其必须付出的可怕而高昂的代价吗？威廉·巴特勒·叶芝[1]观察到："心灵只有分裂成两半，才能产生作品。"就凡·高和培根而言，我们不禁要补充一句：心灵分裂得越深，就越需要依靠创造力才能生存下去——只要这种分裂没有精神错乱至不堪设想的程度。

真相寓于谎言之中

这本画册展示的差异固然可以继续拓展，但两位艺术家之间的联系和相似之处更为数量繁多，也更为显著。例如，他们几乎都是自学成才，长时间依赖于从其他艺术家那里搜集到的技巧，直至形成自己极具个性化的技法——或者如法国艺术家所亲切地称之为"烹饪"。正因如此，两位画家的作品在构图上不仅显得有些笨拙，而且在颜料的使用上也透露出一种直接、未经修饰的力量（尽管培根在其职业生涯的后期失去了一些这种原始传达的粗糙感）。在各自独特的艺术追求之

1　威廉·巴特勒·叶芝（William Butler Yeats，1865—1939），爱尔兰诗人、剧作家和政治家。

上，两位艺术家都成为杰出的肖像画家，专注于朋友和熟人的内部圈子，从而创造了当时最令人难忘的肖像画廊。这要归功于凡·高，他恰如其分地称之为“我们色彩的光芒和振动”[4]。他们都选择在粗糙的画布上作画，凡·高曾尝试使用麻布，而培根更喜欢未上底漆的画布表面，因为它具有更多的“齿感”，使他的颜料呈现出拖拽的效果。与凡·高一样（很可能是他从凡·高那里借鉴了这个观念），培根也将许多画作视为习作，而非完整的创作，因此将许多作品命名为“习作”或“为……而作的习作”。再次与凡·高相似，培根主要从事系列作品的创作，并总是以极大的热情和疯狂的速度画画——当然，正如凡·高一样。

最重要的是，无论他们的想象看起来多么夸张或扭曲（首先是在他们同时代的人看来），这两位艺术家在整个职业生涯中都坚持认为自己是现实主义者。如前所述，他们首先关注的是尽可能强烈地描绘他们眼前和内心的现实。毫无疑问，这两位画家共同的特质就是他们的视觉冲击力：当与其他艺术家共处一室时，凡·高和培根都会“跃”出墙面，他们的颜料印记传达出比周围人更强烈的紧迫感。培根讨厌被视为“表现主义者”（他总是会讽刺地说：“毕竟，我没有什么可表达的。”），对他图像的现实主义信念是他艺术信条的核心；他会花几个小时来尝试定义自己对于现实主义的理解，尤其是当他与他的好友、法国作家米歇尔·雷里斯交谈时，他曾给雷里斯写过一封深思熟虑的信，阐述自己对这一概念的理解。[5]例如，在我与培根的访谈中，他曾反复提到现实主义的概念："这是一个非常复杂的问题"，他坚持说。"毕竟，并不是所有所谓的'现实主义'画家才能最好地传达现实。我的意思是，前几天我看到了一幅莫奈的非凡画作……这是他的一幅泰晤士河风景画，但第一眼你什么也看不清，因为一切都被海鸥遮住了。这是最别出心裁的东西，但又非常真实——泰晤士河上空弥漫着一种海鸥翅膀的雾气。"在谈到毕加索时，培根再次谈到了这个主题："我最感兴趣的时期是20年代末和20世纪30年代初——你知道，在迪纳尔的海滩场景中，你会看到那些令人好奇的人物在海滩小屋中转动钥匙。对我来说，这就是真正的现实主义，因为它传达了在海滩上的整体感觉。它们令人回味无穷，完全超越了它们非凡的形式创新。"[6]

值得注意的是，当谈到一幅伟大图像如何抓住我们的想象力时，培根提到了凡·高。他曾对大卫·西尔维斯特说："(伟大的图像)有它自己的力量，因为它重新创造了自己的现实主义。凡·高是我心目中的英雄之一，因为我认为他能够在非常具象的同时，通过涂抹颜料的方式，为你展现出事物的真实面貌。我在普罗旺斯的一次旅行中清楚地看到了这一点，当时我正穿过克劳地区的一部分，凡・高在那里创作了一些风景画。在那片绝对荒凉的土地上，凡・高通过涂抹颜料的方式，赋予了画面惊人的生命力，展现出克劳地区的真实面貌——一片荒凉的、光秃秃的土地。”[7]在凡・高和培根的作品中，毫无疑问，这种现实主义是一种主观现实主义。正如凡・高所说的一句名言：“真正的画家……不是按照事物的本来面目作画……而是按照他们的感觉作画。”培根也反复强调这一点，并提出了类似的观点，如：“我只想尽可能准确地描绘出从神经系统所感知的图像”。[8]

在同一封信中，凡・高抛出了培根经常提及的一句话：“我的宏伟愿望是学会以不准确、变化、重新塑造和调整现实的方式，使其可能成为——如果愿意的话——谎言，但这种谎言——比字面上的真实更加真实。”[9]在一次采访中，培根谈到了凡・高的这句话，并用自己的语言阐释了这个概念：“重塑。它必须不断地被重塑。在凡・高的某封信中，他谈到了改变现实的必要性，现实变成了谎言，这些改变成为比字面真相更真实的谎言。这是画家找回他想捕捉的现实强度的唯一可能方式。我认为，艺术中的现实是一种深度的人工制品，它必须被重新创造。”后来，培根在一段鲜为人知的话语中，再次表达了对凡·高绘画强烈的钦佩：“凡·高非常接近生活本身的暴力。可以说，当他画田野时，他能让你感受到草的狂暴。想想他笔下草的暴力吧。若你真心想要思考生活，这便是其中最为暴力和最为可恶的一部分。”[10]

凡·高的《书信集》是培根床头常备的几本书之一，其中包括埃斯库罗斯、莎士比亚、普鲁斯特和T. S. 艾略特的作品。除了对凡·高艺术的钦佩，培根还对这位荷兰人书信中自发流露的各种思想和深刻的洞察力十分着迷，这也暗示了两位艺术家之间的另一相似之处。虽然培根的文字并不像凡·高那样流畅，但他的画册说明和部分书信却具有非凡的洞察力。他兴趣广泛，谈吐不凡，妙语连珠，令人难忘。而他接受的许多采访中——尤其是与西尔维斯特的深入交谈——就像凡·高的信件一样，成为记录艺术家生活和思想最具揭示性的文献。

鬼魅的形象

尽管培根与凡·高的交往并不是很多（仅限于1956年至1957年，随后在1959年至1960年再次有所接触），但在这位英国画家的内心深处，凡·高作为他艺术殿堂中的重要人物，长久以来占据着不可动摇的位置。培根频繁地表达过，是凡·高的早期作品，尤其是《吃土豆的人》和其破损的鞋子系列，深深吸引了他。[11]关于培根为何选择对凡·高于1888年创作的《去往塔拉斯孔的画家》进行再创作，唯一的线索源自他对艺术史学家约翰·罗素说过的一句话。培根曾描述自己是如何迅速地完成了这一系列的创作，以确保它们能够在伦敦汉诺威画廊的展览中展出（该展览于1957年3月开幕）。培根告诉罗素："我一直喜欢那幅画——那幅由于战争在德国被烧毁的画，因为其他事情都不尽如人意，所以我打算尝试用它来做点什么。实际上，我一直最钟爱的是凡·高的早期作品，但那个路上的形象在当时看来恰到好处，你甚至可以说它就像路上的一个幽灵。"

当然，这并非培根首次尝试对其他艺术家的作品进行变体创作。他最为著名的模仿持续了20年的时间，在此期间，他对委拉斯凯兹的《教皇英诺森十世肖像》进行了多达五十次的变体创作。培根后来以他特有的叛逆精神否定了这一系列作品；然而，在那时，他对委拉斯凯兹的画作有着一种近乎痴迷的喜爱——或者说，这就像一个年轻的学生对年长的学长或老师所表现出的那种迷恋。在整个20世纪50年代，培根倾向于以系列作品的形式来表现任何主题。如前所述，他创作了不止七个版本的《蓝衣男子》，还有多幅《斯芬克斯》以及根据威廉·布莱克的生活面具所创作的一系列作品。培根发现，一个形象常常会激发另一个形象的产生，正如前面提到的，一旦他找到一个充满暗示的主题，他就会感到有必要对其进行多次的变体或演绎。

委拉斯凯兹笔下的至高无上的教皇形象（英诺森十世本人也认为这幅画“太过真实”）与凡·高笔下的画家在普罗旺斯田野里一天工作的场景似乎没有什么直接的联系。前者展示了绝对权力（包括世俗和精神上的权力），充满所有华丽；而凡·高的自画像则传达出坚韧和脆弱。凡·高的面庞显得憔悴，似乎被画具的重量压得喘不过气来（我们也知道，他经常被当地的年轻人残酷地伤害），他在完成他那不可能完成的任务——捕捉自然，将转瞬即逝的感觉固定在画布之上；穿越的风景虽然看起来温和，但至少对我们来说，它笼罩着未来在更北的奥维尔田地将面临的阴影。事实上，可以说这两个形象几乎是完全对立的：一个是培根所抨击的令人崩溃的教皇权威，另一个是培根热切认同的艺术家的高贵脆弱。然而，这两幅宏伟画作之间又有一个完全真实的联系。培根从未亲眼见过这些原作。他在自己的许多变体中都使用了委拉斯凯兹的复制品；而当他于1954年访问罗马时，他甚至拒绝了前往多利亚潘菲利宫观看这幅作品的机会。当然，凡·高的原作已经不复存在，因此培根可以非常合理地将存世的复制品作为他创作的唯一源泉。

北方佬的南下

当培根开始将这幅毁灭性的图像加以变形时，他踏上了北非的土地，尤其是丹吉尔及其周围那个充满异国情调、破败不堪的港口地区。从20世纪50年代中期到60年代早期，培根多次前往丹吉尔，在不同酒店和租来的房间中设立临时画室。尽管他在法国里维埃拉有过作画的经验，知道在明亮阳光下作画几乎是不可能的任务，但摩洛哥那鲜艳的色彩——在阳光下激烈碰撞，在咖啡馆的遮阳篷下、在露天市场的树荫下慢慢回味——深深地影响了他的视觉想象。与凡·高一样，培根也是一个从北方南下的画家。这次旅行经历让他摆脱了前几年主导他调色板的午夜蓝调和沉闷的绿色，带来了一种全新的艺术视角。

凡·高在培根心中占据重要地位的另一个原因——无疑，起初是潜意识的——是这位英国艺术家在丹吉尔所经历的孤独、痛苦，甚至可能是濒临疯狂的感觉。凡·高的痛苦是众所周知的——从某种意义上说，这可以说是他一生中最为人铭记的篇章。而与此相比，培根那些极端不快乐的时光则较少被人提及，也未曾深入探讨。其中部分原因是，与凡·高不同，他没有将那些时期记录下来；还可能因为培根拥有强大的自我恢复能力，以及他那种放荡不羁、冷漠的态度，决心将遭受的痛苦和折磨一笑而过。总之，丹吉尔标志着他生活的低谷。培根曾无可救药地爱上了一个前皇家空军战斗机飞行员、酒吧钢琴师彼得·莱西（培根坚信，战争对彼得的神经造成了无法挽回的伤害），当彼得抛下一切，离开伦敦，前往丹吉尔，过上潦倒的生活时，培根也义无反顾地追随而去。

这两位男士之间的关系犹如波澜壮阔的史诗，充满了激情的碰撞，然而这种激情往往不可避免地演变成毁灭性的争吵。在丹吉尔，他们紧张的关系进一步恶化，特别是在他们俩都无法抗拒酒精和放纵的诱惑时。因此，培根经常被发现在丹吉尔的街头徘徊，遍体鳞伤，意识模糊。莱西（他的虐待倾向似乎被培根的受虐狂有意地催化了）甚至经常用刀攻击培根的画作。尽管如此，即使在他们的爱情与堕落达到顶峰时，培根也清楚地知道，与莱西的关系是危险且注定失败的。但他仍然被这种自我毁灭的循环所吸引，无法逃脱。多年之后，他以一种带有讽刺意味的距离感评论道："这就好像那首歌一样，我不能与他共存，但我也不能没有他。"⑫

在精神分裂的阳光之下

很可能是这样，在周围和内心的一切都分崩离析的情况下，培根努力保持着自己的身份认同。在这时，他深刻地忆起凡·高被普罗旺斯的风景所吞噬的画面，那明亮的色彩在密史特拉的强风中弥漫，是疯狂的征兆。在对命运敏锐而高度戏剧化的感知中，培根早已将自己的命运与十字架上的基督联系在一起，而他创作的许多高度个性化主题也似乎都在暗示着这一点。[13]几乎可以肯定的是，他的自杀的念头一直如影随形；尽管他对生活充满热情，但他不止一次认真地考虑过这种可能性。确实，他自己岌岌可危的处境——没有固定住所，没有可靠的收入，最多只能算是一个成功的丑闻画家——唤起了凡·高及其困境的悲剧色彩；也许，在这段时间里，培根觉得自己是另一个潜在的“社会自杀者”，正如安托南·阿尔托对凡·高那令人难忘的描述。

与此同时——这对于像培根这样的男人来说，事事关心绝非偶然——文森特·米内利改编自欧文·斯通小说的电影《生活的欲望》再次激发了人们对凡·高生平的兴趣。在这部电影中，柯克·道格拉斯扮演凡·高，而安东尼·奎恩则饰演高更。随着影片在阿尔勒的“小黄屋”中展开，两人之间的关系日益紧张，争吵不断升级，培根无疑会深刻地回想起自己从伯克郡的小屋到摩洛哥旅馆，与彼得·莱西那段灾难性的经历。1956年，这部电影在伦敦上映不久后，培根观看了这部影片。换句话说，这几乎是他创作第一幅以凡·高为主题的画作的时间。[14]

培根在1956年初春开始创作这一系列的第一幅作品。这幅阴郁的肖像画几乎完全由深蓝色和绿色构成，金色的笔触突出了画家的草帽，就像一顶带刺的滑稽王冠；画中的凡·高在黑暗中跋涉，面容紧闭，目光专注，宛如一个夜间的魅影（培根笔下"路上的幽灵"）。培根起初对这幅画充满热情，但很快就改变了看法，几乎要毁掉它——和他在这段时期的许多其他画作一样。[15]也许这就是他为什么在一年后的1957年3月，充满激情地再次拾起这个主题的原因。《凡·高肖像习作II》让它的前辈简直无从下手：凡·高被从阴暗的冥府中拉了出来，放在一片焦黑明亮的背景下，就好像无情的太阳把风景变成了一片片红色、蓝色和刺眼的、精神分裂的黄色。阿尔托写道："在凡·高的指尖下，风景显示出它们充满敌意的肉体。"在培根的画作中，地球的肌肤被揭开，敌意如岩浆般涌出，破坏性地流淌。[16]相比之下，凡·高的原始画面则显得温暖、宁静，宛如秋天般的金黄绿意。

在接下来的习作中（现藏于赫什霍恩博物馆），噩梦般的明亮与孤独感变得更加强烈。凡·高被描绘成一个破败的轮廓，置身于充满威胁的斑斓风景之中，仿佛地球、太阳和星辰脱离了轨道，朝着最终的宇宙毁灭狂奔而去。这个人物只是一个小小的幸存者：即使是他蓝色的影子（培根对此题材的痴迷）也在波动的、火焰般的地面上支离破碎。

在整个系列作品中，这种冲击一直持续不断。最后一幅作品《凡·高肖像习作VI》展示了一个身体实际上被一分为二的形象：烧焦的躯干被劈开，仿佛一直劈到脊梁骨，身体的物质倒入地面上无形状的液体阴影。培根为他在汉诺威画廊的展览迅速完成了整个系列，展览在同一个月，即1957年3月开幕。最后六幅习作中的最后两幅还是湿润的，结果在开幕式当晚，那些比较骚动的客人（其中包括一群喝醉的“泰迪男孩”[1]）的背上都烙上了培根那厚厚的、划过的、涂抹的颜料痕迹。

这次活动产生了巨大的影响，毫无疑问，这主要是因为培根在这些画作中强烈地表达了自己极端的个人危机。画笔的狂野走势，不和谐的色彩层次以及著名的自杀事件

1　20世纪50年代起源于英国的一种青年亚文化群体。他们对时尚和音乐有着独特的品位，是早期摇滚乐和青少年次文化的代表。

在阳光明媚的地中海色彩世界中重新上演的威胁，这些都很难被人们忽视。据当时的报道称，展览中，汉诺威画廊夹层里掉下的东西划破了一位客人的前额。培根似乎还是一如既往的风度翩翩，帮助伤者止住了伤口。然而，从后来的回顾来看，很明显，培根在向全世界展示他深陷的情感困境。

为什么培根选择凡·高作为表达自己混乱情感的题材？因为凡·高注定要因为自己的才华、矛盾和无法抗拒的命运而成为艺术家——而所有这些都是培根所共有的。在摩洛哥强烈的阳光和冲突的色彩中，经历了无尽的酒后争吵和莱西的残酷惩罚（莱西试图在他们共同生活时将培根像动物一样拴在墙上）之后，他试图通过绘画来寻求解脱。培根曾说过："如果不是为了生活，我永远不会让这些情绪流露出来。"但这些画作是一个濒临崩溃之人的呐喊，他疯狂地绘画，仿佛自己的理智和生存都取决于赋予那些疯狂矛盾以声音。这是一场深度痛苦、深度激情的恋爱，其中一个人对另一个人有着无法抗拒的痴迷，沉醉于预知对方将如何准确无误地伤害自己。

整个系列帮助培根从这段恋情中幸存下来。从这个奇怪的意义上说，凡·高在受虐的爱情中代替了受害者的角色，从而第二次死去。1962年，莱西去世，培根（在同年泰特美术馆举办的他的胜利回顾展开幕式上，他在祝贺电报中收到了爱人去世的消息）确信莱西是故意饮酒自杀的。但是，通过凡·高的画作，培根在某种程度上已经把莱西从他的生活中驱除了。在完成这个主题之前，培根曾多次回到这个主题上，尤其是通过他的作品《男人头部——凡·高画作习作》。在这幅画中，一个带着深邃黑色眼窝的头骨从几笔白色、绿色和红色的颜料中浮现了出来。

1960年，培根创作了《向凡·高致敬》，以此响应画廊举办的凡·高自画像小型展览。这幅作品是对凡·高的最后一次致敬——充满了深深的感激。随着培根生活的分崩离析，他的艺术信念也发生了动摇，而凡·高则成为极度困境和对生存的渴望的象征。有一段时间，培根深受自己极端矛盾的困扰，感到自己正走在与前辈相同的道路上，迈向深渊。在他于逆境中不顾一切创作一系列关于艺术家的变体画时，培根与凡·高的联系变得如此紧密，他甚至把自己想象成凡·高，从而创造了一种在整个艺术史上都极为罕见的画家完全认同另一位画家的奇特案例。

❶ 在过去的一百年中，大多数取得成就的艺术家都会承认对这两位近乎同时代的艺术家中的一位或另一位有所亏欠（偶尔也会同时欠下这两位的债）。尽管柴姆·苏丁[1]激烈地拒绝这种观念，但他不仅从凡·高的个性化、大胆的色彩观，而且从他全包围、火焰般的涂抹方式中受益匪浅。其他直接受到凡·高影响的现代画家包括胡安·米罗（尤其是他早期强调轮廓的肖像画）和威廉·德·库宁（凡·高的荷兰同胞）[2]。德·库宁夸张的“女人”系列似乎将凡·高的色彩和触感的自由推向了新的极端：人物被推向无形混乱的边缘。

❷ 与其他作品一起，这幅画于1942年从马格德堡被盗走，存放在诺伊施塔特的盐矿中。1945年，它在那里被火焰弹摧毁。参见约瑟夫·J. 里斯尔与卡瑟琳·萨克斯合著的《凡·高的肖像与现代传承》，载于《凡·高：面对面》展览画册（底特律：底特律艺术学院，2000年）。

❸ 发生争议的版画曾发表在路德维希·戈尔德施泰因与威廉·乌德合著的《文森特·凡·高》（牛津和伦敦：菲顿出版社，1945年）一书中。

❹ 凡·高曾在给他的妹妹威廉明娜的信中写道：“我希望画出一些在一百年后看起来如同幽灵般的肖像。”“我的意思是，我并不是通过照片般的相似度来达到这种效果，而是通过我们激昂的表情来达到这个目的。”（书信879，1890年6月5日）。在关于凡·高和高更在阿尔勒的书《黄房子》（伦敦：企鹅出版社，2006年）中，马丁·盖福德认为，凡·高可能在这里受到了托马斯·卡莱尔[3]的影响，卡莱尔认为活着的人不过是一种“被塑造出来的幽灵，他们呈现出一种形态，然后又消失在空气和无形之中。这不是隐喻，这是简单的科学事实”。这种信念无疑会在培根心中引起深刻的共鸣，他试图捕捉所有人类表象转瞬即逝、虚幻无常的本质。

---

1 柴姆·苏丁（Chaim Soutine，1893—1943），犹太裔法国画家，20世纪上半叶欧洲表现主义的重要代表之一。

2 威廉·德·库宁（Willem de Kooning，1904—1997），荷兰籍美国画家，20世纪最重要的抽象表现主义画家之一。

3 托马斯·卡莱尔（Thomas Carlyle，1795—1881），苏格兰的散文家、历史学家和批评家，以其独特的写作风格和深刻的思想而闻名，被认为是维多利亚时代最重要的思想家之一。

❺ 这封信以及雷里斯对其的回复被迈克尔·佩皮亚特在他的作品《雷里斯与培根的友谊：一种奇怪的迷恋》（巴黎：艾科波普出版社，2006年）中引用。培根还在一次有趣的访谈中探讨了现实主义的概念（再次以法语），该访谈发表在《快报》上。“无论人们怎么说，我都没有表现主义的特质，”培根坚持说，“我的绘画不是关于表达，而是关于本能。我不表达，我试图重塑我心中的现实形象。……我不想追求字面意义上的现实主义插画。要创造现实主义，同时又避免陷入插画，你必须发明一种技巧。画家们一代又一代地试图找到将形象回归神经系统的途径。一个个地，过去的技巧逐渐过时。然而，你仍然想画同样的东西——一个身体或一个脸庞。因此，你必须重塑技法，才能找到一种新的方式来表达某物，如椅子等。……所有让我感兴趣的画家都成功地做到了这一点，尤其是凡·高，他以一种非凡的方式——简单而又神秘的方式做到了这一点。毕竟，谁能说出他们是如何用那些覆盖画布的小色块来描绘——或者说，更好地，再现——一棵树或草地的呢？”（《快报》，1971年11月15日至21日，第98—100页；法文译文系作者本人所译。）

❻ “通过谎言传达现实”，这是迈克尔·佩皮亚特对弗朗西斯·培根的访谈标题，《艺术国际》，第1期（新版），1987年秋，第30页。

❼ 大卫·西尔维斯特，《弗朗西斯·培根访谈录》，伦敦：泰晤士哈德逊出版社，1993年，第172—173页。培根阅读和扫描了大量书籍和照片。他很可能看到了（尤其是因为勃兰特还为培根拍摄了肖像照片）杂志《小人国》于1948年9月发表的“画家的国度：比尔·勃兰特拍摄并描述的凡·高的普罗旺斯”。

❽ 在与作者的交谈中，安托南·阿尔托在《凡·高：社会自杀者》一书中敏锐地指出，高更试图将生活的方方面面提升到象征和神话的高度，而凡·高则从最普通的事物中汲取神话的力量。我认为培根也有这种能力：例如，灯泡从未如此邪恶，镜子也从未如此梦魇。

❾ 引自约翰·罗素在《弗朗西斯·培根》（伦敦：泰晤士哈德逊出版社，1985年），第52—53页。这似乎是

对凡・高在书信515中言论的转述，这封信大约写于 1885年7月14日，凡・高对其中批评他作品《吃土豆的人》中人物结构存在“某些缺陷”的言论作出了激烈回应。

❿ 尽管培根意识到死亡无处不在，但我认为他首先将草看作被埋葬的肉体的无尽再生。

⓫ 培根的审美判断是非常明确的。我记得在巴黎的库波勒餐厅，培根、法国画家勒内・斯特鲁贝尔（René Strubel）和我就凡・高的作品展开了一场讨论。在这场讨论中，培根谈到了《吃土豆的人》的“深刻之处”，并坚持认为它优于凡・高的其他所有作品。我想，正是这幅早期作品的直接和原始的现实主义让培根深感信服。

⓬ 引自迈克尔・佩皮亚特的《弗朗西斯・培根：谜题的解析》（伦敦：魏登费尔德与尼科尔森出版社，1996年），第151页。

⓭ 我曾在《神圣与世俗》一文中探讨了这一主题，该文是巴黎马约尔美术馆2002年出版的同名展览画册中的主要文章。

⓮ 在他1964年的专著中，罗纳德・艾利认为，原先由卢西安・弗洛伊德拥有，现收藏于克里夫兰博物馆的《头像》（1951年）起初是一幅教皇像，但随着创作的进行，它在培根眼中变成了凡・高的头像。尽管这幅作品保留了明显的教皇特征，但并没有后来凡・高的风格。然而，这仍然表明培根在开始创作这一系列变体画之前至少五年就已经在思考描绘凡・高了。约翰・罗森斯坦和罗纳德・艾利，《弗朗西斯・培根》（伦敦：泰晤士哈德逊出版社，1964年）。

⓯ 培根在收藏家罗伯特和丽莎・塞恩斯伯里夫妇的劝说下，没有毁掉这幅画，而是剪去了画布的中央部分。

⓰ 安托南・阿尔托，“凡・高，社会自杀者”，《全集》（巴黎：伽利玛出版社，1974年），第3卷，第170页。

原载于《凡・高与表现主义》展览画册，新画廊，纽约，2007年。

24

Bacon/Giacometti: Parallel Visions of a Terrible Truth

培根/贾科梅蒂：并行的恐怖真相之眼

阿尔贝托·贾科梅蒂和弗朗西斯·培根，1965 年，格雷厄姆·基恩　摄

作为一名21岁的新锐艺术评论家，是什么不可思议的运气让你与欧洲战后最伟大的两位艺术家结下了不解之缘？我已经谈到了这个故事的一些方面[1]，所以在这里我会尽可能简明扼要地加以叙述。1966年初，在父亲的坚持下，我接受了一份杂志初级编辑的工作，但这并非在伦敦——离开剑桥后，伦敦成了我珍爱的家——而是在巴黎，这座我一直崇拜但觉得冷漠和不欢迎我的城市。想到自己即将为一家名为《真实》的光鲜亮丽的杂志工作，我的内心本应充满满足感，但当看到邮寄来的单程机票，我突然意识到自己将从一种非常合意、不羁的生活方式中背井离乡，心中顿时充满了恐惧。离开之前，我和培根在市区度过了最后一晚，首先在他位于里斯缪斯的工作室喝了几杯。

“现在，你在巴黎认识谁呢？”弗朗西斯边问边轻启另一瓶香槟的软木塞，“你真的应该联系一下贾科梅蒂。他身上有一种非常令人喜爱的特质。”

阿尔贝托·贾科梅蒂的名字在我们的谈话中出现得越来越频繁，因为培根在前往伦敦筹备1965年在泰特美术馆的大型个展时见过他几次，并对贾科梅蒂的作品范围和卓越的交谈印象非常深刻。虽然我意识到这是另一位需要了解的艺术家，但我错过了展览，甚至懒得查阅画册。因此，我完全没有准备好去结识一位显然对理解我们这个时代如此关键的天才（甚至连培根都对他钦佩有加）。当我把这件事告诉培根时，他只是从地上的一期《巴黎竞赛》画报上撕下了两页纸，给我写了一封介绍信，让我去见见这位伟大的雕塑家。这封信被小心翼翼地折叠在《尼采文集》里，随我一起来到了巴黎。我以为自己在巴黎的工作将在一年内结束，但实际上它却持续了三十年的时间。

在最初的几个星期里，巴黎就像我担心的那样对我冷眼相待。但当我适应了办公室的日常工作，并为自己找到一套小公寓后，我的生活状况开始逐渐好转。每天下班后，我都会热情地探索我所在的新区域，寻找最佳的店铺和酒吧。与我现在居住的街道相交的一条街道有一个相当华而不实的名字——“希波吕忒-曼德隆大街”，让我感到一丝熟悉。然后我注意到，在这条街道上的一座破旧建筑的门上，有人用白色大写字母写着“贾科梅蒂”。我回到公寓，取出了培根给我写的介绍信，然后又走回贾科梅蒂的画室。但是，当我举起手准备敲门的时候，一股羞愧感涌上心头。我是一个默默无闻的新来乍到者，竟敢去打扰一位伟大的艺术家，而他无疑正在创作着一件整个艺术界都翘首以盼的新作品。我的手放了下来，满脸通红地匆匆离开，以免愤怒的贾科梅蒂打开门来看看这位闯入者是谁。在接下来的几个晚上，我重复着同样的动作，却始终无法敲开那扇门；当我得知《真实》杂志正在策划一期关于贾科梅蒂的特刊时，这个难题很快就迎刃而解了，因为贾科梅蒂刚刚在瑞士的医院里去世。

当然，这可能就是故事的结局，但贾科梅蒂的消失给我带来的隐隐失落感却一直萦绕在心头。正如我在伦敦的生活因培根的作品和个人魅力而得到了不可估量的提升一样，我意识到，我一定是希望通过了解贾科梅蒂，并参与（无论多么微不足道地参与）他的生活和事业来改变巴黎。我觉得自己错过了一个独一无二的机会，如果我的巴黎生活要继续下去，就需要尽可能地去弥补这个损失。不久之后，由于我对贾科梅蒂的一切都非常着迷，我接触到了他的圈子中的许多人物。在那些曾将他写得令人难忘的作家中，我已经在与培根在伦敦和巴黎度过的多个夜晚中认识了米歇尔·雷里斯、雅克·杜宾和大卫·西尔维斯特。其他一些知名人士，包括詹姆斯·洛德、埃当·皮贡、让·莱马里和伊夫·博纳富瓦，都从越来越长的诗人与评论家名单中涌现出来，他们的想象力被源自贾科梅蒂作品中无法还原的人类高贵气质所激发。贾科梅蒂的几位模特和家庭成员，尤其是他的遗孀安妮特和兄弟迭戈，也加入了我在无意识中重建的这支精选队伍，还包括艺术家的主要经销商，从皮埃尔·马蒂斯到艾梅·梅格特和克劳德·伯纳德，以及像他的密友和顾问路易斯·克莱尤克斯这样的资深人士。

如果说我深入了贾科梅蒂的世界，那是因为我感觉到，他的艺术完全源于他对传达一种真理的痴迷。这种真理既是个人的，也是强大的，它已成为普遍的真理——对我来说，这正是伟大艺术的定义和首要目的，无论其形式如何。我在培根身上也发现了这一点，他的作品和存在（他定期来巴黎看望我）继续影响着我的思想和情感的核心。我开始将二人视为一对守护神，尤其是在危急时刻，我知道他们都面对过极端的经历。这不仅仅关乎艺术本身，而是关乎生活，或者说是培根和贾科梅蒂的艺术如何直接影响了我的生活，就像灯塔照亮了我穿越黑暗狂风的航程。毫无疑问，这听起来有些夸张：但它表明了这两位艺术家在我生命中最脆弱的时刻所发挥的重要作用，那时我会问：培根在这种情况下会做出怎样的反应，或者我能从贾科梅蒂的人物形象中汲取怎样的力量？他们将如何帮助我克服严重的抑郁，或者在情况恶化时找到出路？

每当有机会撰写关于他们艺术的文章时，我都会抓住这个机会深化和提高自己不断增长的专业知识，首先在特展的评论中，然后在一些专题性论文中，最后在每位艺术家的专题著作中。我还开始策划他们的作品展览，首先是在群展中（尤其是培根，他是伦敦画派的关键人物），然后是在欧洲和美洲各大博物馆举办的回顾展。每本书和每次展览当然都是我深入研究他们作品的独特机会；每一次二人的天赋都会更加清晰地显现出来，因为我意识到还有新的深度需要挖掘，新的谜题和矛盾需要分析。

就这样，培根和贾科梅蒂在过去的五十多年里，无论是情感上还是理智上，都陪伴着我，也就是说，贯穿了我的成年生活。他们不仅是我智识上着迷的源泉，也是我生活的支柱。所以当我有机会在瑞士贝耶勒基金会策划一次培根/贾科梅蒂作品展时，我毫不犹豫地抓住了这个机会。[2]这是一次充满启迪的经历，尤其是在展览的所有细节就位，即将向公众开放的时候。在某些时刻，我曾担心一位艺术家会压倒另一位艺术家，但当我走过完成的展览时，我感觉到了两种观点、两种视角之间的平衡，它们以各种意想不到的方式相辅相成。

我为画册撰写的这篇文章是在最后期限和字数限制之不可避免的压力下完成的，现在回想起来，似乎在展览本身所提示的两位艺术家之间的重要对比点上有所疏漏。为了这次再版，我对这篇文章进行了大幅扩充和改写。

在战后的英国艺术界，贾科梅蒂享有英雄般的地位。正如在那个荒凉的匮乏时代，巴黎本身似乎比伦敦更狡猾、更性感、更大胆一样，巴黎的艺术似乎也更深入地探讨了“人类处境”以及一代人所面临的哲学问题。这一代人在经历了多年的破坏和堕落之后，现在不得不面对生存的挑战。在跨越海峡的所有艺术家当中，没有人，甚至毕加索或马蒂斯能像贾科梅蒂那样，在他那洞穴般的工作室里夜以继日地辛勤工作，寻找从文明废墟中如幽灵般浮现的全新人类形象。

许多英国艺术家认为，随着美国抽象主义新浪潮开始席卷欧洲，贾科梅蒂作为具象传统首要捍卫者的地位日益增强。弗朗西斯·培根及几位同时代艺术家（尤其是亨利·摩尔❸[1]）早就意识到贾科梅蒂作为艺术家和形象代言人在具象与抽象的复杂斗争中的重要性，而具象与抽象的斗争正是当时现代艺术的特征。刚刚步入职业生涯的年轻英国艺术家们同样被贾科梅蒂的理念所深深吸引，不仅将他视为自己时代最杰出的雕塑家，而且还把他看作存在主义这一新兴运动的领军人物——尽管贾科梅蒂后来试图与此保持距离。因此，当英吉利海峡的边境刚刚重新开放时，爱德华多·包洛奇[2]、卢西安·弗洛伊德和威

1　亨利·摩尔（Henry Moore，1898—1986），20世纪最具影响力的英国雕塑家之一。

2　爱德华多·包洛奇（Sir Eduardo Paolozzi，1924—2005），意大利裔英国雕塑家。

廉·特布尔[1]就直接来到了这位备受尊敬的雕塑家在阿莱西亚(Alésia)那混乱不堪的画室，而其他一些英国艺术家，如弗兰克·奥尔巴赫[4]、莱昂·科索夫、伊丽莎白·弗林和伯纳德·梅多斯，则继续从远处对贾科梅蒂及其树立的典范致以敬意。

部分由于他们对贾科梅蒂的兴趣，英国官方艺术界也开始认可这位艺术家的地位。1949年，泰特美术馆接纳了雕塑《指示者》与画作《坐着的人（迭戈）》入藏[5]。同时，一群富有冒险精神的私人收藏家也加入了收藏贾科梅蒂作品的行列。例如，资助了颇具影响力的文学评论《地平线》[6]的出版人彼得·沃森，以及通过同名超市积累起巨额财富的罗伯特与丽莎·塞恩斯伯里夫妇。收藏有弗朗西斯·培根作品的塞恩斯伯里夫妇，还与贾科梅蒂建立了更亲密的关系(他们于1949年由贾科梅蒂在巴黎的首位经销商皮埃尔·洛布介绍相识)。到了1955年，他们成功地说服了贾科梅蒂，为他们的两个孩子绘制了肖像。尽管贾科梅蒂一贯认为这些画毫无价值，拒绝接受任何报酬，但塞恩斯伯里夫妇的一番细心安排最终解决了这个难题。他们从伦敦寄去了一件

1　威廉·特布尔（William Turnbull，1922—2012），英国雕塑家。

精美的雅格狮丹雨衣，作为赠予贾科梅蒂妻子安妮特的礼物，既表达了对艺术家的心意，也巧妙地解决了报酬问题。[7]

随后，画廊和博物馆的展览接踵而至。埃里卡·布劳森的汉诺威画廊以挑选最为先进的欧洲艺术而闻名，曾多次展出贾科梅蒂的作品，事实上，从1949年开始，她一直定期展出培根的作品。然后，在1955年，艺术委员会专门为贾科梅蒂举办了一次完整的回顾展，画册前言由培根的朋友兼评论家大卫·西尔维斯特撰写。[8]

因此，在20世纪40年代末50年代初，当弗朗西斯·培根开始崭露头角时，阿尔贝托·贾科梅蒂在英国的地位已经相当稳固。培根热衷于关注巴黎艺术场景的最新发展，这基本上意味着毕加索和贾科梅蒂的最新作品。他通过查阅适当的画册，与法语爱好者朋友交流以及阅读领先的法国艺术杂志，尤其是可在查令十字路附近的茨威默国际书店获得的《艺术纪事》来了解这些信息。培根还经常前往他最钟爱的城市巴黎。在那里，他可能会光顾蒙帕纳斯和圣日耳曼德佩附近的咖啡馆和小酒馆，这些都是贾科梅蒂的常去之地。事实上，至少有一次，弗朗西斯·培根亲眼看见了贾科梅蒂的身影，并鼓起勇气走向前去，向他介绍了自己，表达了对他和其作品的欣赏之情。[9]我们还了解到，早在1955年9月，当培根在戛纳的马丁内斯酒店入住时，他在港口附近的一家餐厅的桌子旁边突然发现贾科梅蒂正在用餐，但两人当时不太可能进行过交谈。[10]

实际上，直到20世纪60年代，当弗朗西斯·培根和贾科梅蒂分别在泰特美术馆举办回顾展之后——培根于1962年，贾科梅蒂则是1965年——他们之间的私人关系才得以真正萌芽。正如我们将要看到的，众多因素共同作用使得他们之间的联系愈发紧密。在一个抽象主义日益占主导地位的时代，他们两人不仅都是坚定的具象主义者，而且还直接从西方艺术史中汲取灵感（这种做法在当时具有“前瞻性”的艺术界被视为一种倒退）。此外，也许最重要的是，他们有几个共同的挚友。在其中，伊莎贝尔·罗斯特霍恩（Isabel Rawsthorne）——一位性格开朗、酗酒的画家兼模特——无疑扮演了关键角色。20世纪30年代，她首次与贾科梅蒂相识，当时她已经为雅各布·爱泼斯坦[1]和安德烈·德朗担任过模特，成为巴黎和伦敦艺术界之间的关键纽带。伊莎贝尔不仅多次担任贾科梅蒂和培根的模特，还与他们建立了深厚的友谊，将促

1　雅各布·爱泼斯坦（Jacob Epstein，1880—1959），美英双籍雕塑家，现代艺术运动的一员，曾与亨利·摩尔等艺术家一起工作，对后来的雕塑家产生了重要影响。

使这两位画家的相识。当贾科梅蒂为在泰特美术馆举办的大型个展访问伦敦并进行筹备时，伊莎贝尔精心安排了一系列晚宴，在费兹罗维亚区和苏荷区邀请了许多共同的朋友，包括雷里斯和西尔维斯特（他们对两位艺术家的评价至关重要），以及培根的新恋人乔治·迪耶一同共餐。[11]

这些晚宴常常持续到深夜。始于著名餐厅如惠勒餐厅（以惠斯特布尔生蚝和多佛尔鳎鱼闻名）或夏洛特街的星辰餐厅，接着转移到夜总会，如“夜行神龙”或培根的“家”——殖民地房间。那里的酒保早已习惯了这位充满活力的画家频繁地点购大量香槟。这样，两位艺术家便拥有了充足的时间，深入讨论他们感兴趣的各种话题，从朋友的琐碎交谈，到对巴黎与伦敦优缺点的比较，再到他们艺术追求的巅峰。培根曾参观过贾科梅蒂在泰特美术馆举办的大型回顾展，而贾科梅蒂也专程去观看过培根为伊莎贝尔、迪耶和卢西安·弗洛伊德等亲密朋友最新创作的肖像。因此，他们对彼此的作品都熟稔于心。贾科梅蒂对培根在马尔伯勒画廊[12]展出的画作印象极为深刻，他以自己独特的自嘲方式评论道，与培根那栩栩如生、别出心裁的肖像画相比，他自己的作品似乎显得有些“老气横秋”。

这一言论反过来又促使培根回应他坚信贾科梅蒂是当之无愧的最伟大的在世艺术家。对此，贾科梅蒂反驳说，恰恰相反，培根才是最伟大的在世艺术家。两位艺术家的这种相互赞誉，就像是一场艺术圈的二重奏，经常在他们共度的夜晚回响。尽管培根对这种赞誉感到非常荣幸，但他也很明白，年长的贾科梅蒂（比培根大8岁，出生于1901年）不仅可以宣称他的作品比自己的展出范围更广，而且受到了诸如让-保罗·萨特、让·热内和雷里斯等文坛巨匠的广泛热议。培根虽然可能不会轻易承认这一点，但他也意识到，自己在艺术表现手法上受到贾科梅蒂的深刻影响，尤其是明显借鉴了贾科梅蒂的笼状结构——或称“空间框架”，用以突出画面中的中心人物，从而赋予作品深度。培根（曾是一名年轻设计师，在光洁时尚的室内工作）的工作室，充满了油漆溅污的书籍、照片和艺术材料，这种独特的混乱场景，可以说也正是受到在贾科梅蒂蒙帕纳斯工作室后面的“洞穴”里拍摄过的（非常上镜的）混乱场景的影响。

需要强调的是，对于培根和贾科梅蒂而言，工作室是他们生活和精神的核心，是他们想象力的源泉。因为工作室里包含了他们作品所需的诸多痕迹和参考，所以在混乱的油漆或石膏中，仅仅置身其中就能激发他们产生潜在的灵感和图像。对这两位艺术家来说，工作室就像是他们的成就、失败和愿望的档案馆。贾科梅蒂和培根对各自工作场所的每一块石膏碎片、每一抹颜料都了如指掌，这种熟悉感成为一种鞭策和激励，让他们将“对绝对的追寻”推向更高的阶段，以至于在两人都能轻松买下更大、更宽敞的工作室之后，他们都没有搬出那简陋、不便（虽然风景如画）的巢穴。这些地方与他们的艺术追求如此紧密相连，让他们难以割舍，不愿离开。

从培根向我详细描述的他与贾科梅蒂共度的夜晚来看[13]，这些夜晚充满了活力，甚至有些喧闹。尽管詹姆斯・劳德在其贾科梅蒂传记中讲述的一则故事中说培根曾为阐明一个哲学观点，将餐厅桌子上的所有盘子和玻璃杯都扔到了地上，但这听起来有些不符合他的性格[14]。然而，正如劳德敏锐指出的，贾科梅蒂对培根的新恋人、命运多舛的乔治・迪耶很感兴趣[15]，他还建议乔治去巴黎找他，学习法语、镀金或镀膜这样的工艺。据培根说，贾科梅蒂甚至跟着乔治去了他们去过的一家餐厅的厕所。[16]这两位艺术家也会谈论各自的经销商（皮埃尔・马蒂斯专程为贾科梅蒂的泰特展览而来[17]），尤其是因为贾科梅蒂最近与他的巴黎经销商艾梅・梅格特决裂，而培根则刚与马尔伯勒画廊建立了合作关系。对此，培根表示了深切的同情，并重申了他一贯的看法：“所有的画商都是骗子。”

经过几次类似的交锋，两位艺术家最终还是安定下来，试图为自己也为彼此界定各自艺术的紧迫问题和目标。众多公开的访谈记录显示，他们都是出色的对话者，娴熟的辩证法大师，既能进行深刻的洞察分析，也能为新的概念或定义找到精准的语言和恰当的动机。相伴时日，培根常会抱怨自己缺少能够深入交流的人，无论是在生活中还是在艺术上。而贾科梅蒂则夸张地表示，他乐于接受荒诞不经的言论，只要能与眼前之人进行有趣的对话，他甚至愿意接受自己变成一具无手无脚的躯干，被置于壁炉架上。这两位机智且非传统智慧的对话者就艺术实践和信念的交流无疑是顶尖水平的，不过（就像西蒙娜·德·波伏瓦关于贾科梅蒂与萨特大量谈话所说的那样），他们之间的激烈争论没有被记录下来，留给后人，实在是一大憾事。有趣的是，两位艺术家都曾公开表示，他们认为自己的艺术首先是“现实主义”的。贾科梅蒂不断强调，他唯一的追求是尽可能准确地再现他所观察到的事物，无论是玻璃杯、鼻子还是树木；而培根则宣称，他的目标是传达作为一个坚定无神论者对生活的深刻“感受”（即便他必须通过“受难”或“教皇”等主题来实现这一点）。在回应关于他的恐怖主题作品的指责时，培根辩称，这并无甚于报纸每日头版所报道的新闻之“恐怖”。

很快，两位艺术家就会发现，他们对“现实主义”的理解有所不同，因为这一概念本身就是极为主观的，且本质上难以界定。[18]然而，正是这些挑战激起了他们之间的激烈辩论，特别是因为贾科梅蒂已对被归类为“存在主义”艺术家感到厌倦，正如培根对经常被贴在他作品上的“表现主义”标签感到反感一样。（“我并非表现主义者，”培根轻描淡写地否认道，“毕竟，我并无太多要表达的。”）尽管如此，在摆脱了这些简化的新闻标签之后，他们很可能会一致认为，在年轻时期，他们都受到了另一种“主义”的诱惑，那就是超现实主义。

当然，贾科梅蒂在超现实主义运动中扮演了一个令人难忘的角色。深受超现实主义运动影响的他在几年时间里创作了一系列极具创造力的雕塑作品。尽管贾科梅蒂后来坚决排斥这场运动，但它仍在其艺术发展关键阶段帮助艺术家塑造了自己的风格。培根对超现实主义的诱惑同样高度敏感，他在1927年首次访问巴黎时接触到了超现实主义；他阅读了该运动的宣言册，并在接下来的许多年里持续关注其发展，吸收了超现实主义的态度和技巧，这对他的艺术观念和绘画实践都产生了深远的影响。实际上，或许是因为他从未像贾科梅蒂那样身处运动的中心，培根对超现实主义的排斥并不是那么坚决。将两个非常不同的对象结合在一起［如劳特雷蒙（Lautréamont）著名的“在解剖台上偶然相遇的缝纫机和雨伞”］的策略贯穿了培根职业生涯的绝大部分，使他能够创作出像尖叫的教皇［在委拉斯凯兹肖像画上叠加了谢尔盖·爱森斯坦（Sergei

Eisenstein）受伤的保姆的呼喊］或在纳粹旗帜统治下的竞技场中独自流血的公牛［《斗牛习作1》（1969年）］这样的画面。

作为画家中的画家，委拉斯凯兹无疑在这些史诗般的交流中会被提及。当培根酗酒过度，贾科梅蒂整夜狂抽烟时，两位艺术家实际上都曾临摹过《教皇英诺森十世肖像》，[19]这幅画收藏在罗马的多利亚潘菲利美术馆中，而且他们一致承认自己深受过去伟大艺术的影响，从埃及的辉煌成就一直到现在。然而，在这份相似之处中，两位艺术家之间存在一个显著的区别。培根将他的万神殿缩减为几个伟大的名字（米开朗琪罗、伦勃朗、委拉斯凯兹、德加、马奈、毕加索），而贾科梅蒂的选择则更具包容性，因为他的钦佩之情更加广泛。事实上，贾科梅蒂曾用一句精彩的话来形容自己的感受："过去所有的艺术都在我面前浮现，一切时代和文明的艺术，一切仿佛同时发生，仿佛空间取代了时间。"培根在他的作品中转述了过去的一些伟大图像，并让它们融入自己的艺术语言中，而贾科梅蒂则通过无尽的图画来复制这些图像，以示敬意。尽管如此，他并没有将这些图像明显地融入自己的视觉精髓中。

在他们激烈讨论的某个时刻，培根会提出他的核心理念，即扭曲外观以赋予图像最大的力度。由于过去的伟大艺术和摄影已经"抵消"了许多具象绘画的可能性，他相信只有通过扭曲他所创造的人物形象，才能为其注入更新传统和生存所需的活力。培根坚持认为，只有从根本上扭曲表象，才能揭示出新的真理；正如萨特将贾科梅蒂的形式描述为“始终介于虚无与存在之间”，这一描述同样适用于培根笔下近乎虚无的人物形象。虽然不如他的英国同行那么明显、外向，贾科梅蒂无疑会谨慎地吸收培根的信条，因为他自己的基本信念是，他的整个创作活动只是试图“仅仅”在画布上捕捉他所看到的事物，而他的绘画和雕塑首先是为了理解他所发现的世界。但贾科梅蒂太过细腻，不会意识不到他耐心寻找捕捉人之存在的过程已经导致了极端的扭曲，尽管这种扭曲更加自我克制，但与培根疯狂错位的肢体和夸张的肉体一样极端，甚至更加自成一体。我们甚至可以说，三维空间中的变形比二维空间中的变形更具颠覆性，也更令人不安。

这两位艺术家另一个共性是他们对文学的热爱。培根和贾科梅蒂都是忠实的读者，尽管在这方面，贾科梅蒂的口味再次被证明是更加多样化的，因为他不仅阅读伟大的经典作品，还阅读勒内·克利瓦尔和乔治·巴塔耶等他的当代诗人朋友的作品，甚至为他们的新书绘制过插画（在他还是个孩子的时候，他就总是从自己阅读的书籍中获得创作绘画的灵感）。与一系列才华横溢的作家，尤其是与布勒东的频繁接触，促使贾科梅蒂亲自撰写了几篇重要的文章，而且是用法语而非他的母语意大利语创作的。由于贾科梅蒂对当时的思想讨论保持着密切的关注，因此他还及时了解了《文献》和《艺术纪事》等领先的文学和艺术评论。同样，他对时事政治的浓厚兴趣使他热衷于阅读日报，并对军事史，尤其是拿破仑的战场战略等专业题材产生了意想不到的热情。[20]此外，这位雕塑家还对伽利玛出版社出版的“黑色系列”等侦探小说有着独特的爱好。在他去世时，人们发现在其工作室里散落着大约六十本这样的惊悚小说。

另一方面，培根更加专注于最高级别的戏剧和诗歌成就，从古希腊悲剧和莎士比亚到诸如普鲁斯特、叶芝和艾略特等现代大师；他还声称自己在创作《灵感来自艾略特诗歌“力士斯威尼”的三联画》(1967年)和《灵感来自埃斯库罗斯“俄瑞斯忒利亚”的三联画》(1981年)等重要作品时，受到了文学的直接影响。[21]在培根的书房中，大部分藏书随意散落在工作室的地板上，从凡·高的《书信集》和一系列经典小说(如奥诺雷·德·巴尔扎克、查尔斯·狄更斯、约瑟夫·康拉德和托马斯·曼的作品)到烹饪书籍——展现了自己广泛的阅读兴趣。特别是在夜不能寐时，他喜欢通过阅读来放松心情。与贾科梅蒂相似，培根不受母语的限制，他精通法语，尤其是当他的法国作家朋友如雷里斯或杜宾出版新作时，他都会密切关注。此外，画家还研读了各种语言教材，因为他渴望在出国旅行时说一口流利的西班牙语，甚至现代希腊语。

将培根和贾科梅蒂联系在一起的其他相似之处还包括他们所创作的人物在空间上的独特疏离感，尤其是之前提到的笼状结构——这不能不说是一种痛苦。两位艺术家都倾向于将他们的创作对象限制在房间的四壁之内，以至于虽然贾科梅蒂偶尔会走出房间去创作奇特、荒凉的风景，但培根却极少涉足他那密封的、奇怪的、不透气、幽闭恐惧症的室内空间之外。随着战争对欧洲景观的破坏，生活被驱赶到室内，人在现代室内空洞平庸的环境中更加孤立无援。这两位艺术家还有一个明显的共同偏好，那就是反复、痴迷地描绘同一批人。如果培根的核心圈子主要由他的恋人迪耶和其他少数几个密友（卢西安·弗洛伊德、伊莎贝尔·罗斯索恩、亨丽埃塔·莫莱伊斯、穆里尔·贝尔彻）组成，那么贾科梅蒂的圈子则更为有限，主要集中在他的兄弟迭戈、妻子安妮特以及后来的情人卡罗琳身上。当然，由于两位艺术家的目标都如此之高，他们都从未对自己创作的任何作品感到满意，因此在整个职业生涯中，他们都放弃或毁掉了大量作品——这与毕加索形成了鲜明对比，他似乎很少对自己的作品质量表示怀疑，因此毁掉的作品也相对较少。

如果说众多信仰和工作习惯将培根和贾科梅蒂联系

在一起，那么这两位20世纪的艺术大师之间也存在着——不足为奇——一些两极分化的差异。其中最重要、最具分歧的也许是贾科梅蒂的一切创作都以素描为基础，而培根则最多只做一些非常基础、记号性的草图——虚拟的方块——并坦率地承认自己并不擅长素描，没有兴趣素描，甚至对素描作品本身也缺乏兴趣；与此同时，他的说法又有些模棱两可，不仅宣称自己对于贾科梅蒂的素描有着特别的喜爱，同时认为这是贾科梅蒂作品中最具吸引力的部分，超越了其作为雕塑家或画家的成就。[22]然而，对于贾科梅蒂而言，不断地素描、临摹、擦除并重新临摹似乎是他捕捉所见之物的唯一途径，无论是一把椅子、一棵树还是一张脸。与此同时，培根——他们之间的差异在这里得到了充分体现——认为初步绘画会妨碍他所追求的自由性：他脑海中只有一个图像轮廓，不确定如何在技术上实现它，他想直接在画布上进行创作，利用油画颜料中第一笔流畅、饱满的笔触所产生的任何不可预见的形状和暗示。这就是培根，一位不折不扣的赌徒，一位轮盘赌的虔诚信徒，相信所谓的“机会”或“偶然”是其创作的核心原则，尽管（无疑是受他早期接触超现实主义的影响）他可能夸大了它在新图像创作中的实际作用。贾科梅蒂对培根这种自发的创作宣言感到兴趣盎然，但他仍然认为培根不会素描是一种严重的障碍，阻碍了他创作出更持久且更有价值的图像。[23]

在培根和贾科梅蒂各自的创作实践中，另一个让他们产生巨大分歧的方面是模特的重要性。在培根职业生涯的早期，他的画作都取材于模特。例如，我们知道丽莎·塞恩斯伯里（在为她画像时）经常为他充当模特，社会摄影家塞西尔·比顿也是如此。当后者目睹了最终完成的肖像时，他的震惊之情如此强烈，以至于培根在得知比顿的恐慌之后，毫不迟疑地毁掉了那幅引起争议的画像。但自此次事件之后（或许正是由于这个原因），培根开始仅通过照片来绘制肖像。他委托他的朋友、苏荷区的摄影师约翰·迪肯，为他拍摄了一系列专用的照片。弗朗西斯·培根以一种略带夸张的语气解释道，他之所以这样做，是因为他不愿“在他们面前实践我在作品中对他们造成的伤害”。此外，他开始珍视这些照片上的“意外”——颜料的溅渍、踩踏的痕迹、凹痕和折痕——这些意外将它们转化为了工作室地板上堆积如山的其他图像。

然而，对贾科梅蒂而言，能够立即根据现有的模特进行创作是一种信仰。他的整个艺术活动都围绕着每天让迭戈和安妮特为他坐像展开。在这些过程中，他专注于捕捉眼前诱人的景象，几乎忘记了谁是他的模特。因此，有一天晚上，在安妮特耐心地为他坐了几个小时后，他说了这样一句著名的话:“我今天一整天都没见过你。”在日本哲学家柳井原或詹姆斯·洛德等其他一些模特的例子中，他们也接受了为贾科梅蒂充当模特的严苛条件。以至于自己不断地预订回程机票，然后又不断地取消。

一旦我们意识到培根的艺术不仅深度依赖于模特照片，而且总体上依赖于摄影，那么两人之间的这种本质差异就会变得更加显著。贾科梅蒂的工作室里堆满了他自己的雕塑和素描，以及石膏碎片和艺术家的工具，而培根的工作室则充斥着各种类型的照片，从名画的复制品到飞翔的鸟类、战争场面、竞赛中的运动员、咆哮的纳粹领袖，以及动物园里的猴子。这些图像散落在他工作室的地板上，如前所述，被踩踏得皱皱巴巴，并被无数次滴落、溅洒或抛掷的颜料交织覆盖。当然，许多这些照片，无论是来自埃德沃德·迈布里奇[1]还是《巴黎竞赛》画报，都成为培根画作的一部分。对于贾科梅蒂来说，这无疑是一种困惑，因为他只需一个活生生的模特或桌上的一个玻璃杯，就能获得所需的灵感，重新开始他对单一、不可改变的真理的永恒探索。

1 埃德沃德·迈布里奇（Eadweard J. Muybridge, 1830—1904），英国摄影师，以使用多个相机拍摄运动物体而著称。其发明的名为“动物实验镜”的投影机，被认为是电影放映机的先驱。

从这个特殊的角度来看，培根比贾科梅蒂更像是一个表演者。尽管早已为自己的研究领域划定了狭窄但无穷无尽的探索极限，但培根乐于借鉴各种广泛的艺术资源，以此来扩展自己的艺术宇宙。如果说贾科梅蒂的宇宙悬挂在铜头雕像那刀刃般锋利的轮廓之上，或在工作室坑坑洼洼的墙面上，或在细腻笔触之中，那么培根的宇宙则向教皇宝座、注射器、狮身人面像等寓意模糊的象征敞开着大门。贾科梅蒂癫狂地寻找一只眼睛来代表所有的眼睛，寻找一个人物来代表所有曾经走过或静止不动的人物；而培根则打开了历史的百科全书，打开了过去发生过的或可能从过去唤起的事件，因此，护士的尖叫在委拉斯凯兹教皇的口中响起，公牛在纳粹的旗帜下冲撞，而露出尖牙的猩猩再次在身着黑色西装的商人身上显现。

培根与贾科梅蒂的相似之处主要体现在他们的作品当中，但当我们考虑到他们的不同之处时，这两位艺术家又再次分道扬镳。培根的画面中，生动的色彩喷涌而出——血红、酸绿、丰满的粉红——而贾科梅蒂则在他对世界的灰暗反思中，坚守着自己习惯的各种灰色。贾科梅蒂几乎不需要培根那种歌剧式的姿态，也不需要他的满腹经纶，因为他只是在悄然接近某种难以捉摸的真理。“我的灰色”，他的情人卡罗琳曾这样亲切地称呼贾科梅蒂。但培根并不灰暗，也没有潜伏在简陋的密室里煞费苦心地试错：他热衷于大幅的画面、鲜艳的色彩和鲜明的色调对比，并将其包裹在金光闪闪的镜框玻璃下。同样地，贾科梅蒂的作品大多沉默寡言，仿佛被折叠起来，而培根的作品则大声呼唤着关注。

培根是个天生的明星，就像飞蛾扑火般吸引着众人的目光，并时刻准备着提高赌注，将整幅画作赌在画笔的最后一捻之上，就像他将财富投注在旋转的轮盘上一样。无论身处何地，他都能轻易地凭借魅力与机智成为瞩目的焦点。在餐厅与酒吧中，他更是备受喜爱，逢人便邀请共享香槟的盛宴。相较之下，贾科梅蒂的作风更为低调，但他同样能够随地掌控氛围。不同的是，他并非依靠夸张举止，而是凭借他那卓越的气场、敏锐的智慧、健谈的风度，以及对各类人物的真切好奇与尊重。如果弗朗西斯·培根在傍晚走出画室，闲逛于街头，他不会像贾科梅蒂那样，头发和外套上还沾着颜料和灰泥，像个衣衫褴褛的艺术家。他会穿着一套完美烫平的定制西装，一件崭新的衬衫，看起来就像个略带匪气的银行家。弗朗西斯·培根并未青睐贾科梅蒂所钟爱的库波勒酒店以及左岸那些充满民主气息的小酒馆。相反，他追求的是美食的巅峰体验。他常常在里兹酒店品尝香槟，继而在其他高级餐厅享用晚餐。若是他对惠勒餐厅的经典鱼类菜单感到不满，便会转而前往苏荷或梅菲尔区的最新潮流餐厅，寻找新的美食诱惑。

从政治光谱的视角来看，弗朗西斯·培根与贾科梅蒂的观点相差甚远。贾科梅蒂在艺术生涯的早期便倾向于法国共产党，从此树立了坚定的左翼信仰。相对而言，培根则自诩为“老式的自由主义者”，坚信在自由主义的理念和右翼政府的治理下，个人能够享有更大的自由，面对更少的干预。他对自己的一些朋友，如雷里斯，持有保留意见，原因是他们虽然支持左翼事业，却过着舒适而优越的生活。然而，这两位艺术家内心深处都涌动着个人主义和无政府主义的倾向（这制约着他们可能持有的任何政治观点）；而且他们都不愿承认自己的艺术作品中蕴含着明确的政治含义。

两位艺术家在对待巴勃罗·毕加索的态度上也存在分歧：培根未曾与毕加索谋面，而贾科梅蒂则对毕加索有着深入的了解。当然，作为一名年轻画家，培根将毕加索视为偶像，毫无掩饰地模仿和吸收了他非凡的勇气和形式的创新，直到他创作了战争结束后的第一部杰作《以受难为题的三张习作》；从那时起，毕加索的成就一直是培根自己艺术的终极试金石。最吸引培根的是1928年毕加索在迪纳尔创作的极具暗示性的海滩场景，当时他正在与玛丽-泰蕾兹·沃尔特秘密交往。这些画面的情色意味给一直在寻找一种能传达“作为人的感觉”之图像的培根留下了深刻印象——尽管后来他也对毕加索晚期作品提出了直言不讳的批评。贾科梅蒂最初对毕加索抱有深深的敬意，而这种敬意是相互的，因此从20世纪30年代起，他们便经常在彼此的工作室相聚。在某个阶段，贾科梅蒂甚至开始为毕加索创作半身像，而毕加索则回赠给他一幅画作。然而，随着毕加索逐渐成为媒体关注的焦点，贾科梅蒂突然改变了自己的立场——他与萨特的关系也曾遭遇过类似的突然断裂——从那时起，他与毕加索的关系就永远地破裂了。

只有在贾科梅蒂的雕塑与培根的画作交汇之际，两位艺术家之间最深层的差异才会以一种突然且令人难忘的方式显现出来。人们意识到，尽管培根的艺术是对死亡持续的激烈斗争，贾科梅蒂的艺术却是接受死亡的存在，并纪念那些已经逝去的生命。[24]培根画作中人物的扭曲和变形，源于他们对生存的渴望。即使血肉模糊、肢体不全，他们仍在毁灭的边缘顽强地存活着。他们面临着艰巨的挑战，正如所有人类必须面对的一样，但培根作品中的男女主人公们却坚韧不拔。他们在痛苦中挣扎、哀号，表达着他们的苦楚和屈辱。在这苦难的波涛之下，蕴藏着一种非凡的能量：主人公们在对命运的愤怒中，在一幅又一幅画作中与不可战胜的力量抗争，以悲剧性的方式试图对抗并战胜死亡。

而贾科梅蒂笔下的人物则早已经历了这场斗争。他们憔悴不堪、骨瘦如柴，却也是生活的幸存者。但他们所经历的一切，都已成为往事。尽管他们显得瘦弱和苍白，却保持着冷静与自信，深知自己不能再被攻击、羞辱或削弱。[25]他们不再与死亡抗争，而是接受甚至融入死亡。他们空洞的眼神如今望向无尽的虚空。当你在这些人物间穿行时，热内的描述——“死者的守护者”——便会浮现在脑海。这些人物似乎在守护着死者，就像他们曾经站立在古老的墓地上，或者被从古老的墓穴中挖掘出来一样。

当观者的视线在培根那些血肉模糊的躯体与贾科梅蒂缩减至仅剩轮廓的形态（在贾科梅蒂的作品中，几乎不存在所谓的“躯体”——只有轮廓、轮廓线、残留物、骨架）之间徘徊时，两者之间的根本差异在每个细节上都得到了鲜明的凸显。培根炽热的色彩在画布上跳动、碰撞，而贾科梅蒂的色调却冷得不像人间烟火，在那里，坟墓的所有色彩都在黑色和灰色的阴影中演绎，两者之间近乎绝对的对比也与此相呼应。即使在后者的石膏彩绘作品中，色彩也只是为了突出死亡的苍白，就像经过化妆修饰的尸体。与此相反，培根生动、丰富的笔触反映了生命的所有感性。无论这些笔触看起来多么凶猛，它们都为他笔下的人物赋予了英雄般的生命力。即使在最为极端的受虐场景中，培根那丰富的笔触也渗透着他对于生活的热爱。

贾科梅蒂指尖下的人物如同古埃及雕塑般静默不动，散发着一种深邃的宁静；而培根的主人公们，其夸张的扭曲姿态仿佛穿越了巴洛克乃至文艺复兴的时代。在同一个空间里，从不同角度瞥见他们相互交织的两个世界，会呈现出令人眼花缭乱的形式。贾科梅蒂的人物已经不再有任何动作：他们要么静止得如同化石（尤其是他笔下的女性），要么永远停滞在时间的流逝中。他们的静止是因为死亡的降临，他们的一切都已成为历史。与此同时，培根的人物则在死亡的无底洞中疯狂地挣扎，不惜一切代价留住生命，继续存在于现实之中。他们所经历的是一场真正的生死较量。与贾科梅蒂人物那统一而令人敬畏的沉默相比，培根的人物通过尖叫来表达他们的痛苦和恐慌。

培根在每幅画布上都上演了一部人类与命运抗争的戏剧。贾科梅蒂的作品则没有这样的故事情节。他接受了生命的终结，以便更精确地描绘和记录生命。在贾科梅蒂的艺术中，最糟糕的事情已经发生，而在培根的作品中，最糟糕的似乎未到来。无论是在气质上还是在艺术视野上，这两位艺术家的作品之间存在着根本的差异。

然而，当我们细致观察两位艺术家在日常生活中那些平凡却有趣、引人入胜的行为细节时，我们会发现贾科梅蒂与培根之间的相似之处远比差异更为显著，且这些相似之处更具说服力。他们均对大都市的繁华与夜生活的诱惑情有独钟，常常携带大量现金（值得注意的是，萨特也是），在任何地方都毫不吝啬地挥霍，大方地点缀餐馆美食，搭配价格不菲的葡萄酒，对小费也是出手阔绰，仿佛金钱在那里只是无关紧要的陪衬。培根和贾科梅蒂都对那些不断强加给他们的官方荣誉嗤之以鼻（例如，培根曾正式拒绝了一个骑士头衔，而贾科梅蒂则似乎始终在尽力回避名声和财富的追逐）。他们不仅对那些为其服务者（如服务员）展现出礼貌和尊重，而且明显偏爱所谓的“低级趣味”。妓女、小混混、各色乞丐都吸引了贾科梅蒂和培根的目光，这可能是因为他们作为艺术家，相信自己的创作是对社会现状的一种挑战——质疑人们所珍视的信仰，颠覆既定的基本信念，并提出了离经叛道的替代方案。

无论如何，培根的性取向使他在一生的大多数时光里，不可避免地站在了法律的对立面。这种情况常常将他置于妥协的境地，并与一些可疑的圈子扯上了关系——这些圈子中甚至包括了双胞胎克雷[1]等臭名昭著的东区黑帮。

1　罗尼和雷吉·克雷（Ronnie and Reggie Kray），20世纪60年代伦敦东区有名的黑帮分子。

与此同时，贾科梅蒂对卡罗琳的深情则让他接触到了各色黑社会人物。虽然这些人向他索要了大笔钱财，但他却似乎乐于乖乖交出。实际上，两位艺术家似乎都认为，与这些社会的底层人物相伴，比起与艺术界的达官贵人和资产阶级收藏家交往，更能激发灵感。而这种相伴，也成为他们职业生涯中不可或缺的一部分。

如果贾科梅蒂能够活得更加长久一些，他与培根之间的友谊无疑将更加牢固。尤其是在泰特美术馆举办回顾展期间，他对伦敦展现出了特别的兴趣，而培根在贾科梅蒂1966年离世后的几年里，也开始更加频繁地访问巴黎。例如，同年晚些时候，培根就在贾科梅蒂生前的画廊——梅格特画廊——举办了一场新的画展，这次画展的成功为他1971年至1972年在巴黎大皇宫举办的大型回顾展奠定了基础，在那期间，他经常逗留在法国首都。培根始终受到贾科梅蒂和他作为艺术家的深刻影响，他对贾科梅蒂的评价极高，甚至向他的传记作者丹尼尔·法森透露："贾科梅蒂对我的影响超过了任何其他在世的艺术家。"[26]当得知贾科梅蒂去世的消息时，培根写信给雷里斯表达了自己的哀悼："我知道贾科梅蒂的离世让他的朋友和那些几乎不认识他的人都非常伤心。我想给安妮特写信，但我不知道该说些什么。当你见到安妮特时，请代我向她致以最诚挚的祝愿和爱意。"[27]后来，应巴黎画商克劳德·伯纳德的邀请，[28]培根为贾科梅蒂的画作举办了一场展览，他在简短的致辞中向贾科梅蒂这位艺术家表示了敬意："对于我而言，贾科梅蒂不仅是我们时代最伟大的画家，也是所有时代中最伟大的画家之一。"[29]

尽管在谈话中，培根偶尔会提及贾科梅蒂，但他并未详细阐述自己究竟从贾科梅蒂的艺术和生活中汲取了多少灵感。培根曾自比为一台"研磨机"，声称自己见证了的一切都被细致地研磨和消化。他的贪婪目光无所不及，从情人痛苦的面容到体育比赛的摄影，再到水龙头滴水的景象，或是皱巴巴的古代大师作品副本，这些元素都可能在某个关键时刻融入他的综合视觉创作中。他构建了一个庞大而完整的个人视觉经验字典，并在此基础上，信手拈来，将各种沉重的参考资料巧妙地折叠和融合。相比之下，贾科梅蒂则显得更为挑剔，更倾向于直接从艺术史和自然中汲取灵感，进而培育自己的想象力。

但是，每位艺术家都在其作品中吸收了他们所经历的时代之精华，这些时代的精神已经深深融入了他们的艺术结构：战后人类的孤立感，生命在无神虚空中的无情演绎，以及传达残酷真相时对人类形象的扭曲。这种深刻的共鸣成为他们之间最紧密的纽带，也最终在他们的每一次作品对比中得到了最为有力的体现。

❶ 例如，请参阅描述我与弗朗西斯·培根友谊的回忆录：《血液中的弗朗西斯·培根》（伦敦，2015年）。

❷ 在此，我要感谢贝耶勒基金会主任萨姆·凯勒以及我的两位联合策展人：凯瑟琳·格勒尼耶和乌尔夫·库斯特，是他们促成了此次展览。

❸ 摩尔与本·尼科尔森和芭芭拉·赫普沃斯一样，于20世纪30年代初在巴黎首次拜访了贾科梅蒂。

❹ 奥尔巴赫说，在20世纪50年代，“像贾科梅蒂这样的艺术家给人们带来了希望，让人们继续为真实的艺术不折不扣地付出一切”。引自《伦敦召唤》展览目录（洛杉矶：J. 保罗·盖蒂博物馆，2016年），第17页。

❺ 作为对这一早期支持姿态的认可，贾科梅蒂允许泰特美术馆在1965年举办他的回顾展时，以8000英镑的合理价格收购了他的全部作品（八件雕塑和两件绘画）。

❻ 由热衷于法语的西里尔·康诺利编辑的《地平线》在1949年6月刊上发表了一篇米歇尔·雷里斯关于贾科梅蒂的文章。彼得·沃森还与他人共同创办了当代艺术学院（简称：ICA），贾科梅蒂和培根的作品曾于1955年在该学院展出。

❼ 因此，塞恩斯伯里家族以27.6英镑的价格购得了他们儿子的三幅画作。值得注意的是，其他几位著名收藏家，如古兰德斯家族和埃斯特·格雷特，也同时收藏培根和贾科梅蒂的作品。

❽ 根据西尔维斯特的说法，贾科梅蒂于1955年在伦敦埃里卡·布劳森的汉诺威画廊举办的展览上首次看到培根的一幅画[《人物习作 II》（1953年）]，他当时的反应是觉得这幅画“过于表现主义”[见大卫·西尔维斯特，《回望弗朗西斯·培根》（伦敦：泰晤士与哈德逊出版社，2000年），第204页]。值得注意的是，西尔维斯特为两位艺术家在罗伯特和丽莎·塞恩斯伯里收藏的肖像画小型展览撰写了一篇名为《培根与贾科梅蒂：相似与不同》的论文，该展览在诺里奇郊外的塞恩斯伯里视觉艺术中心举办。

❾ 培根本人曾向我提及此事，但未给出确切日期。

❿ 在 1955年9月9日写给大卫·西尔维斯特的信中，培根详细叙述了与贾科梅蒂的这次偶遇（大卫·西尔维斯特文件，泰特美术馆不列颠档案）。

⓫ 此次晚宴的其他嘉宾可能还包括卢西安·弗洛伊德（他曾为贾科梅蒂担任模特）和乔治·奥威尔的遗孀索尼娅·奥威尔，她以在伦敦家中定期举办晚宴，

将法国和英国的作家和艺术家汇聚在一起而闻名。

⓬ 贾科梅蒂在1964年曾与培根一起访问过马尔伯勒画廊，观看了英国首次埃贡·席勒（Egon Schiele）展览，此次展览的组织者、奥地利画商和作家沃尔夫冈·费舍尔在日记中提及了此事。（参见《阿尔贝托·贾科梅蒂：现代先锋》，利奥波德博物馆，维也纳，2014年）。

⓭ 我第一次见到培根是在1963年6月，当时我正在为学生杂志《剑桥观点》编辑一期关于“英国现代艺术”的专刊，并对他进行了采访。

⓮ 无论醉酒与否，培根通常都能保持自制，避免在公共场合“出丑”。根据纽黑文贝内克珍本与手稿图书馆收藏的詹姆斯·洛德文件，洛德曾于1970年在伦敦三次就贾科梅蒂采访培根。关于这些采访的进一步信息似乎并不存在。

⓯ 培根已经对迪耶感到焦虑不安，因为后者在结束盗窃生涯后，除了酗酒无所事事。众所周知，就在1971年培根的回顾展在巴黎大皇宫开幕之前，迪耶自杀身亡。

⓰ 这一信息直接来自培根，他坚信所有男人从根本上都是同性恋者。贾科梅蒂也很有可能是想表明，他在与同性恋者相处时很自在；他在这方面已经有了一些经验，尤其是在他与诗人勒内·克利瓦尔的亲密友谊中。

⓱ 有趣的是，马蒂斯后来写信给培根，询问他是否可以在自己当时已经非常著名的纽约画廊举办展览（皮埃尔·马蒂斯给培根的信，1967年1月。皮埃尔·马蒂斯画廊档案，摩根图书馆和博物馆，纽约）。

⓲ 正如米歇尔·雷里斯在1966年的《日刊》中所指出的：“我们这个时代的许多艺术家都声称自己是现实主义者（例如贾科梅蒂和培根）。如果这是客观事实，他们岂不是必然会取得类似的成果？但事实绝对不是这样。因此，我们必须得出这样的结论：他们的现实主义是一种主观的现实主义！是的，他们都是现实主义者，但各有各的方式。”

⓳ 贾科梅蒂只用铅笔画了一幅头像，而培根则对整个头像进行了无数次变形。

⓴ 这些信息要归功于诗人兼画廊主雅克·杜宾（1927—2012），他是贾科梅蒂的密友，并为他撰写了第一本专著。当培根在巴黎的马格特画廊展出时，杜宾对他也有了一定的了解。他写过关于这位艺术家的文章，后来还为他画了一幅肖像。

㉑ 培根后来声称，至少第一个文学典故是由其画廊提出的，而不是他本人。

㉒ 1974年，培根对大卫・西尔维斯特说：“我对贾科梅蒂的感觉是，他无论是做雕塑还是绘画都没有必要，他能在他神奇的画作中做到一切。我一直觉得他的雕塑和绘画是画作的其他方面，对我来说并不如画作令人满意。”（见西尔维斯特，出处同上，第245页）。

㉓ 雅克・杜宾告诉我，贾科梅蒂曾提到，他认为培根不会素描是他作品的一大弱点。同样，培根也曾指责贾科梅蒂的雕塑是“艺术品”。值得一提的是，培根在20世纪70年代对雕塑创作产生了浓厚的兴趣，在完全放弃这一计划之前，他曾讨论过某些技术解决方案。

㉔ 在贝耶勒基金会正式启动之前，我看到了最近的培根/贾科梅蒂展览的最后并置部分，这引发了我的这些思考——但仿佛是第一次。我要感谢吉尔・劳埃德博士，我们在一起参观展览时进行了令人兴奋的交谈，讨论了两位艺术家之间的深度对比，这种对比一旦确定下来，就会变得越来越戏剧化。

㉕ 《割喉女人》（1932年）是这一普遍规则的一个突出

例外，在这幅作品中，色情暴力的强度超过了毕加索，只有培根后来才达到了这种程度。在这幅作品伸展的双腿中，甚至可以看到培根的一丝妖娆——这通常不会让人联想到贾科梅蒂。非常感谢帕特里斯·科特辛让我注意到了这一有意义的对比。

㉖ 丹尼尔·法尔森,《弗朗西斯·培根的金色贫民窟生活》(伦敦：企鹅出版社，1994年)。

㉗ 1966年1月25日致米歇尔·雷里斯的信。

㉘ 值得注意的是，贾科梅蒂离开马格特画廊时，他颇具影响力的画廊主朋友路易·克勒约因意见不合而离开；后来，克勒约在克劳德·伯纳德画廊举办了贾科梅蒂作品追思展。培根也有类似的经历，先后在梅格特画廊和克劳德·伯纳德画廊展出，1987 年又回到了已改名为莱隆画廊的第一家画廊。

㉙ 培根亲手复制了这段献词，并将其日期标注为“1975年10月8日”。

这篇文章是我在2018年瑞士贝耶勒基金会举办的“培根/贾科梅蒂”展览的画册中发表文字的大幅扩充和修订版。2019年，艾科波普出版社在巴黎首次出版了由帕特里斯·科特辛翻译成法文的类似版本。

25
Lucian Freud's *Large Interior, W11(after Watteau)*

卢西安·弗洛伊德的 大型室内场景, W11(致敬华托)

卢西安·弗洛伊德，伦敦，1997 年，亨利·卡蒂埃-布列松　摄

几十年的流转与变迁，真是惊人！让我们将时光倒流至1984年的伦敦，回顾一件在当时颇为不同寻常的艺术界大事。这不仅是一个时代的印记，更是一个标志着艺术风向标的时刻。《艺术先驱》杂志的主编，一位拥有严谨审视眼光的艺术鉴赏家，他的审美世界里突然掀起了一阵波澜。那是在邦德街的一家画廊，一位当时在法国还相对默默无闻的画家[1]卢西安·弗洛伊德正在展示其最新作品，名为《大型室内场景，W11（致敬华托）》。展览中那份独特的“愉悦”之感，源于弗洛伊德围绕自己和作品营造的一种独树一帜的光环。这种氛围与他过往的朋友、艺术导师——弗朗西斯·培根所散发出的羞耻与神秘感，形成了鲜明的对比。在那个时代，艺术界的规模尚未达到今日之庞大，人们的生活艺术也显得更为内敛。此次展览之所以显得格外不凡，还有一个原因是著名的古典油画经销商艾格纽斯画廊展出了一幅这位艺术家的画作。自1817年创立以来，艾格纽斯画廊一直以其传统艺术的经营而闻名，其木板镶墙、顶光照明和半博物馆式的氛围，与弗洛伊德的当代艺术风格形成了鲜明对比，营造出了一种令人震撼的艺术对话。在那个时代，艺术与艺术史之间存在着一条清晰且不可逾越的界限。一边是艾格纽斯画廊、科纳尔尼画廊（追溯至1760年）等历史悠久的画廊，它们与艺术史紧密相连；另一边则是新兴的当代艺术机构，如沃丁顿或安东尼·道夫画廊。而泰特美术馆则是一座现代艺术殿堂，专注于经营在世或近期去世的艺术家的作品。当一家尊贵的古典油画画廊展出当代艺术家的作品时，尤其是像弗洛伊德这样具有颠覆性的艺术家时，这在当时被视为史无前例的。❷

近期，达米安·赫斯特[1]在伦敦的华莱士收藏馆展示了他受培根启发创作的新作。这是一次公共关系上的政变，也是时代和品位发生变化的另一个标志。在艺术史的语境下，当代艺术显得如此草率和空洞，这并没有引起太多的震惊，反而带来了一些尴尬。另一方面，在我看来，当培根本人与卡拉瓦乔和其他古代大师的作品于2009年秋季在罗马博尔盖塞美术馆并肩展出时，确实带来了一种强烈的视觉冲击。在那里，一种近乎歇斯底里的、20世纪的焦虑被释放出来，震撼并影响了伟大的欧洲传统那庄重安详的场景和肖像。也许只有像培根这样具有独创性和力量的画家，才能经受住过去的审视，成为艺术史上的不朽。

弗洛伊德的新作花了大约两年时间才全部完成（1981—1983），其内容本身进一步颠覆了传统。这些作品在邦德街画

1 达米安·赫斯特（Damien Hirst，1965— ），英国艺术家，英国青年艺术家团体（YBA）的成员之一。

廊豪华而宁静的环境中展出，其破败、失落的内饰——由一个不停滴水的水龙头作为烘托——以及一群略显畸形、怅然若失的人物所散发的凄惨气息，都给人留下了深刻的印象。在那段时间里，弗洛伊德画作中的人们被神秘的氛围所笼罩，因为他们的身份被严格保密。因此，我们无从知晓（正如后来所揭示的）画中的模特与弗洛伊德之间究竟有何种亲密关系。❸他们聚集在弗洛伊德光秃秃的工作室里，画中从左至右，分别是画家西莉亚·保罗（Celia Paul，当时的弗洛伊德情人）、弗洛伊德的女儿贝拉（手持曼陀林）、弗洛伊德的继子凯（现代版的"皮耶罗"[1]，显然因被众多女性所包围而不知所措）、男孩的母亲苏西·博伊特（Suzy Boyt，弗洛伊德四个孩子的母亲），和前景中的小女孩，据弗洛伊德所说，她的唯一目的就是打破华托原始构图的统一性。❹正如弗洛伊德对这组分离的群体所评论的那样："我是连接。联系就是我。"❺

然而，我们或许会发现，华托在约1712年创作的《皮耶罗》曾属于著名收藏家蒂森–博尔内米萨男爵。弗洛伊德对这幅画的兴趣——描绘了皮耶罗坐在森林小径与两个年轻女子之间的快乐时光——在他为蒂森绘制的一幅肖像画中

1　18世纪风行欧洲的意大利即兴喜剧中最具代表性的人物，通常被描绘为一个无辜、天真且有时略显愚蠢的傻瓜，在许多作品中都被用作喜剧元素，与周围的角色形成对比。

已显露无遗，画中背景出现了华托的一个细节。弗洛伊德还将皮耶罗身边有两个迷人伴侣的中央图像转变为自己私人生活复杂纠葛的戏剧。

我在20世纪60年代初与弗洛伊德相识，当时我是一名学生，正在编辑一本关于英国现代艺术的大学杂志《剑桥观点》。由于我花了些时间采访弗洛伊德，因此经常有机会见到他，以及奥尔巴赫、基塔伊和霍克尼等其他艺术家。在那些年里，弗洛伊德和培根关系亲密，而在我与培根共度的许多难忘的饭局上，弗洛伊德也常常在场。他给人一种轻盈、敏捷的印象，就像一只鸟儿，随时准备扑跃，也随时准备消失得无影无踪。有一次，弗洛伊德驾驶着他那辆优雅的宾利车载我行驶，那一幕至今仍历历在目。他真的在苏荷区的街道上如鱼得水，自由自在地穿梭于人行道和单行道之间。我被他的无畏精神所吸引，甚至忘记了一路上的惊险。某天下午，我们在骑士桥一座宏伟别墅的顶层宽敞房间内进行了一次访谈。随着夜幕的降临，弗洛伊德没有试图点亮灯光，房间很快沉浸在黑暗中，唯一的声音是我们脱离肉体的回声（尤其是他那带有日耳曼口音的声音）在寂静中徘徊。最终，这部分并未成为访谈的内容。后来，弗洛伊德从苏格兰打来电话，口述了一段非常简短的文字，他似乎认为这段话概括了他对生活和艺术的看法。据我所知，这篇文字此后未曾被人引用，因此我将在这里重现它那令人钦佩的简洁之美：

“当人类创造了自己的毁灭，并最终确定了自身的命运，他们也给予了艺术无比的吸引力，增加了一个全新的维度。这个新维度，在目睹终结的同时，能够赋予艺术家至高无上的掌控力、勇气和对自身存在位置的深刻理解，以至于他们能够创造条件(用尼采的话来说)，让‘过去的无数秘密爬出它们的藏身之处——进入他的阳光之中’。”

自从我使用我最信赖的奥利维蒂便携式打字机精心编写以下编年史以来，世间万象经历了翻天覆地的变化。弗洛伊德如今已被公认为我们这个时代的艺术巨擘之一。实际上，在2011年离世之前，他已经被誉为世界上“最伟大的在世现实主义画家”，以及“最伟大的在世画家”。他的作品展览日益频繁，特别是在英国、美国和德国，关于他艺术的书籍和画册也层出不穷。毫不意外，他的画作价格也随着他声誉的攀升而不断上涨。1998年，苏富比拍卖行为他的作品《大型室内场景，W11(致敬华托)》单独制作了一本44页图文并茂的画册，并在纽约拍卖会上以580多万美元的价格拍出了该作。2008年，俄罗斯寡头罗曼·阿布拉莫维奇以不低于3360万美元的价格拍下了《沉睡的救济金管理员》，这是一幅于1995年创作的令人印象深刻的女性肉体作品。

写下这些文字时，这一切都尚未发生。弗洛伊德在某种程度上仍在后台等待，而当时最重要的英国画家培根将于1992年离世。他预见性地塑造了自己的角色，作为一名在抽象艺术繁荣时期抵制抽象艺术，并引领艺术回归具象和欧洲传统价值的艺术家。尽管弗洛伊德对纯粹的绘画价值更感兴趣，但他与培根有着许多相同的信念。当培根的影子消失在夜色中时，英国伟大艺术家的桂冠几乎毫无悬念地落在了弗洛伊德的头上（尽管他从未在我的万神殿中获得更高的地位）。如今，人们可能会说，其他伦敦画家，尤其是伦敦画派的杰出成员弗兰克·奥尔巴赫和莱昂·科索夫，也在等待时机。我认为这种情况在世界任何其他地方都不会出现，而且尤为奇怪的是，这种情况竟然发生在一个并不以视觉天才而著称的国家。这不禁让人想起瓦萨里在《著名画家、雕塑家、建筑家传》[1]记载的意大利文艺复兴时期各艺术中心的竞争等级制度。但我想说的是，亲爱的读者，现在让我们穿越时空，回到20世纪80年代初，当时规模较小、更加

1 瓦萨里（Giorgio Vasari）所著的一部传记文学作品《著名画家、雕塑家、建筑家传》。

封闭的伦敦艺术界，一同探索那些曾经引起震动的事件。

最近，一件不寻常的事件在伦敦艺术界引起了轰动：一家以经营古代大师和19世纪艺术而闻名的画廊，孤零零地展出了一位在世艺术家（尽管是一位久负盛名的艺术家）的一幅大型画作。我故意使用了“事件”这个词，不仅因为英国媒体对此进行了详尽的报道，而且还因为涉及的艺术家，卢西安·弗洛伊德，拥有忠实的追随者和被神化环绕的声誉（就性质而言，如果不是范围的话，这种声誉与围绕阿尔贝托·贾科梅蒂和巴尔蒂斯的传奇相当）。在邦德街的艾格纽斯画廊，人们蜂拥而至，专门辟出了一块宽敞的空间用于展出弗洛伊德迄今为止最新颖、最雄心勃勃的画作《大型室内场景，W11（致敬华托）》。在那里，观众们在丝绒覆盖的墙壁下，沐浴在伦敦最佳的顶光之中，坐在专为公众提供的椅子上，细细欣赏这幅画作。它不仅吸引了英国一家主要日报的关注，更在报上以“也许是一幅杰作”这一谨慎而大胆的标题得到了报道。

当然，这次活动秉承了19世纪的传统。从泰奥多尔·杰里科（Théodore Géricault）的《梅杜萨之筏》到罗莎·邦休（Rosa Bonheur）和弗雷德里克·埃德温·丘奇[1]昔日备受推崇的

1 弗雷德里克·埃德温·丘奇（Frederic Edwin Church，1826—1900），美国画家。他属于哈德逊河派风景画艺术家。

大师之作，都曾作为独立展览在世界各地广为流传，其影响甚至横扫了整个西方世界，不仅在当时的时代产生了如今热门电影般的轰动效应，[6]而且引发了激烈的辩论。虽然弗洛伊德的这幅画作在宣传上比其19世纪的先驱们要低调得多，但它仍然引发了一场争议和某种困惑，尤其是因为画家标题中公然表明了对过去的大师致敬："致敬华托"。

初次面对《大型室内场景，W11》时，若不是事先知晓其与华托的深厚渊源，华托的名字或许不会第一时间在我们脑海中浮现。我的第一印象，同时也是持久的感受是这幅画作纯粹的弗洛伊德风格，其规模宏大、技艺精湛，堪称空前。初见的冲击——用"震撼"或许更为恰当——不仅源于作品中所弥漫的强烈现实主义和荒凉气息，更在于它坚定地采用了传统手法来呈现一个绝对现代的场景。尽管这幅画在五个人物的刻画上从华托那里汲取了不少灵感，但它却以一种完全权威的姿态，讲述了当今年轻一代的故事。

弗洛伊德笔下的人物以其坚定的信念呈现出一种幽灵般的气质。我们的目光在领略了它们的奇异之后，渐渐学会如何解读这些人物的创作过程。仔细观察之下，我们发现这些形象在多层干透的油画颜料中逐渐显现，有机地演变而成。这种幽灵般的特质，并非艺术评论家的一厢情愿，而是一种物理现实：它是无数次“改动”[1]的结果，是先前的形象被最终画面所覆盖的产物。站在画作前，人们会立刻感受到短促笔触形成的紧密色彩交织。在这幅画中，一切事物都通过颜料的纹理予以呈现，有时显得吃力而笨拙，仿佛艺术家在与一种半遗忘的语言进行着搏斗（在我们这个无序、技术无知、“后现代”的时代，确实如此）。与大多数严肃的艺术作品一样，这些形象汇聚了过去的失败，具有某种奇怪的密度；它们在颜料与所表现的事物之间建立了自己的、非常具体的等效关系——无论是关节、有脉纹的叶子，还是鞋子。在这一维度中，颜料不仅仅是模仿所涉及的事物，而是根据自身的法则来呈现。弗洛伊德本人在看待自己的作品时也给予了同样的观点，这从他关于艺术家目标的罕见陈述中可以得到证实。“我希望我的肖像应该是关于人们，而不是像他们，”他说，“不是模仿，而是成为他们……就我而言，颜料就是人物。”⑦这些令人沮丧的幽灵般的人物是颜料与肉体的结合，他们在创作过程中对创作者的依赖，让人想起了杰拉尔德·曼利·霍普

---

1 指画作或雕塑中由于创作者在创作过程中的修改和重绘而产生的痕迹，揭示了艺术家在创作过程中的思维过程和工作方法。

金斯[1]的一句诗:“你将我的骨骼和血管捆绑在一起,将我的肉体紧紧固定。”同样,这里还有颜料织物、颜料树叶和颜料地板,每个元素都在画家精心编排的整体中具有内在的连贯性。

到目前为止,这幅画最引人注目的特点在于,弗洛伊德以华托的《皮耶罗》作为创作的起点,这与培根在教皇系列作品中以委拉斯凯兹的《英诺森十世》为蓝本的做法异曲同工。不仅是在整体的构图上有所借鉴,华托对弗洛伊德画面中皮肤、布料、铁和搪瓷的细腻光线效果也产生了明显的影响。实际上,这幅画所描绘的空间,正是画家在诺丁山(伦敦,W11)的大型工作室。尽管画面中并未直接展示光源,但可以明显感觉到光线是从头顶的开口处洒落下来的(正如画作所在的画廊一般)。在这种传统的工作室顶光下,冷色调的光线洒满房间,形成一种微妙的高光模式,将画面中的各个部分紧密地联系在一起。然而,光线不仅仅是将墙壁结合在一起,赋予粗糙的墙壁一种低调的华丽;它更是在某些区域中强调了肉体质感,呈现出一种令人痛苦的粗糙感。或者,通过其冷峻的均匀分布,将弥漫于整

1 杰拉尔德·曼利·霍普金斯(Gerard Manley Hopkins, 1844—1889),英国诗人,1918年首次出版《诗集》。

个场景的绝望情绪隔离出来。

几种元素共同营造出了这种末日般的氛围。首先，肉体本身便是画作中最自然、最富有说服力的元素，它承载着深深的悲怆。凝视之下，人们不由自主地意识到它的脆弱，以及它所承受的“千百种天然的惊扰”。但这种悲怆是微妙而克制的，与弗洛伊德早期的一些肖像画，尤其是20世纪60年代的作品相比，这种悲怆更加内敛。在那些早期肖像画中，人物的血肉之躯似乎被刻意渲染成红色，以营造出戏剧性的效果。在这里，尤其引人深思的是人物的态度和表情。尽管他们紧紧相邻（比华托的作品中更为紧密），但每个人似乎都沉浸在一个私人的悲伤世界中——仿佛每个人都在以自己独特的方式对悲剧的真相做出反应。就连那个面容奇特、显得沧桑的孩子，也静静地坐在地板上，目光空洞地望向前方，充满了失望（就像一个被遗弃的玩具）。最左边的女性温柔地用手抚摸着小女孩的大腿，这一动作或许能够唤起人们对华托那温柔而忧郁的回忆。

我曾多次听到弗洛伊德谈论其绘画和艺术的普遍性话题，他可能会抗拒任何这样的“解读”，而更倾向于就人物与所占空间之间的形式关系进行纯粹的技术性讨论。然而，他承认，自己描绘的人物往往是那些他深入了解的个体，通常经过了长时间的相识——因此，这些人物最有可能触动他最私密的情感。他曾经说过："我的作品完全是自传性质的。它是关于我自己和我周围环境的。我的作品灵感来源于我感兴趣的人、我关心和思考的人，以及我居住和熟悉的房间。我用这些人来创作我的画作，当他们出现在画布上时，我能更加自由地创作。"进一步的研究揭示，大型室内画中的三位女性都在弗洛伊德的其他作品中被描绘过，那位手持曼陀林、神情幽怨的柯伦比娜实际上是画家的亲生女儿。

在19世纪的某个时期，艺术鉴赏很大程度上是关于猜测画作中隐藏的深意，而大多数画作确实旨在传达道德或叙述故事。这种趋势鼓励了肤浅的才华，并在绘画中引入大量琐碎的内容，以至于到20世纪，"讲故事"或叙事已经成为糟糕艺术的代名词。但在长时间缺乏此类内容(这是历史上其他时期绘画的主要特点)之后，人们的眼睛开始渴望这种叙事性。毫无疑问，终有一天，绘画中的叙事观念将不再带有贬义。在此期间，任何包含多个人物的作品几乎都会讲述他们之间的关系(毕加索的《亚维农少女》是个明显的例外，在这幅作品中，人物之间的关系完全是形式上的)。唯有最盲目的现代主义者才会对弗洛伊德笔下这群被爱之人所散发出的毒气般弥漫的焦虑氛围视若无睹。

在这里，作者运用了多种手法来暗示威胁和不安。与华托的作品相比，弗洛伊德画作中的人物被集中到画面的右侧，这立刻给人一种不平衡和不稳定的印象。观众从略微倾斜的视角观察他们，增加了他们的脆弱感。但整个场景中最令人感到厄运将至的是地板的倾斜角度，它似乎像快速行驶的汽车下的道路一样向人物脚下涌动，迫使蜷缩在一起的人群越来越快地向后退去。透过潮湿、裂缝斑驳的墙壁，我们瞥见的城市景象扭曲而不安，增强了房间内的焦虑感，切断了所有逃离的念头。水龙头漫无目的地流淌着，与画面的中心主题——时间、希望和生命的流逝——形成了呼应。

然而，这种无可否认的、令人不安的景象，在弗洛伊德的作品中却表现得比往常更加温和。艺术家往昔常用的修饰手法，甚至是戏剧性的手段——例如凸显裸体女子的胸部的手法，或者是在两个煎蛋的盘子旁边躺卧的景象，再或是那些更为臭名昭著的场景，如裸体男子抚摸老鼠等——在新作中均已不复存在。这幅画没有明显的努力去追求震撼，却悄然传达了生命的无常之感。尽管画面中的人物无疑是核时代的产物，但他们的悲伤似乎更具普遍性，仿佛是在哀悼整个人类境况。《大型室内场景，W11》以真诚的哀歌曲调和高超的技术完成，不仅巩固了弗洛伊德作为我们所处时代杰出人物画家之一的地位，而且预示着他最好的画作可能还在后头。

说到这里，法国读者可能会觉得有必要了解一下这位艺术家的背景资料，因为弗洛伊德的作品从未在法国进行过展出，在英国以外的其他地方也很少露面。然而在伦敦，他不仅在一家又一家声名显赫的画廊定期展出，其艺术天分也早已获得了广泛的认可（例如，在1940年，当他仅18岁时，他的自画像就在颇具影响力的文学评论杂志《地平线》上发表）。这位艺术家于1922年出生于柏林，是一位建筑师的儿子，也是西格蒙德·弗洛伊德[1]的孙子。尽管他在文化传承和风格态度上保持着鲜明的非英国特色，但他的生活和创作却充满了伦敦人的气息。❽他的画作始终专注于少数亲密的朋友和家人，以及偶尔的伦敦生活场景。除了上述提到的那些明显的例外，弗洛伊德的作品摒弃了无关紧要的细节，转而专注于“直接表现”这一极具挑战性的任务。因此，尽管他经常采用不寻常的视角，但弗洛伊德首先依赖于笔触的表现力。如果说他很少尝试形式上的创新，那么毫无疑问，他一直以来的兴趣就是尽可能直接、有说服力地表达观察到的生活——而不是他的伦敦同事R. B. 基塔伊所称

1　西格蒙德·弗洛伊德（Sigmund Freud, 1856—1939），奥地利精神病医师、心理学家、精神分析学派创始人。

的“现代主义干预”。

弗洛伊德的画家生涯可分为三个明显阶段。在第一阶段，他的作品深受高度线性、近乎讽刺的传统风格的影响，许多早期作品与格罗兹风格相似。自20世纪50年代起，他开始将更多的注意力转向肖像画，虽然风格依旧以线性为主，但越来越依赖于对模特的直接观察。（弗洛伊德曾强调模特对他的创作至关重要：“我从来不会因为根据生活创作而受到束缚。相反，我感到更加自由；我可以自由发挥，这是记忆的专制所不允许的。”）这些画作中的肉体呈现出一种轮廓清晰的半透明感，让人联想到伟大的佛兰德斯大师，而画面的气氛则是人性的极度脆弱。到了20世纪50年代末，弗洛伊德的画面变得更加松散，画笔更加自由，表现力更强。这一重大变化可能与他深深钦佩培根的作品有关。自从那次彻底的转变后，弗洛伊德始终坚持不受妥协的个性，专注于自己的艺术。

《大型室内场景，W11》无疑是弗洛伊德画家生涯成熟期的杰作。有几个外部原因促使他创作出如此规模的作品（画幅185厘米×198厘米，耗时三年）。第一个原因是1977年巴黎大皇宫的库尔贝展览，这场展览唤醒了弗洛伊德长期试图尝试多人构图的野心。第二个原因是他最近搬到了一个新的工作室（即所谓的“大型室内”），可以容纳更大的画布。第三个原因是，弗洛伊德在为蒂森–博尔内米萨男爵创作肖像的过程中，发现了华托的作品《皮耶罗》。他对这幅画非常着迷，于是将其中的一部分作为肖像的背景。他说：“起初我打算临摹华托的这幅画，然后我想：为什么我不自己画一幅呢？”

一旦确定了心仪的模特，弗洛伊德便在没有草图的情况下直接投入创作。实际上，他在作品完成后，还会制作一些相关的素描。据与艺术家关系密切的人士透露，他的创作过程是零敲碎打的，先画一个人物，再画另一个，不论白天黑夜，只要模特有空，他便着手工作。完成的作品与最初的灵感之间明显的差异远大于它们的相似之处。原本幽暗的林间小径被替换为肮脏的城市室内，20世纪60年代优雅愉悦的希望被彻底抛诸脑后。画中残留着一些光泽服饰的痕迹，但华托笔下的演员们笑容满面，几乎是童心未泯，而弗洛伊德画中的人物则被一种共同的失落感和不祥感所困扰。正是这种痛苦的情绪——丝绸连衣裙和赤脚、衰败场所中弹奏的曼陀林的特定组合——赋予了这幅画一种紧迫的当代感，强烈地吸引我们深入探究，仿佛这是我们时代一面神秘、难以捉摸的镜子。

❶ 1990年，弗洛伊德在巴黎的贝格鲁恩画廊迎来了他的首次个展，据我所知，这也是他唯一的一次个展。我为这次展览撰写了序言，展览主要展示的是他的“版画”作品。五年后，梅格特基金会在圣保罗德旺斯举办了一场名为“培根-弗洛伊德：表达”的展览，让-路易·普拉特为展览撰写了序言。弗洛伊德下一次在法国的重要展览，也是迄今为止的最后一次，我认为是“伦敦画派，从培根到贝凡”，这是我在1998年策划的展览，其中包括弗洛伊德的八幅重要油画，以及培根、奥尔巴赫、科索夫、基塔伊、安德鲁斯（Andrews）等人的作品。这次展出的这些以伦敦为基地的具象画家的作品，都在他们的职业生涯中紧密相关并互相借鉴。这些作品首先在巴黎的马约尔美术馆展出，然后前往西班牙的圣地亚哥-德孔波斯特拉，重点是维也纳。尽管如此，弗洛伊德通过他在伦敦的律师明确表示，他的作品不会参加在其著名祖父的出生地举办的这次展览。

❷ 当然，事实并非如此。在维多利亚时代，艾格纽斯、科尔纳吉和比利时出生的画商欧内斯特·甘巴特主宰了当时的当代艺术市场，向新贵出售新的画作。而早期的艺术品经销商，如瓦托的支持者埃德梅-弗朗索瓦·格桑，也会毫无顾忌地将新旧艺术品混合展示。

❸ 在1982年出版的《卢西安·弗洛伊德》一书中，画家兼教师劳伦斯·高文（Lawrence Gowing）反复强调，弗洛伊德的肖像画中的主人公姓名不会——实

际上，也不应——被透露。他坚信，这种匿名性有助于更好地欣赏画作本身的内在品质。然而，在他自己的文字中，那些人物是谁的问题却占据了主导地位，以至于他们的匿名性更像是一种障碍，而非对欣赏的助力。

❹ 弗洛伊德在他的画作细节上一直保持着一定的神秘感，直到2002年他的回顾展在泰特美术馆开幕，以及威廉·费弗的画册文章发表之后，这些细节才得以公之于众。

❺ 引自史塔尔·菲古拉，《卢西安·弗洛伊德：画家的蚀刻画》（纽约：现代艺术博物馆，2008年），第20页。

❻ 特殊效果，如在银色反光镜中闪烁的气体喷射，以及令人回味的配件和陈设，是许多此类单幅画展的常客。

❼ 引自约翰·罗素在海沃德画廊展览《卢西安·弗洛伊德》画册序言中的一段话，伦敦，1974年。

❽ 伦敦作为重要当代艺术中心——甚至是关键中心——的说法开始逐渐得到认可。在与这座城市有着深厚渊源的最重要的具象艺术家中，只有弗朗西斯·培根和大卫·霍克尼的作品曾在国外广泛展出。我相信，在未来几年里，弗洛伊德、奥尔巴赫、基塔伊、科索夫、安德鲁斯等其他艺术家的杰出成就将会受到越来越多的赞誉。

原载于《艺术先驱》，巴黎，1984年3月；法语重印本附全新引言，艾科波普出版社，巴黎，2010年。

26

Raymond Mason Confronts the Torrent of Life

雷蒙·马松：
直面生活的激流

雷蒙·马松, 巴黎, 1976 年, 亨利·卡蒂埃-布列松　摄

雷蒙·马松是一位难以归类的艺术家，他的作品既包含雕塑也涉及绘画，这种多样性在一定程度上解释了为何他的作品并不那么广为人知。他生于伯明翰，但他的艺术生涯却是在巴黎度过的。在那里，他结识了毕加索和贾科梅蒂，与诗人伊夫·博纳富瓦和摄影师亨利·卡蒂埃-布列松等知名人士建立了深厚的友谊。马松的才华早在他的青铜浮雕《巴塞罗那有轨电车》(1953年)以及其他关注普通人和平凡城市场景的作品中就得到了体现，这些作品引起了人们的注意。随后，他转向使用环氧树脂创作一系列大型的浮雕作品，以鲜艳甚至是花哨的色彩描绘巴黎勒斯哈尔市场的关闭或普罗旺斯的葡萄采摘等主题，认为这些作品为公众带来了不同于狭隘艺术世界的另一种现实主义。此外，马松还继续创作细腻的水彩画，这些作品与其备受争议的多色雕塑形成了鲜明对比。

我曾策划过两次雷蒙·马松的作品展，第一次是1982年在蛇形画廊，第二次则是2000年在马约尔美术馆。此外，我还将他纳入一个伦敦画派的巡回展览之中，因为他的作品是坚定不移的具象艺术，而且他曾与其他伦敦艺术家一同在伦敦海伦·莱索尔的艺术画廊进行展出。马松本人极富表达天赋，并形成了一套强大的理论体系来支撑他的雕塑技法。我认为，深入了解这位性格鲜明的艺术家的生活将会非常有趣，它并非始于1946年抵达巴黎时所遇到的令人兴奋的存在主义氛围，而是始于伯明翰工业区的小巷深处。马松性格急躁，极其珍视自己的声誉，希望我以特有的某种方式介绍他和他的作品，因此过了一段时间后，才接受了我对第二次展览的介绍。整个过程充满矛盾，但幸运的是，马松能够看到事情有趣的一面，并讲述一些我所听过的最幽默的故事——通常都是关于他自己的小插曲。

在童年时期，雷蒙·马松的早晨并未在学校度过，而是耗费在家中与慢性哮喘的搏斗中。他忠实地吸入母亲放在他身边的哮喘药蒸汽，但心神却被窗外的景象深深吸引。窗外，是一条位于伯明翰工人阶级社区的狭窄街道，一端是一家杂货店和一家糖果店，另一端则是一家酒吧。街道对面是一座红砖工厂的巨大身影，这神秘的轮廓让小男孩感到既神秘又安慰，后来将之称为他的“圣维克多山”[1]。街道上并不常有

1 保罗·塞尚在10世纪末至20世纪初的作品中，多次描绘了圣维克多山的景色。这些作品展示了艺术家对自然景观的深刻理解和独特的视觉语言，使塞尚成为一位备受尊敬的画家，也使圣维克多山在艺术史上占有重要地位，尤其是在印象派和后印象派艺术运动中。

热闹的事情发生。邻居们在出门时偶尔相遇，彼此打个招呼，偶尔会有汽车或马车驶过。但在这强制性的孤独中，年幼的马松却对这缓缓变幻的景象产生了迷恋：风中，妇女们弯曲着身子，紧紧抓住手中的购物袋；人行道上，孩子们欢快地嬉戏；而那些戴着帽子和围巾的男人，则走向了酒馆的方向，每个人的轮廓在雨中，在工厂那阴暗的墙面上，都显得格外鲜明和突出。

这便是马松理解世界的窗口。这扇窗赋予了他激发巨大视觉好奇心所需的一切，从那时起，这一切几乎一直伴随着他。大约七十年后，马松依旧被困在那个房间里，目不转睛地注视着外面街道上人们的生活。他每天花费许多时光孤独地待在这个房间中，就是他位于卢森堡花园附近的工作室，而街道则是离他门口最近的那条。马松继续以他童年画画时那种细致入微的热情，观察和记录他周围的环境，对日常生活的丰富多彩和对平凡事物的非凡之处感到惊叹。

然而，正如当前正在进行的回顾展所充分展示的，马松的窗口从未停止过成长、变化和深化。他基本上始终居住在城市，从伯明翰搬到牛津，再到伦敦，最终在1946年首次抵达巴黎，并将其作为自己的家。

尽管巴黎无疑是他艺术创作的主要舞台，但马松还是会抽出时间描绘其他几个大城市，尤其是伦敦、纽约、罗马和香港。城市中的人，无论是孤独凄凉还是被淹没在人群之中，一直都是马松作品中最为恒定的题材；但他亦会将观察之力，宛若巨型车灯般，投射至城市本身，在空无一人的静谧中，展现纯粹的建筑之美。色彩与造型因宽敞的空间而更显深邃，引人无限回味。同样，马松的窗口也经常向风景敞开，尤其是他曾在普罗旺斯夏日里漫步的那片低矮的山脉——吕贝隆山。他的风景画作，如同城市景观一样，总是以精确的地形描绘为主，人类的踪迹难觅，只有一座被遗弃的农舍静默其中。但即便是在这静谧的自然中，人类偶尔也会占据一席之地。在名为《葡萄采摘者》（1982年）的大型雕塑中，人类就戏剧性且主导性地展现了他们的存在。

马松的作品在规模和题材上都展现了多样性。他的创作涵盖了从小型草图到完整素描，再到彩色习作和小型雕塑模型，以及最终的全尺寸雕塑作品。这些草图以直接和生动的笔触绘制，而素描则运用黑墨水、水彩或水粉，呈现出完整的视觉故事。每一件作品都经历了严格的审视，无论是在视角、媒介还是尺寸上，最终都是为了将艺术家的想法以三维形式完美呈现。另外，他作品的处理方式也同样多变。在这个展览中，特别令我印象深刻的是，它展示了艺术家最隐秘的一面和最公开的一面。一方面，有令人惊叹的精细水果或植物的水彩画作；另一方面，则是气势磅礴、近乎野性的彩色雕塑。马松作品中这两个极端之间的对比，就像抒情诗与史诗剧的距离一样遥远。当人们意识到这两个极端出自同一双手时，可能会感到惊讶—— 一边是专注于细节的敏感水彩画家，另一边是寻求大众影响力的慷慨激昂的戏剧家。同样，马松素描中的自发性——无疑是当今任何在世艺术家中最令人回味的作品之一 ——在雕塑中被最精心安排和故意表现的构图所取代。在许多预备稿中，一切都似乎还处于流动之中，尚未确定最终形式；而在雕塑作品中，无论观众从哪个角度观察，都已经确定了最后一个细节。

在马松的观点中，观众绝对扮演着不可或缺的角色。事实上，他认为创作一件艺术品的全部目的就是要在尽可能多的层面上与尽可能多的人进行交流。因此，马松所做的一切从一开始就面向外部世界。他的雕塑，简而言之，是为了人，为了人的生活。马松本人也经常重申这一主题，这是他艺术信条的核心。他曾说过：“就我而言，艺术家的唯一行动就是朝着生活，朝着他人前进。”“我试图表达，如果可能的话，提升我身边的世界，我知道的世界。……我一直专注于人类主题和卑微者的行为。这一点简单明了。在信仰衰落的时代，选择一个能够引起大众、整个世界的兴趣并能向其发声的具有普遍性的主题就显得不那么重要。因为对我来说，重要的不仅是作品的主题，还有公众对它的理解。”[1]此外，马松还撰写文章、接受采访，并就其雕塑作品的不同方面与媒体进行交流，因为他认为艺术家有责任在其作品投放市场之前，给予其作品被认可和理解的一切机会。

因此，马松的艺术远不止于自我表达。他的创作之路独树一帜，作品在创造性和智慧层面上几乎可被视作其生活的自传。实际上，他的日常生活与作品之间存在着如此紧密的联系，以至于风格上的彻底转变不仅标识了艺术生涯的新阶段，而且也深刻地影响了他的生活。在马松的创作生涯中，这些根本性的变化总是伴随着关键作品的诞生。马松深信，艺术家的不朽追求在于创作出杰作，而他的艺术历程无疑是由几件极具野心的雕塑作品所定义的。这些作品总结了之前的作品，并通过创造如此明确的分水岭，迫使艺术家在随后的创作中寻求新的主题和新的挑战。尤其是四件堪称马松艺术发展之里程碑的大型雕塑作品，由于这次回顾展在很大程度上是围绕它们组织的，因此我想在这里详细介绍一下它们。

在艺术生涯的早期，马松以画家的身份开始了他的创作之旅；随后，在作为一名雕塑家逐渐崭露头角之际，他选择了一种更为独特的自我认同——“三维画家”。移居巴黎之后，他的艺术实践又迎来了新的转折——开始探索抽象雕塑的领域。在这个充满挑战与机遇的艺术环境中，他邂逅了贾科梅蒂，并对这位艺术家及其作品产生了深厚的敬意。在回顾那次意义深远的邂逅时，马松动情地表达了自己的感受：“在贾科梅蒂那里，我看到了救世主的形象，他是巴黎这个繁华艺术世界中一个独特的集结点。他不仅是年轻人学习的楷模，更是他们心中那个信仰的化身，他证明了对于世界的形象，我们不仅可以崇拜，还可以通过艺术去探索和再现其无尽的奥秘。”《街上的男子》（1952年）是一件青铜浮雕作品，在这件作品中，一个年轻人的半身像在一座无名建筑的衬托下，透过空洞的眼窝凝视着观众，很明显受到了贾科梅蒂的影响；次年，马松完成了《圣日耳曼德佩广场》，这件作品的平面构成更为复杂，贾科梅蒂的影响已被充分吸收，使这位年轻的雕塑家开始探索建筑环境中的人物主题。这一主题贯穿了他的整个20世纪50年代的创作，成为马松艺术探索的重要方向。

然而，正是《巴塞罗那的有轨电车》使马松的地位得以明确无误地确立。尽管这件作品与《圣日耳曼德佩广场》(1953年)同年创作，但年轻的雕塑家在此作品中充分证明了自己的技术实力和风格上的独立性——这是我们对于“杰作”的传统要求。如同马松的作品常常展现的那样,《巴塞罗那的有轨电车》源自一段特殊的经历：当他在加泰罗尼亚首府绘画时，他被街上那些沐浴在强烈阳光下的、圆润而富有雕塑感的人物所震撼，尤其是其中的女性。同时，他对巴塞罗那的有轨电车的一个特点感到着迷——车窗没有玻璃，这样乘客就可以像坐在剧院包厢里一样，欣赏窗外的世界变迁，同时也被街上的人们所观察。作为对拥挤、敞开窗户的有轨电车留给他的强烈视觉印象的直接反应，马松创作了他的第一件高浮雕。在石膏上，他塑造了一些圆润的人物形象，并突出了雄伟的法兰西车站的凹陷部分，该车站是巴塞罗那通往巴黎的门户，在背景中显得尤为突出——可以想象，就像艺术家成长过程中的街道上那些工厂一样。马松之前的低浮雕青铜作品散发着时间和地点的静止和悬浮感，而《巴塞罗那的有轨电车》则充满了动感：跳上驶离的电车的人物、微风拂过女人的裙摆，甚至可以感受到阳光在前方城市火车站的黑暗洞穴中肆虐的波浪，这些都捕捉到了日常生活的瞬间——这就是后来成为马松创作主要题材的街头生活，充满了诗意的动感。

《巴塞罗那的有轨电车》清楚地表明了这位年轻雕塑家的才华和独创性，同时也让毕加索、巴尔蒂斯和培根注意到了他的作品。他们都对这件作品发表了评论，并与贾科梅蒂一起，成为马松一直以来最敬佩的20世纪艺术家。从那时起，马松开始敏锐地意识到巴尔蒂斯大型画作，尤其是《街道》和《圣安德烈商业街》的大师级构图技巧。在随后的十年中，这位年轻的英国艺术家专注于一系列巴黎街景的创作，这些作品基本上是对《巴塞罗那的有轨电车》主题的发展。这些作品探讨了马松仍在吸收的贾科梅蒂和巴尔蒂斯的影响，以及他自少年时期就开始敬仰的雕塑家奥诺雷·杜米埃和米开朗琪罗的风格，最终创作出了一件极具雄心的大型作品《人群》。从1963年到1968年，马松花了五年时间才完成这件精湛的艺术杰作。

接近《人群》的最佳方式可能是追寻马松的脚步，审视他在最终创作巨型雕塑前所制作的大量墨水和石膏预备稿，后者尤其展示了该项目的勇气和难度。在此之前，马松的人物形象总是以建筑为背景进行构思：建筑物、后退的街道，甚至是一片铜制的天空都将他们包含在其中，将人物的日常行为和姿态置于特定的背景之下。但马松新雕塑作品的核心意义在于展现人群最抽象的本质——人性——一个超越任何时间和地点的概念，其中大量人物的意义仅仅依赖于彼此。作品的构思源于马松对这样一种现象的迷恋：一大群人沿着街道行进，像波浪一样起伏，充满了内在矛盾和个人特质，却依然被他们的相似性所维系，一个人变成许多人，被推动着朝着同一个方向前进。现在，这件完成品被永久性地安放在杜伊勒利宫花园中，给人留下最深刻印象的是这一大块青铜看起来是如此地流动。无论视线落在哪里——一顶帽子、一个耳朵、一只手臂——都会被一个个细节从构图的一侧引向另一侧。运动在整个画面上闪烁，就像火焰或海上的阳光。黑暗、沸腾的人群中释放出一种近乎威胁的躁动，这些人头有的已经完全成形，有的仍是毫无特征的疙瘩，它们堆积在一起，像人形的熔岩流一样向观众倾泻而下。《人群》或许也可以称为“源泉”，因为这些汹涌澎湃的人形看起来就像一口水井，一代又一代的人类从这口井中涌出。

在罗马的一个炎热的夏天，马松在铸造厂中铸造《人群》的过程几乎耗尽了他的精力，以至于他立下誓言，再也不会涉足青铜创作。然而，这一决定的背后隐藏着更深层的原因，这不仅是他职业生涯的一个危机，也是他人生的一个重要转折点。自从受到贾科梅蒂的影响后，马松就将色彩从他的作品中驱逐了出去。尽管如此，他的艺术生涯始于绘画，并始终希望通过艺术来加强和再现自己对生活的感受，而色彩一直是这一过程中的关键元素。在普罗旺斯的吕贝隆山对面购置了一栋房子后，马松重新拾起了绘画的乐趣，创作了一系列水彩风景画，描绘了他眼前新的普罗旺斯环境。他意识到，风景画和风俗画在传统艺术题材中往往处于次要地位，因此他一直在寻找一种方法，将自己对色彩的热爱与作为雕塑家的专业技能结合起来。当他偶然发现杜布菲已经使用了一段时间的环氧树脂模塑雕塑技术时，他的艺术之路终于迎来了突破。马松首先用石膏制作了一个小模具，并对树脂铸件的轻巧和耐用性感到十分满意。为了捕捉原始作品的表达力度，他在死白的树脂上添加了几笔色彩；他突然意识到，仿佛偶然间，他找到了理想的媒介，因为它将他对色彩与三维形态的热爱完美地融为一体。

在经历了《人群》创作的疲惫之后，马松下定决心，他下一件作品的主题应当是他确信能够带来愉快的内容。他一直很喜欢集市，喜欢那里的五彩缤纷的人物互动，喜欢堆放在摊位上的大量蔬果所散发出的美感，还喜欢那熙熙攘攘的景象。他用一句令人难忘的话概括了自己作为艺术家的目标："生活的喧嚣、情感的涌动、生命的狂潮，这就是我所追求的。"[2]作为一位善于记录平凡事件的伟大编年史家，马松一直将勒斯哈尔市场视为巴黎最神秘乃至神圣的地方。因为他喜欢在那里闲逛，所以他漫步在该地区，与当地人——搬运工、妓女、水果贩子和流浪汉——打成一片，并绘制了大量的速写，记录了夜晚鲜花和水果、肉类摊位以及载满蔬菜的车辆驶入巴黎市中心的壮观景象。尽管马松尚未确定自己的新项目，但当蓬皮杜总统下令拆除勒斯哈尔市场时，他立刻意识到自己承担着一项迫切的任务：创作一座雕塑，用以纪念巴黎历史上不可替代的一部分——中世纪的一部分，在它永远消失之前，以其流行的盛况和深刻的人性内涵——的逝去。

马松用了大约两年的时间，过着类似隐士的生活，在工作室中孕育、塑造、铸造，直至完成这件名为《巴黎市中心的水果蔬菜市场撤摊离开，1969年2月28日》的巨型雕塑。这件作品与他早期的创作风格迥异，它是一件巨大的壁画式浮雕，展现的是一队集市上的人们从一直被称为“巴黎的腹地”隆重离开的场景。这些色彩斑斓的人物，每一个都极具个性，两侧分别是圣-尤斯塔克的晚期哥特式外墙和巴尔塔德的金属玻璃亭子。当马松的新作首次公开展出时，即便是他最忠实的拥护者也感到了迷惑。他们对这件作品所展现的强大形式特质表示了深深的赞赏：蔬菜车上旋转的车轮与圣-尤斯塔克教堂的玫瑰窗遥相呼应，而圣-尤斯塔克的玫瑰窗又与平凡的卷心菜叶脉形成了微妙的一致，这些细节无疑突显了作品构图的精妙。但故意选用丙烯颜料的强烈对比，以增强空间的幻觉，这一大胆的技法选择却引发了广泛的惊讶。然而，随着大约三十年的时光流转，雕塑那原本明亮的色调在圣-尤斯塔克教堂那庄严而阴暗的氛围中逐渐褪色，变得柔和而深沉。这样的转变，既是一种自然的演变，也似乎是时间老人的巧妙安排，为作品增添了一层岁月的深度和沉静的美感。[3]

马松将自己比作一位小说家，其作品将包含尽可能多的内容（尽可能多的事实和观察），与诗人（其目标是简化与浓缩）形成对比。一天，当马松在报纸上读到法国北部发生的一起矿难时，他的整个伯明翰往事仿佛一下子浮现在眼前。他立即着手根据报纸上的照片创作了一件小型浮雕，后来又去了事故现场。凭借其拥挤的群体形象、淡雅的色彩和灾难的氛围，《北方的悲剧——冬天，雨，眼泪》在震惊和痛苦方面与勒斯哈尔雕塑的欢快、充满生命力的队伍形成了完美的对比。在红砖背景（再次让人立刻联想到伯明翰）下的大型人物群像是如此有效，它巧妙地将照片的直观性与三维雕塑的持久性融为一体。从任何角度观赏，都能发现新的视觉景象。在马松的作品中，有一种无懈可击的视觉逻辑，它能预见观众的一举一动，并为眼睛提供最大限度的形式、色彩、光线和阴影。

在《葡萄采摘者》中，马松将这种策略运用得淋漓尽致——以近乎万花筒般的形式和色彩的交织吸引着观众的注意力。显然，马松认为自己不仅需要回归一个更加欢乐的主题，还需要回归第一手的经验。雕塑展现了他了如指掌的一片土地和一群人物：在马松位于普罗旺斯的避暑别墅旁的田野里，一排排葡萄藤由他的隔壁邻居照料。马松设计了一个整体构图，为这个普通的收获场景带来最大程度的视觉戏剧性，他在现场进行了大量研究，以确定每一个细节，从采摘葡萄者帽子的准确倾斜度到葡萄叶的秋季色调以及10月午后阳光投下的阴影。作为一名“小说家”，马松进行了大量艰苦的研究，力求向他所创作的形象传递大量可核实的信息，使其具有尽可能高的密度——因此，他希望雕像能够长久保存。

在此次展览开始前，马松为他的所有作品制作了小模型，并按照惯例一丝不苟地将其摆放在马约尔美术馆房间的小比例模型墙壁上，他认为这样做最能体现这些作品的优点。看着这些模型，我出乎意料地感受到马松的艺术所传达出的近乎不可思议的生命力。例如，《葡萄采摘者》虽然比火柴盒还小，却散发着普罗旺斯的温暖光芒，而微小的《北方的悲剧——冬天，雨，眼泪》则蕴含着悲凉的气息。无论马松的雕塑最初看起来多么直截了当，但其形式上的巧妙和连贯性将它们提升到了另一个层面，它们拥有一种超现实的现实感，这使它们既像日常现实，又完全不同于日常现实，将普通生活提升到了艺术的神秘领域，在那里，永恒的意义逐渐显露出来。

❶ 《雷蒙·马松对迈克尔·佩皮亚特的回答》一文，收录于雷蒙·马松在伦敦蛇形画廊举办的首次回顾展画册中，1982年。

❷ 《生命的洪流》，理查德·考克与雷蒙·马松为BBC广播3台所作的对话，转载于展览画册《雷蒙·马松：雕塑和绘画》，伯明翰市立博物馆和美术馆，1989年。

❸ 自2001年起，该作品被泰特美术馆收藏。

原载于“雷蒙·马松”展览画册，马约尔美术馆，巴黎，2000 年。

27

R. B. Kitaj: Paintings as Novels

R. B. 基塔伊：作为小说的绘画

R. B. 基塔伊，1963 年，豪尔赫 · 莱文斯基　摄

要深入了解罗纳德·布鲁克斯·基塔伊(Ronald Brooks Kitaj)的作品和性格，仍是一项挑战。他是一位充满活力却备受争议的艺术家(类似雷蒙·马松)，其旺盛的活力、对辩论和争议的热切渴望，犹如一对翅膀，为他的画作注入了无穷的动力：他的作品似乎是一个更大规模“人生规划”的一部分，其中包括向他所敬仰的诗人和画家致敬，以及探索他作为一个美国出生的犹太知识分子所浸透的欧洲文化身份。我与他关系密切，曾与他合作多个项目，尤其是伦敦画派的巡回展览，该展览以基塔伊最初的主题概念为出发点，同时将画家人数缩减至六位“核心人物”。[1]

基塔伊身上的一些特质让我想起了一位技艺高超的体育教练，他拥有专业知识，对比赛充满热情，但并不完全是一名“运动员”。我已经很多年没有机会欣赏他的画作了，但当我看到这些画作的插图时，我感觉它们现在看来更像是一场说明，阐述了一系列广泛的概念和观念。其中一些一眼就能辨认出来，另一些则更加隐蔽和微妙，它们本身并不是艺术作品，而是艺术家关注点和忠诚度的宣言。要在短短几行字中探讨这个概念是很困难的，但伟大艺术作品的一个标志肯定是它完全以自己的方式存在。虽然它很可能包括对其他元素和来源的各种引用(人们会想到基塔伊的偶像之一T·S·艾略特)，但它会将它们完全吸收到自己独特的语言中，以至于它首先引用了自己。这一点在基塔伊身上没有完全实现，就像在马松身上没有实现一样，因为故事似乎总是比绘画更具说服力，从未释放出其使用媒介的全部力量，而最终，这才是让人完全信服和满意的地方。

我们如此轻易且频繁地接触图像，以至于很容易忘记它们究竟是多么奇特的存在。然而，我们一次又一次地被画布和石头上的这些充满魔法般的作品所吸引，就像古代的神谕一样，它们充满了谜团和启示。我们前往它们的所在之处，是为了澄清我们的视觉，深化对我们所见之物本质的理解；在一段时间的缺席之后，我们衡量自己的品位和思考是如何发生了变化。尽管这个过程已经被分析了几百年（对于评论家和策展人来说，这甚至成为日常的一部分），它的本质仍然是一个谜：几个世纪以来，人们从各个方面对其进行了分析，却从未给出过一个清晰的解释。

在我看来，R. B. 基塔伊作品的一个显著特点是，它始终能让人感受到图像固有的神秘感。他的作品通过一系列的疏远手段、隐藏的参照物以及在几乎无意识的层面上进行的各种干扰，让人们看到了其制作过程中错综复杂的人工痕迹。这些作品并不是作为一种纯粹的审美体验（图像与观众合二为一的和谐）融入人们的心灵；相反，它们表明，它们需要被解读，观众的眼睛必须穿越个人知识和学说的迷宫才能捕捉到它们。因此，基塔伊的画作与众不同，它们激发好奇心、带来困惑，甚至可能让人感到恼怒，因为观众在感受到最初的冲击力之前，必须先面对一种坚决的不可捉摸性，一种必须追寻的“他者性”。

“他者性”似乎从一开始就成为基塔伊的特色。1932年，基塔伊出生在俄亥俄州克利夫兰，父母均为俄裔犹太人，属于他所谓的“开明的工人阶级”。从小，他就被克利夫兰博物馆的宝藏所吸引，在那里参加了儿童艺术班，并临摹了一些古典雕塑。16 岁时，他去了一所“每个人都用家庭油漆工的画笔创作‘行动绘画’”的纽约艺术学校。❷但对博物馆的热爱激发了年轻的基塔伊想要像汉斯·梅姆林[1]那样作画的欲望，因此这种姿态上的自发性与他的目标完全背道而驰。不可避免地，他告别了纽约那所学府；随后几年，基塔伊携着一本速写本四处旅行，主要身份是商船上的水手，同时，也开始了自己对世界知识的深厚积累。

1951年，半是学生半是航海家的基塔伊踏上了欧洲的

1 汉斯·梅姆林（Hans Memling，1430—1495），佛兰德斯画家，北方文艺复兴运动代表人物。

土地。维也纳，这座他的祖先曾居住过的城市，首先吸引了他的目光。追随着席勒的脚步，他进入了维也纳艺术学院，接受了一个世纪以来几乎没有改变的教育。与此同时，这座饱经战火蹂躏的国际大都市，其政治与知识的辉煌过往深深地触动了这位年轻的美国人。基塔伊回忆道："我在咖啡馆里读了很多书，但现在这些书都随风而逝了。""我和一群在浪漫的阁楼里生活和恋爱的学生们在一起。卡夫卡和乔伊斯式的放逐对我来说比哈斯堡收藏的华丽的勃鲁盖尔家族[1]和委拉斯凯兹的作品更有意义。但我每天都在画模特，他们因寒冷而面色红润，一大早就被一丝不苟地摆放好——甚至连手指关节的位置都不放过。"❸学院课程结束后，基塔伊搬到了另一座饱受蹂躏的城市——伦敦，并在皇家艺术学院开始了自己的学业——与大卫·霍克尼在学校相识，两人自此成为挚友。从弗朗西斯·培根到弗兰克·奥尔巴赫，从卢西安·弗洛伊德到迈克尔·安德鲁斯(Michael Andrews)，众多天才画家都在这座城市的画布上留下了自己的印记。这种艺术上的共鸣和同志之情，成为基塔伊选择伦敦作为永恒家园的重要原因之一。

1　16世纪至17世纪尼德兰南部和佛兰德斯绘画世家。

当漫长的学生生涯结束时，基塔伊作为艺术家的几项持久的关注点已经凸显了出来。鉴于他的背景和旅行经历，他发现自己深谙三种文化——美国文化、犹太文化和欧洲文化，但又不完全属于其中任何一种。于是，他顺理成章地转向了一种综合艺术形式，一种可以将截然不同的来源融合在一起的图像。他的画作就像他的世界观一样，丰富多彩、矛盾重重。

另一个并行的关注点是，他的绘画应具有一定的社会相关性。基塔伊在“富有同情心的理想社会主义”氛围中长大（例如，他母亲的几位左派知识分子朋友曾参加过西班牙内战），渴望创作出一种能有效表达道德观的艺术。尽管这位艺术家对西奥多·阿多诺[1]的“奥斯维辛集中营之后没有诗歌”等警示记忆犹新，但这股创作希望依旧在他心中燃烧。他最近表示：“多年来，我一直都在思考如何在画作中表现纳粹统治下的犹太悲剧。”“形式主义者会对此嗤之以鼻，但古人相信所谓的艺术的‘类型凝结力’，我也是如此。类型、人物的创造体现了饱和于‘现实’的情感状态……艺术家可以创造社会福祉的范例——马蒂斯就是这么想的。如果艺术家

1 西奥多·阿多诺（Theodor W. Adorno，1903—1969），德国哲学家、社会学家、音乐家和美学家，法兰克福学派的主要代表人物之一。

可以美化人物、原则和实践，他们也应该拥有见证不幸并为之铸造回忆的力量。”

尽管这些担忧显而易见，但影响年轻艺术家的因素并非只有这些。在他早期的作品中，整个世界都在向他逼近，要求被描绘。谜一般的构图，同样谜一般的标题，如《无地神化》（一个神秘的栅状图像）或更著名的《铁路离开大海的地方》，暗示了许多不同领域的困扰和令人不安的体验。无论是由多个人物组成的复杂寓言，还是单一的肖像，或是半抽象的创新，画布将这些不同的元素汇集在一起，就像谜语或相互矛盾的法庭证据一样，在脑海中发挥着作用。构成《铁路离开大海的地方》的车站屋顶、不明横向结构、接吻的情侣和餐具，产生了一种令人不安的错位诗意，与早期艾略特的诗句或某些战前德国卡巴莱歌曲的片段并无二致。

其结果是一种弥漫的焦虑。我们注视着这些色彩鲜艳、充满图标般活力的画作，尽管它们似乎充满暗示，但我们并不确定它们在表达什么。图像的特殊混合物似乎在直觉或半意识层面上进行交流，产生的感觉就像声音或气味一样难以捉摸和描述。然而，基塔伊的画作是经过精心策划的，就像一部结构严谨的小说。与小说一样，它们也有自己的人物和故事，通常源于私人的经历或广为人知的情节。《夕阳下的比尔》就是一个简单的例子。

这幅画的灵感来源于画家在一辆厢式货车上看到的一幅流浪汉的涂鸦，这让他想起了自己在美国的冒险经历，当时他像一大群年轻人和流浪汉一样，跳上火车，从不付钱。因此，《夕阳下的比尔》弥漫着一种略带讽刺意味的怀旧情绪，缅怀了那个既凄凉又轻松的年代（第二次世界大战刚刚结束）。

一个更复杂的例子，如《如果不是，就不是》，展示了基塔伊如何将相当独立的主题和典故编织到一个单一的作品之中。基塔伊说，这幅画的整体外观是“由我在威尼斯第一次看到乔尔乔内[1]的《暴风雨》所决定的，我画布中心的小水池是对它的提醒”。但还有其他几个灵感来源也被融入这幅画中。例如，画面中充满了对艾略特的《荒原》的引用。当人们穿透表面繁茂的景象，它就变成了梦魇般的景象，散落着诗中唤起的“石头垃圾”和“破碎的形象”（顺便说一句，这是基塔伊受托为新大英图书馆创作的重要壁画的主题）。与艾略特一样，基塔伊也受到了约瑟夫·康拉德[2]的影响，画作右侧树丛中垂死的人物就是受康拉德启发创作的。画作中散落的物品也

1 乔尔乔内（Giorgio o Zorzi da Castelfranco, 1477—1510），意大利文艺复兴艺术大师，威尼斯画派画家。

2 约瑟夫·康拉德（Joseph Conrad, 1857—1924），波兰裔英国作家，曾在法国和英国商船海军服役超过20年，其小说通常以海洋为背景，探索复杂的人性和道德问题。

与雅各布·巴萨诺(Jacopo Bassano)的一幅描绘战后景象的画作有些相似之处，但这幅作品无处不在的主题却是对欧洲犹太人的屠杀。画面的中景笼罩在这荒凉的恐怖之中，而其中最为阴森的现代地标——奥斯威辛集中营的门楼——支配了整个画面。❹

当然，每幅画的起源都不能简单地归结为参考资料的交叉融合。用基塔伊的话说，这是一个更加迷人、更加神秘的过程，它创造出了“存在于无意识中”的图像。在最近的作品《犹太学院》中，艺术家回到了他“琢磨多年”的主题。基塔伊被一幅19世纪的版画深深吸引，该画以一种讽刺的笔触描绘了一个犹太教室内的混乱场景。事实证明，这种引用既有直接的也有隐晦的：在一脸焦虑的老师面前，被打翻在地的墨水瓶溅出了鲜血(这是传统上针对犹太人的“血腥指控”)；黑板前的青年正在画一个魔像[1]——它来不及活过来拯救犹太人即将到来的厄运；中间的孩子是一个半自传式的人物，是基塔伊作品中反复出现的一种个体见证(以一个差点娶了艺术家母亲的男人乔·辛格的名字命名)；还有一个奇怪的小男孩用

1 魔像(Golem，直接音译为戈仑)，源起于犹太教，是用巫术灌注黏土而产生自由行动的人偶。

头撞着砖墙（一个耶罗尼米斯·博斯[1]使用过的形象，来表现叛逆的犹太儿童，他可能会，也可能不会在大屠杀中幸存下来）。

这些细节对初学者而言可能并不显著，但基塔伊并不担忧他的绘画叙事无法触及大多数观众。他解释道："我们不断被那些蕴含着我们已经难以解读的故事的画作所吸引，只需想想文艺复兴时期的那些寓言画作便明白了。"基塔伊也对于创造小说中人物的想法深感着迷，并认为这是一个庞大且几乎未被充分利用的图像资源的宝库。他相信，终有一天，托尔斯泰或狄更斯对绘画的贡献和重要性将会超越马列维奇[2]或杜尚，这样的前景似乎并非遥不可及；并且他深信不疑，"我所认识的每一位真正对绘画感兴趣的画家都深受文学的熏陶"。

基塔伊自己的创作源泉绝不仅限于博物馆或他自己那令人叹为观止的书架，还可以追溯到水手的港口和妓院、家人和朋友、伦敦郊区或心灵景观。他尤其意识到"现代主义美学——使自己被风格所束缚"，并因此乐于将所

---

1 耶罗尼米斯·博斯（Hieronymus Bosch，1450—1516），原名耶罗恩·安东尼松·范·阿肯（Jeroen Anthoniszoon van Aken），15世纪至16世纪早期荷兰画派的代表画家，作品具有鲜明的个人风格，以描绘罪恶、道德败坏和宗教主题为主要内容。

2 卡西米尔·塞文洛维奇·马列维奇（Kazimir Severinovich Malevich，1878—1935），俄国几何抽象派画家，至上主义倡导者。

有经历视为艺术的潜在可能。这种宽容为他提供了大量素材，他说：“我现在有足够多的题材，可以让我用毕生时间去创作。”正因为题材丰富多样，再加上艺术家长期细致入微的工作方法，任何时候都可能有数十幅油画处于创作之中。基塔伊承认，“我能够坚持的时间越长，我就能更好地完成它们。我也喜欢这样的想法，一幅画可以不断地继续下去，就像一个不断发展的小说”。

就像许多独立于创作者的人物一样，接近完成的肖像画和其他粉彩、炭笔和油画作品排列在基塔伊位于切尔西的漂亮工作室里。通过研究他的作品，我们可以预见，这个工作室本身就有一个装满视觉和文学材料的档案库。除了基塔伊本人的作品（他保留了自己最喜爱的作品），还有朋友的画作，尤其是奥尔巴赫和霍克尼的作品，以及其他珍品，如一系列马奈的蚀刻版画。一排接一排的长长书架填满了剩下的墙面空间，并在其他房间继续延展。书架上堆满了纸张，工作室的桌子旁堆放着更多的书籍，而几个画架和一些艺术家的材料则让人感觉到这里的一切都井然有序，让人目不暇接。

基塔伊对大型回顾展的挑战态度是：“我刚刚开始——只是展开我的翅膀。”他特别渴望发展自己的主题和技艺，就像那些已经成为他第二天性的“伟大的变形大师，德加、马蒂斯和毕加索”一样。在他的最新作品中，基塔伊一直在试验颜料的浓度：在多年使用极薄的颜料，甚至用蘸了颜料的抹布弄脏画布之后，他一直在尝试晕染的效果，尤其是在《犹太学院》中。基塔伊还对自己的艺术风格进行了某种程度的翻转，专注于事物的直接表现。作为准备工作，他恢复了直接从专业模特身上取材的做法，这些模特每周都会到工作室（就像19世纪所有传统艺术家的工作室一样）来变换姿势。事实证明，这些阶段对基塔伊很有价值，因为他相信“当你画对了一张脸或一个身体，你就画对了整个世界”。

这位艺术家目前的野心是，在经历了他所称的“半辈子的离题生活”之后，要创作一系列关于大海的画作。这些作品的灵感都将来自他在夏天常去的加泰罗尼亚村庄所看到的地中海风光；其中一些作品无疑将包含人物。但最重要的是，这些作品将展示一种“与自然的直接对抗”，从而以一种新的方法完全摆脱早期作品的隐喻性。与此同时，他并不打算“否定我年轻时的激情”。人们猜测，基塔伊的综合天赋最终将占据上风，看似不可调和的矛盾将汇聚成意想不到的和谐，为其艺术的躁动叙事揭开新的篇章。

❶ 弗朗西斯·培根、卢西安·弗洛伊德、迈克尔·安德鲁斯、弗兰克·奥尔巴赫、马尔科姆·科索夫以及基塔伊本人。展览名为“伦敦画派：六位具象画家”，于1987/1988年在四个地点展出：奥斯陆的艺术家之家、胡姆勒贝的克路易斯安那现代艺术博物馆、威尼斯的佩萨罗宫现代艺术博物馆和杜塞尔多夫的艺术博物馆。

❷ 节选自R. B. 基塔伊于1980年在伦敦国家美术馆策划的“艺术家之眼”展览画册序言。

❸ 节选自1980年2月《伦敦杂志》蒂莫西·海曼对R. B. 基塔伊的专访“重返伦敦”。

❹ 在这里以及本文的其他几处，我都要感谢蒂莫西·海曼为基塔伊1979年4月在美国纽约马尔伯勒画廊举办的展览所撰写的精彩序言。

原载于《艺术先驱》，巴黎，1981年9月。

图片来源
Picture Credits

35 凡·高博物馆，阿姆斯特丹（文森特·凡·高基金会）

63 复古明胶银版画，37.5 厘米× 29.2 厘米（14¾ 英寸× 11½ 英寸）。© 约瑟夫和亚耶·布雷滕巴赫慈善基金会，吉特曼画廊提供

87 © 亨利·卡蒂埃-布列松基金会/玛格南图片社

97 遗产图像合作伙伴关系有限公司/阿尔迈图片社

111 © 勒内·布里/玛格南图片社。毕加索 © 毕加索继承人/设计和艺术家版权协会，伦敦 2023

119 基石-法国/伽马-拉甫维伽盖蒂图片社

143 基石-法国/伽马-基石盖蒂图片社

155 弗朗茨·格雷纳

177 罗基·安德烈

185 达多虚拟博物馆提供

197 利奥波德·约瑟夫/ANL/快门库存

209 泽西文化遗产收藏馆提供

233 玛丽·埃文斯图片图书馆/伊达·卡尔

241 利普尼茨基工作室/罗杰-维洛特尔TopFoto

267 洪莲/奥尔佩/布里奇曼图片社

287 巴尔蒂斯基金提供。照片：鲁米斯·迪恩/生活图片收藏/快门库存

307 © 菲利普·哈尔斯曼/玛格南图片社。达利 © 加拉-萨尔瓦多·达利基金会

319 法国文化部-文化遗产与摄影媒体图书馆，代理。法国国家博物馆联盟-大皇宫/丹尼斯·科洛姆

331 © 马丁·弗兰克/玛格南图片社

345 © 法国文化部-文化遗产与摄影多媒体图书馆，法国国家博物馆联盟-大皇宫/丹尼斯·科洛姆

367 索菲·巴索尔斯/赛尔玛通过盖蒂图片社

385 © 大卫·霍克尼

393 ANL/快门库存。培根作品© 弗朗西斯·培根遗产所有，保留所有权利。英国设计与艺术家著作权协会 2023

419 格雷厄姆·基恩/Top Foto

455 © 亨利·卡蒂埃-布列松基金会/玛格南图片社

475 © 亨利·卡蒂埃-布列松/玛格南图片社

493 © 莱文斯基档案馆位于查茨沃斯。版权所有。2022/布里奇曼图片社

致谢
Acknowledgments

我特别要感谢我的出版商索菲·汤普森(Sophy Thompson),策划编辑菲利普·沃森(Philip Watson),编辑安迪·布朗(Andrew Brown),设计师卡罗琳娜·普里姆卡(Karolina Prymaka),以及泰晤士哈德逊出版社的所有同事们,感谢他们共同助力《艺术家的生活》的成功推出。特别感谢我的研究助理迈克尔·库尔茨(Michael Kurtz),他丰富并修改了我的文字,用鼓励和无微不至的幽默给我带来了巨大的帮助。

我的妻子,艺术史学家和展览策展人吉尔·洛伊德(Jill Lloyd),就像她在我的所有作品的创作过程中一样,不仅为这本书贡献了她宝贵的知识和专长,还为我提供了理想的写作环境。

对我给予建议、支持和友谊的包括:范玛·阿尔迪蒂(Fiamma Arditi)、卡瑟琳·阿诺德(Katharine Arnold)、查尔斯·阿斯普雷(Charles Asprey)、爱丽丝·贝洛尼(Alice Bellony)、菲利普·伯恩(Philippe Bern)、苔蕾丝·提格里蒂·贝托(Thérèse Tigretti Berthoud)、大卫·布洛(David Blow)、安妮(Anne)和伊夫·博纳沃罗(Yves Bonavero)、米埃尔·德·博顿(Miel de Botton)、马尔科姆·博斯坦尼(Majid Boustany)、布

里奇曼子爵和夫人（Viscount and Viscountess Bridgman）、亚当·布朗（Adam Brown）、本（Ben）和路易莎·布朗（Louisa Brown）、理查德·布赫特（Richard Bucht）、马尔琳·伯斯特恩（Marlene Burston）、查尔斯（Charles）和娜塔莎·坎贝尔（Natasha Campbell）、丽贝卡·卡特（Rebecca Carter）、吉利恩·瑟瑞提（Guillaume Cerruti）、尼尔（Neil）和纳里萨·查克拉·汤普森（Narisa Chakra Thompson）、查尔斯·切尔蒙德利（Charles Cholmondeley）、帕特里夏（Patrice）和马拉·科特森（Mala Cotensin）、霍华德爵士（Sir Howard）和戴安娜夫人（Lady Davies）、休·马莱斯·戴维斯（Hugh Marlais Davies）、亚当（Adrian）和杰米·迪克斯（Jamie Dicks）、马诺斯·迪米特（Manos Dimitrakopoulos）、克里斯托弗·艾金（Christopher Eykyn）、迈克尔·菲什威克（Michael Fishwick）、诺曼勋爵（Lord Norman）和埃琳娜夫人

(Lady Elena Foster)、科林(Colin)和索菲·格莱德尔(Sophie Gleadell)、约翰·戈登(John Gordon)、尼古拉斯·古兰德里斯(Nicholas Goulandris)、克劳德-伯纳德·海姆(Claude-Bernard Haïm)、纳丁·海姆(Nadine Haïm)、安德鲁·霍赫豪瑟(Andrew Hochhauser)、大卫·霍克尼(David Hockney)、马克·霍莱因(Max Hollein)、凯瑟琳·豪(Catherine Howe)、亨利(Henry)和艾莉森·梅里克·休斯(Alison Meyric Hughes)、马克·英格利菲尔德(Mark Inglefield)、克里斯蒂娜(Christina)和理查德·艾维斯(Richard Ives)、比尔(Bill)和珍妮特·杰克林(Janet Jacklin)、萨姆·凯勒(Sam Keller)、托比·基德(Toby Kidd)、阿莱斯特·金(Alastair King)、乌尔夫·库斯特(Ulf Küster)、安德鲁·兰布里思(Andrew Lambirth)、李明伟(Mingwei Lee)、马克(Mark)和露西·莱凡奴(Lucy Lefanu)、阿尔

安（Alan）和克里斯蒂娜·麦克唐纳（Christina Macdonald）、尼古拉斯·麦克莱恩（Nicholas Maclean）、吉莉安·马尔帕斯（Gillian Malpass）、已故的桑德罗·曼佐（Sandro Manzo）、格雷厄姆·马尔克斯（Graham Marchant）、蒂姆·马尔洛（Tim Marlow）、瑟瑟·迈耶（Thérèse Meier）、露西·米切尔–英尼斯（Lucy Mitchell–Innes）、博纳·科罗娜·蒙塔古（Bona Colonna Montagu）、塞丽娜·莫顿（Serena Morton）、大卫·纳什（David Nash）、休（Hughie）和克莱尔·奥多诺霍（Clare O' Donoghue）、弗朗西斯·奥特雷德（Francis Outred）、亚历克斯·佩皮亚特（Alex Peppiatt）、安·佩皮亚特（Ann Peppiatt）和克莱奥·佩皮亚特（Clio Peppiatt）、

图书在版编目（C I P）数据

艺术家的生活 /（英）迈克尔·佩皮亚特著 ; 孙晓雪译. -- 北京 : 中央编译出版社, 2025. 8. -- ISBN 978-7-5117-4942-0

Ⅰ. K815.7

中国国家版本馆CIP数据核字第202516XD62号

Edited by Andrew Brown
Designed by Karolina Prymaka
This edition first published in China in 2025 by Shanghai Huangdou Network Technology Co., Ltd, Beijing

版权登记号：图字：01–2024–1578

艺术家的生活

YISHUJIA DE SHENGHUO

总 策 划 李 娟
责任编辑 赵可佳
执行策划 邓佩佩
装帧设计 潘振宇
责任印制 李 颖
出版发行 中央编译出版社
地　　址 北京市海淀区北四环西路 69 号（100080）
电　　话 （010）55627391（总编室）（010）55627362（编辑室）
（010）55627320（发行部）（010）55627377（新技术部）
经　　销 全国新华书店
印　　刷 北京盛通印刷股份有限公司
开　　本 787 毫米 ×1092 毫米 1/32
字　　数 268 千字
印　　张 16.125
版　　次 2025 年 8 月第 1 版
印　　次 2025 年 8 月第 1 次印刷
定　　价 98.00 元
新浪微博： @ 中央编译出版社 **微　信：** 中央编译出版社（ID：cctphome）
淘宝店铺： 中央编译出版社直销店（http://shop108367160.taobao.com）（010）55627331

本社常年法律顾问：北京市吴栾赵阎律师事务所律师　闫军　梁勤
凡有印装质量问题，本社负责调换，电话：（010）55627320

人啊，认识你自己！

艾略特·鲍威尔 (Elliott Power)、雷内·普赖斯 (Renée Price)、丽兹·拉莫斯 (Lesley Ramos)、约翰·里夫特 (John Rivett)、克里斯托弗 (Christopher) 和卡梅尔·雪利 (Carmel Shirley)、弗兰克 (Frank) 和保琳·斯莱特利 (Pauline Slattery)、米歇尔·索斯金 (Michel Soskine)、亚历克斯·斯塔拉卡斯 (Alex Stavrakas)、阿图罗·迪·史蒂芬诺 (Arturo di Stefano)、伊恩爵士 (Sir Ian) 和斯托茨克夫人 (Lady Stoutzker)、斯坦利·图奇 (Stanley Tucci)、奥特鲁德·韦斯特海德 (Ortrud Westheider)、托马斯·威廉姆斯 (Thomas Williams)、克里夫 (Clive) 和凯瑟琳·威尔逊 (Catherine Wilson)，以及迈克尔·齐格勒 (Michael Ziegert)。